CHRISTIAN HENZE

DAS LEBEN IST

köstlich

... VON SÜSS WAR NIE DIE REDE

CHRISTIAN HENZE

DAS LEBEN IST
köstlich
... VON SÜSS WAR NIE DIE REDE

MEINE
ABENTEUER ALS
TV-STARKOCH

südwest

1. Auflage
© 2021 by Südwest Verlag, einem Unternehmen der Penguin Random House Verlagsgruppe GmbH, Neumarkter Straße 28, 81673 München.

Bildnachweis:
Coverbild ©Kathrin Rohde
Alle Bilder stammen von ©Christian Henze/privat, außer:
Bildtafel S. 4 (Mitte) ©Jörg Eberl, Bildtafel S. 8 (rechts) ©Kathrin Rohde,
Bildtafel S. 8 (unten) ©Moritz Taylor

Projektleitung: Eva Wagner
Herstellung: Elke Cramer
Covergestaltung: Oh, Ja! München
Layout, Satz, DTP: Satzwerk Huber, Germering
Litho: Regg Media GmbH, München
Druck & Bindung: GGP Media GmbH, Pößneck

Printed in Germany

Penguin Random House FSC® N001967

ISBN 978-3-579-10097-5

VORWORT VON THEO WAIGEL, dem ehemaligen CSU-Chef und Bundesfinanzminister:

Christian Henze – ein Mann zu jeder Jahreszeit.

Ein Mann zu jeder Jahreszeit – so hieß ein berühmter Film in den sechziger Jahren. Dieser Spruch gilt auch für Christian Henze, der jederzeit, zu jeder Jahreszeit und überall Menschen glücklich macht, wenn sie seine Kochkünste genießen dürfen. Dieser in seiner Allgäuer Heimat tief verwurzelte Kochkünstler war in der ganzen Welt unterwegs, mit prominenten Zeitgenossen zusammen und freut sich über seine Gäste aus nah und fern, die seine Speisen genießen wollen. Ein Globalplayer und einer, der die Idylle seiner wunderschönen Heimat zu schätzen weiß. Er versteht den Umgang mit Herd und Küche wie den Umgang mit Menschen aller Couleur. Er versteht es am Bildschirm, im Fernsehen zu brillieren und zum Beispiel den Gästen des Presseballs in Kempten einen schmackhaften Abend zu bereiten. Wenn Christian Henze für Gäste im privaten Rahmen kocht, sind alle glücklich und zufrieden, denn er macht jedes Fest zu einem Event. Alles was er anpackt, geschieht mit Leidenschaft und vollem Engagement. Er weiß aber auch, dass Wechsel zum Leben gehört und stellt sich immer wieder neuen Herausforderungen, die er bravourös löst. Er gehört zu den mutigen und überzeugenden Allgäuern und Schwaben, die weit über Region und Landesgrenzen hinaus für ihre Heimat Ehre einlegen.

Christian Henze ist mehr als ein begnadeter Kochkünstler und Gastgeber, er vermittelt seinen Gästen ein seliges Gefühl des Wohlbehagens, der Freude, des ungetrübten Genusses und der heimatlichen Geborgenheit. So ist Christian Henze nicht nur ein Zubereiter von herrlichen Gerichten, sondern Freund und Wegbegleiter in bewegten Zeiten. Ich wünsche mir noch viele Begegnungen mit ihm.

Theo Waigel
Bundesminister a. D.

INHALT

VON KÄSSPATZEN, KÖNIGSSCHLÖSSERN
und der Kunst, seine Leidenschaft zu finden

Ich bin kein Engel. Aber ich wohne im Paradies. Das ist nicht übertrieben, das ist mein Lebensgefühl. Ich habe zwei Kronzeugen: Der bayerische Märchenkönig Ludwig II. hat Bayern in seiner ihm eigenen Bescheidenheit immer als Himmel auf Erden betrachtet. Und der ehemalige Ministerpräsident Horst Seehofer bezeichnet Bayern ständig als »Vorstufe zum Paradies«. Aber das Allgäu, die Region aus der ich komme und die ich in meinem Leben nur für fünf Jahre verlassen habe, ist nicht nur Vorstufe, es ist Paradies pur. Zumindest für Noch-nicht-Engel wie mich. Der Königswinkel mit den Schlössern von Ludwig II. ist der schönste Ort, den die Welt meinen Augen zu bieten hat. Einen Steinwurf vom weltberühmten Schloss Neuschwanstein entfernt begann meine Karriere – was für ein Geschenk des Schicksals. Der Blick auf die bayerischen Alpen ist unbezahlbar, wir haben wunderbare Alpseen, ich lebe in einer intakten Natur, die Menschen sind keine Schicki-Mickis, sondern echt. Hier leben viele Persönlichkeiten, die anpacken. Und das freut einen Handwerker wie mich.

Wo gehobelt wird, fallen Späne, heißt ein altes Sprichwort bei uns. Bei mir fallen Spätzle. Die Allgäuer Kässpatzen sind keine Vogelart. Sie sind auch mehr als nur ein Gericht. Sie sind ein Lebensgefühl: einfach und edel. Das Sein ist hier wichtiger als der Schein. »Allgäu – da will ich hin«, heißt eine Fernsehreportage – ich bin schon da. Und gehe nicht mehr weg.

Ich komme aus einer kleinen, übersichtlichen Welt und lebe heute noch auf dem Dorf – das ist seit einigen Jahren im Trend. »Landlust« heißt ein sehr erfolgreiches Magazin. Ich bin verwurzelt. Aber nicht festgetackert. Ich kenne mich auch in New York aus. Wer in der Provinz lebt, muss nicht provinziell denken. Mobil war ich immer. In meinen 53 Jahren war ich in der ganzen Welt viel auf Wanderschaft. Strawanzen, Staunen und Spielen sind meine Leidenschaften, seit ich denken kann. Und ich habe früh gespürt: Wer sich nicht umschaut, wird sich irgendwann ganz schön umschauen. Ich habe mich in der Schweiz als Jüngling fortgebildet, bin als Leibkoch von Gunter Sachs, dem letzten wahren Playboy, zwei Jahre lang durch die Welt gejettet, von Gstaad bis Palm Springs, von St. Tropez bis Indian Wells. Ich bin ein Wanderer zwischen den Welten, kenne die Orte des Was-kostet-die-Welt-Luxus genauso gut wie die der schlichten Freuden der bodenständigen Tradition. Manchmal vereinigt sich das sogar in einer Person: Mit Königsberger Klopsen konnte ich Gunter Sachs immer glücklich machen. Es musste nicht immer Kaviar sein.

Die Erfahrung, meine Nase in den Wind zu halten und Schnuppermomente zu sammeln, hat mich zu dem Menschen geformt, der ich sein möchte: Offenherzig, tatkräftig, neugierig auf unbekanntes Terrain, das noch nicht trittfest ist. Das finde ich interessanter als ausgetretene Pfade nachzulaufen. Ich bin ein Unternehmer, kein Unterlasser. Und deshalb möchte ich Sie oder dich in diesem Buch auf meine Lebensreise zu mir selbst mitnehmen. Sie werden Klartext lesen – aber Klartext mit Augenzwinkern. Wenn es ernst wird, kann es passieren, dass ich lustig werde. Und Schabernack treibe. Karl Valentin, der größte bayerische Komiker, hat zu recht gesagt: »Jedes Ding hat drei Seiten. Eine positive. Eine negative. Und eine komische.«

Die Mitte des Lebens ist ein guter Gipfel, um zurückzuschauen, um eine kleine Bilanz zu ziehen: Was habe ich auf der Pfanne? Welche Sternstunden sind mir geglückt? Wo bin ich gescheitert? Welchen Braten habe ich nicht gerochen? Woher komme ich? Wohin will ich? Wer bin ich wirklich im Wesenskern meiner

Persönlichkeit? Und wo habe ich Erkenntnisse gewonnen, die auch anderen Menschen nützlich sein können und über sprichwörtliche Weisheiten wie »Es wird nicht alles so heiß gegessen, wie es gekocht wurde« hinausgehen? Ich bin ganz sicher: Man kann das Glück selbst in die Hand nehmen. Zu sich einladen. Es großzügig bewirten. Mit Demut und Dankbarkeit. Auf dass es immer wiederkommen mag.

Zu viel des Guten ist natürlich auch schlecht: Erfolg hat einen schwierigen Bruder. Den Stress. Und eine lästige Schwester. Die Gier. Immer mehr. Immer schneller. Immer aufwendiger. Ich habe schon vor einigen Jahren Stop zu diesem Trend in der Sterne-Gastronomie gesagt: Anbrennen ist kein Drama in der Küche, Ausbrennen schon. Wessen Welt sich nur um die Löffel dreht, dem gibt das Schicksal etwas zwischen die Löffel. Die Gefahr des Überdrehens ist immer da. Ein leidenschaftlicher Koch ist immer drogensüchtig: Nach Arbeit, der unendlichen Ressource. Und muss es sich zumindest bewusst machen und Entspannungsoasen finden. Sonst endet er wie ein Soufflé. Er fällt in sich zusammen. Manchmal muss man sich selbst bremsen.

Wenn Sie die Biografie eines strahlenden Siegertypen erwarten, muss ich Sie enttäuschen. Ich serviere Ihnen Trüffel, Thymian, Tränen und trockenes Brot, an dem man sich die Zähne ausbeißen kann . Ich bin öfter mal gestolpert in meinem Leben. Ich bin immer wieder hingefallen, aber – das ist meine eigentliche Leistung – nicht lange liegengeblieben. Ich habe mir viele Schürfwunden zugezogen, ich wurde gedemütigt und kam mir in mancher Küche während meiner Lehrjahre wie ein Leibeigener vor. Beim deutschen Kochgenie Eckart Witzigmann, in dessen Nobelrestaurant »Aubergine« ich mich als Jung-Koch mit gerade mal 21 Jahren als Poissonnier, also eine Art Herr der Fische, entwickeln durfte, war es auch nicht immer witzig. Aber Lehrjahre sind

Lernjahre – auch seelisch. Und Jammern ist nicht mein Stilmittel. Angst ist kein guter Berater. Und ein noch schlechterer Koch.

Das Leben ist ein Sprung, das wissen nicht nur die tollkühnen Skispringer im Allgäu, die in Oberstdorf auf einer der besten Schanzen der Welt trainieren. Der Moment, als ich im Kocholymp »Aubergine« kündigte, um Privatkoch von Gunter Sachs zu werden, war unbezahlbar. Weil die Freiheit größer ist als Prestige.

Ich möchte Ihnen meine Geschichte erzählen. Sie mitnehmen in meine jugendliche Welt der Abenteuer. Ich war eine Mischung aus Zappelphilipp und Daniel Düsentrieb. Ein Lausbub in meinem Forscherdrang. In meiner Risikolust. In meiner gespielten Unschuld. In meiner brennenden Leidenschaft für diesen in jeglicher Hinsicht heißen Beruf. In meine Höhenflüge. Und auch in meine Abgründe. Meine Schmach, die schon begann als ich in meiner ersten Kochprüfung zum Gesellen durchfiel und sich die Erde vor mir auftat. Heute weiß ich: Dieser Schmerz hat mein Leben gewürzt. Solche Löcher hat jeder Mensch. Den Durchfaller hab ich abgestreift. Ein bisschen was ist ja noch aus mir geworden. Diese einschneidende Erfahrung hat mir sogar zu einer wertvollen Lebensphilosophie verholfen: Jeder Verlust ist ein Gewinn. Und jeder Gewinn ein Verlust. Klingt vertrackt. Davon später mehr. Ich bin jedenfalls dadurch auch Experte für Krisenherde aller Art.

Aber was heißt schon Krise? In meinem 1900-Seelen-Dorf Probstried steht neben der Kirche eine Kapelle aus dem Jahr 1649, als die Pest hier wütete und die Menschen nur noch beten konnten. Das waren wirklich Krisen. Wir leben im Corona-Zeitalter, das Virus hat auch mich ein paar Tage niedergestreckt, aber die Forscher haben in Rekordzeit großartige Impfstoffe entwickelt und die Seuche beherrschbar gemacht. Was ich damit sagen will: Ich bin dankbar, im 21. Jahrhundert zu leben. Wir leben in der besten aller bisherigen Welten. Oder möchten Sie in einer früheren Generation leben? »Früher war alles besser« ist die größte Lüge der Welt – auch und gerade in der Küche. Ich mag Vielfalt und lebe gern im Hier und Jetzt. Selbstmitleid werden Sie in diesem Buch nicht finden. Aber eine Riesenportion Dankbarkeit dafür, wie sich alles gefügt hat und im Schrecken schon ein Sonnenstrahl funkelt.

Ich will Ihnen auch Geheimwelten öffnen. Die der Sterneköche, in der sich keineswegs alle grün sind, in der es manchmal auch giftig und ellenbogenartig zugeht. Bei uns herrscht nicht Friede, Freude, Eierkuchen. Ich war mit 28 Jahren der, der mit dem Stern tanzt. Mit meinem »Landhaus Henze«, das immer ausgebucht war, verblüffte ich die Fachwelt. Wenn man als Koch vom Dorf einen Stern bekommt, macht das was mit einem. Man kann durchdrehen vor Glück und ein hohes Ross besteigen – oder sich weiterentwickeln, als Koch und als Mensch. Es reicht ja nicht, brillant zu kochen, man muss auch ein Team führen können. Ich bin Lehrer, aber auch genau so gerne Schüler. Weil ich auch in meiner Kochschule, einer der größten in Deutschland, jeden Tag dazulerne. Weil ich die Leute mag – jeder ist Wer. Weil ich mein Publikum nicht missionieren will, aber bereichern. Weil ich von Beruf erst mal Mensch bin. Und nicht Koch.

Gutes Essen ist mein Lebensthema, der Gaumen ist meine Gaudi. Aber es gibt auch einen anderen roten Faden in meinem Leben, der über die Küche hinausweist: Die Lust am Ausprobieren. Das Experimentieren. Das Hineinschmecken. Ich war schon als Kind ein Herdplattenanfasser. Probieren geht über Studieren, das darf ich als Mann, der nie studieren konnte, weil ich mit 15 von der Schule abging, getrost sagen. Leben ist im Wesentlichen die Kunst, sich mit den richtigen Menschen zu umgeben, zu lieben und seine Leidenschaft zu finden, seine Bestimmung, seine Erfüllung. Meine Mutter hat mich zu meinem kreativen Beruf ermutigt. Und ich spürte: Was wir aussenden, kommt zu uns zurück. Es lohnt sich, freundlich zu sein. Vertrauen zu wecken. Und in sich zu speichern.

Sie werden mich in diesem Buch so privat wie möglich kennenlernen, meine wildesten Träume, meine ärgsten Abstürze, meine phantastische Familie, die meinen familienfeindlichen Beruf erträgt, meine urige Heimat, meinen engsten Kosmos, meine Wurzeln, meine Flügel. Sie werden rasch merken: Ein Sternekoch ist auch nur ein Mensch, der nicht jede Nacht die Sterne vom Himmel runterholt. Aber ich will Ihnen meine bescheidenen Rezepte für ein gutes Leben auftischen. Vom Wandelmut, dem Gegenteil von Wankelmut, vom trotzigen Jetzt-erst-recht, vom Glück im Unglück erzählen. Das gibt es immer. Alles hat seinen Sinn, hat meine kluge Mutter bei Rückschlägen zu mir gesagt. Diese Weisheit habe ich verinnerlicht und bin daran gewachsen. Und so darf ich Ihnen jetzt die Geschichte von einem erzählen, der auszog, das Leben zu kosten. Und zu würzen. Alles in Butter ist natürlich nie durchgehend, immer nur in Momenten. Aber ich weiß, dass mein Butterbrot oft auf die richtige Seite gefallen ist. Und wenn nicht, habe ich es einfach neu bestrichen. Lassen Sie uns auf eine Genussreise gehen. Und das Leben feiern. Oder kennen Sie einen besseren Sinn des Lebens? Das Leben ist köstlich – von süß war nie die Rede. Allzuviel Zucker ist sowieso ungesund. Und immer nur Zuckerschlecken ist langweilig.

So, nun genug vom ersten Teller Buchstabensuppe, die ich Ihnen vorab serviert habe. Ich möchte, dass Sie mit mir über den Tellerrand des Lebens schauen – 16 Gänge habe ich vorbereitet, 16 Gedankengänge, 16 Schicksalsgänge, 16 Gratwanderungen mit Absturzgefahr. Steigen Sie ein in die Achterbahn meines Lebens. Es wird heftig. Es ruckelt. Es zieht. Es gibt Gegenwind. Die Überholspur ist keine Komfortzone. Ich liebe Kurven mehr als Geraden. Also, auf mit Karacho in mein saftiges Lebensgefühl von A wie Aubergine bis Z wie Zitrone. Und M wie Mohn. Mit dem habe ich eine spezielle Geschichte. Und eine beglichene Rechnung. Rache ist süß. Aber wer sich nicht wehrt, lebt verkehrt. Ich bin kein Opfer, ich bin lieber Täter. Mit Genuss statt Groll. Enjoy your life – das ist leicht dahingesagt und doch eine hohe Kunst. Lassen Sie uns genussfähig bleiben. Oder werden. Wenn Sie diese Kunst noch nicht beherrschen – jeder kann sie lernen. Wer nicht genießt, ist undankbar – und ungenießbar.

Gang 1

DER KLEINE MICHEL AUS LÖNNEBERGA –
die Allgäuer Version

Das Leben ist eine Lotterie. Keiner kann beeinflussen, wo er geboren wird, in welche Zeit, in welches Milieu, in welche Landschaft. In der Jugend wünscht man sich manchmal an Orte, die einem cooler erscheinen, aber mit 53 Jahren Abstand zu meiner Geburt kann ich sagen, dass ich ein ziemlich gutes Los gezogen habe. Meine Wiege stand in Füssen, dieser liebenswerten Kleinstadt im Allgäu (16 000 Einwohner), die mit dem Slogan »die romantische Seele Bayerns« wirbt. Füssen liegt ganz aktuell in einer Rangliste der Google-Suchanfragen auf Platz 1 der 10 beliebtesten Kleinstädte Deutschlands, ich wurde also da geboren, wo andere Urlaub machen. In Füssen wird man entweder Gastronom, Fremdenführer, Touristiker oder Eishockeyspieler. Und jeder Junge darf sich ein bisschen als kleiner Prinz fühlen, weil die Königsschlösser von Ludwig II. so nah liegen. Und die vielen Touristen uns immer wieder vor Augen führen, dass wir da von der Geschichte einen Schatz geschenkt bekommen haben. Seine wahnsinnigen Bauprojekte begründeten den Reichtum der Region.

Meine Mutter schenkte mir am 27. Juni 1968 den Eintritt in eine bunte Welt. Ich bin also ein Achtundsechziger – quasi ein geborener Revolutionär, 1968 steht seit der Studentenrebellion für Veränderung. Und ich bin Krebs, ein klassischer: Sensibel, ein großer Gefühlsmensch, himmelhoch jauchzend und zu

Tode betrübt, ein hochkreativer Bengel. Ich glaube schon ein bisschen an astrologische Prägungen, die den Charakter prägen können. Der große Astrologe Gunter Sachs, den ich zwei Jahre begleiten durfte, hat dazu große Forschungen angestellt, die mir schlüssig erscheinen: Die Sterne sind nicht Schall und Rauch. Weder in Küchen noch in realen Menschenleben.

Ich war kein Einzelkind, darüber bin ich sehr froh. Ein Jahr vor mir war mein Bruder auf die Welt gekommen, ich hatte also immer einen Spielkameraden. Aber schon sehr früh war klar, dass ich keine Probleme hatte, Freundschaften zu knüpfen. Ich ging mit aller kindlichen Arglosigkeit auf Menschen zu. Das Leben war ein Kinderspiel – und ich wurde gefördert.

Meine Mutter ist eine waschechte Allgäuerin: herzlich, zugewandt, aber nicht überfürsorglich. Ihr Vater hatte ein Sägewerk, das unternehmerische Blut war in der Familie angelegt, sie arbeitete im Familienbetrieb mit. Mein Vater war dagegen ein Preuße aus Hildesheim, einer derjenigen, die man in Bayern die »Zuagroasten« nennt. Er bekam von seinen Eltern lange nicht die Liebe, die ich später erfuhr, und wurde als Junge in ein Internat in Hohenschwangau gesteckt. Er wohnte bei seiner Tante und seinem Onkel, einem Gymnasialprofessor. Mein Vater war klug und bekam sehr viel formale Bildung, aber wenn es um Herzensbildung und menschliche Wärme ging, ist er fast verhungert. Dass sich meine Mutter, die hübsche Unternehmerstochter vom Dorf, und der angehende Jurist ineinander verliebten, war ein Glücksfall. Die Warmherzigkeit meiner Mutter brachte den mitunter kühlen Intellekt meines Vaters in eine bessere Balance. Sie kam aus einer heilen Welt, er aus einer brüchigen, in der mit Liebe gegeizt wurde, in der man sich Wertschätzung verdienen musste. Wenn die Liebe nicht bedingungslos ist, kann sie zur Bürde werden. Aber dieser Druck, etwas zeigen zu müssen, kann auch anspornen. Mein Papa hatte Charisma, das ist etwas, das man nicht lernen kann. Er war sehr von sich überzeugt, das merkte man in seiner Mimik und Gestik. Er war kein Leisetreter, sondern einer, der mit breiter Brust auftrat. Er hatte große Ideen. Und die wichtigste habe ich immer beherzigt: Wer in kleinen Verhältnissen geboren ist, und wir lebten zu viert in einer Dreizimmerwohnung, muss nicht darin bleiben. Jeder ist seines Glückes Schmied, pardon Koch. Im Bayerischen gibt es dazu einen klaren Satz mit philosophischer Tiefe: Scheiß dir nix, dann fehlt dir nix.

Die Erziehung seiner Söhne überließ mein Vater, der Justiziar in einem mittelständischen Unternehmen der Möbelbranche war, weitgehend seiner Frau, damals war es noch so, dass Männer sich da gerne raushielten und sich lieber in der Rolle des Familienoberhaupts und Ernährers sahen, der ab und zu mal streng auftrat, um seine Autorität zu wahren. Der abwesende, aushäusige Vater war das Standardmodell in den Familien. Dass Väter sich heute in gleicher Weise wie die Mütter um die Kinder kümmern, ist eine historisch neue Entwicklung. Die ich sehr begrüße. Weil Kinder das männliche und das weibliche Vorbild brauchen.

Um so alt zu werden wie ich, braucht es viele Engel, die einen beflügeln und manchmal auch retten. Meine Mutter war mein erster Engel in meinem Leben. Ohne Engel in Menschengestalt kann sich niemand zu einem glücklichen Menschen entwickeln. Sie konnte damit umgehen, dass ich ein hyperaktives Kind war. Meine Mutter spannte ein Netz über mein Kinderbett, aber ich zog mich hoch und krabbelte trotzdem raus. Und fiel. Und schrie. Und kroch. Jugend forscht. Das war mein Ding. Grenzen waren für mich nur da, um sie zu überschreiten. Ich hatte zu viel Energie. Und hinter jeder Ecke lauerten ja Abenteuer und Mutproben, Würmer und Eidechsen, Steine und Gräser. Ich war ein Junge, der an jede Herdplatte fasste, alles in den Mund nahm und sich oft die Finger verbrannte. In der Schule schmierte ich schwarze Schuhcreme an Türklinken. Das fand keiner so richtig lustig, ich schon.

Ich war ein Lausbub. Nicht aus Zufall, sondern aus Überzeugung. Astrid Lindgrens »Michel aus Lönneberga« war mein Vorbild. Gut gelaunt Streiche verüben und danach den Unschuldsengel mimen, das war meine Spezialdisziplin. Im Kindergarten konnte ich nicht ruhig sitzen, weil ich zu viele Wespen im Hintern hatte. Stuhlkreise, in denen das brave Benehmen gelehrt wurde, waren mir ein Graus, ich stand mehr auf groben Unfug. Heute würde man sagen: Ich war ein typisches ADHS-Kind, erfreute mich an einer prächtigen Aufmerksamkeits-Defizit-Störung, war leicht ablenkbar. Als krank oder gestört empfand ich mich nicht. Nur als außerordentlich munter. Diagnose: Unterfordert. Einmal sprangen mein Freund und ich sogar voller Übermut aus dem Fenster der Kindergarten-Toilette, eine ganz klammheimliche Aktion, wir fühlten uns großartig bei diesem Fluchtversuch. Die Erzieherin suchte uns verzweifelt. Als sie uns fand, bekam mein Freund eine Ohrfeige, die ich als treibende Kraft verdient hätte. Das Leben ist nicht fair. Das lernte ich rasch.

Meine Mutter war immer stolz auf mich und meinen Bruder, auch wenn ich kein Musterschüler war oder nie eine Eins in Mathe aus der Schule heimbrachte. Sie liebte mich bedingungslos – ohne dass ich bestimmte Leistungen dafür erbringen musste, ohne dass ich mir ihre Liebe verdienen musste. Sie gab mir nie das Gefühl, dass ich ein missratenes Kind wäre, nur weil ich nicht den Übertritt ans Gymnasium geschafft hatte. Mein Talent war nun mal nicht rechnen, sondern leben, leidenschaftlich leben. Sie war stolz darauf, dass ich Menschen lesen konnte, ihre Körpersprache, den Subtext zwischen ihren Bemerkungen, was ein Mensch aussendet. Ich stellte immer etwas an, aber ich stellte mich nicht an, wenn es um Handlungsschnelligkeit und

Schlagfertigkeit ging. Ich konnte mit Worten blitzschnell aus der Hüfte schießen.

Als ich 20 Jahre später meine Mutter anrief, in einem Zustand, in dem ich völlig aus dem Häuschen war und nur noch begrenzt zurechnungsfähig, und ihr sagte, dass ich einen Stern bekam, weinte sie. Nicht weil da ein lang gehegter Traum von ihr in Erfüllung gegangen war. Meine Mutter kochte gern, aber es war nicht ihr Lebensthema, ich musste auch nicht stellvertretend für sie etwas Großes erreichen. Sie hat sich einfach mächtig gefreut und auch ihr Leben änderte sich dann etwas. Sie wurde ständig auf mich angesprochen: Sind Sie nicht die Mutter von ...? Das Allgäu ist ein Mikro-Kosmos, hier begegnet jeder irgendwann jedem. Meine Mutter brüstete sich nicht mit mir, sie ist auch nicht kritiklos. Nach jeder Fernsehsendung schickt sie per whatsapp eine gut verpackte wohlwollende Kritik: »Du hast wieder so gut ausgeschaut – auch wenn die Haare relativ kurz sind.«

Freuen – das ist eine der Grundtugenden meiner lieben Mutter. Diese Grundheiterkeit, die manchmal ohne erkennbaren Anlass auf ihrem Gesicht stand, gab sie an mich weiter. Die Leichtigkeit des Seins, der Appetit auf das saftige, knusprige Leben, die Neugier auf das, was hinter dem nächsten Hügel ist. Was kostet die Welt? Und wie viel Trinkgeld muss ich geben, um meine Wohltäter glücklich zu machen? Mama genießt, sie genießt ohne Ende. Und ihre Paprikaschoten sind ein Wahnsinn an Geschmack.

Habe ich von meiner Mutter das Kochen gelernt? Jein. So bewusst wie ich meinen Kindern das Kochen gezeigt habe, machte es meine Mutter nicht bei mir. Sie kochte aus dem Bauch heraus, nicht aus dem Kochbuch. Sie hatte kein Kochbuch, bevor ich ihr mein erstes schenkte. Diese Generation waren Autodidakten, also Menschen, die sich alles selbst beibrachten. Oder von ihren Vorfahren und Verwandten erlernten. Aber die Weihnachtsbäckerei war immer ein Ritual für mich. Ein Bild habe ich in mir gespeichert: ich verschmierte den Teig und das Mehl für die heißgeliebten Schokoladen-Halbmonde auf meiner roten Strumpfhose, so etwas vergesse ich nie. Kochen und Backen war etwas Sinnliches, etwas Spielerisches, das nahm ich unbewusst in mich auf. Ich war auch ein Topfgucker und immer neugierig, was da so appetitlich vor sich hinbrutzelte. Aber meine Mutter hat keine Kochkurse mit mir gemacht. Sie hat einfach gekocht. Und das sehr gekonnt. Das macht sie heute noch, wenn ich zu ihr komme. Ihre Spaghetti mit Hackfleischsauce sind ein Gedicht. Und dann das legendäre Rezept meiner Oma, das sich »Einmachfleisch« nannte. Ein Kalbschnitzel, geklopft, gewürzt und paniert in einer wunderbaren Soße, dazu frische Spätzle – ich war süchtig danach. Wenn ich zu meiner Mutter gehe, mache ich gewohnheitsmäßig erst mal den Kühlschrank auf. Das ist mein Grundreflex: Was kann man aus den Zutaten machen? Meine Mutter kann zaubern, auch aus Resten. Ein Gröstl aus Knödeln, Zwiebel, Ei und etwas Braten ist so lecker.

Es war ja die Zeit, als russische Eier und Toast Hawaii noch als große kulinarische Sensationen galten und die etwas biedere deutsche Küche erst noch Inspiration durch die italienische, französische, spanische und asiatische brauchte. Aus dem Urlaub kamen dann die Ideen auch auf die deutschen Tische, und die Gastronomen aus ganz Europa brachten uns Kultur bei. Es fehlte noch an Phantasie und Experimentierlust, die Disziplin hatten wir Deutschen dafür als Nationaltugend. Bis auf den Frechdachs Christian. In dem Zeitalter, als es noch keine Geschirrspülmaschinen gab, entzog ich mich immer dem Abtrocknen. Meine Mutter ließ es zu, sie war schon froh, wenn ich keinen Radau machte. Oder mit einem Löffel Apfelmus auf meinen Bruder schleuderte. Da war dann Alarm im Gebälk. Lebensmittelverschwendung war im Hause Henze eine schwere Sünde. Aber meine Mutter konnte nie lange böse sein, wenn ich ihr treuherzig sagte: Mama, du bist so lieb und schön. Und ich habe nie ein Jammern oder Nörgeln von ihr gehört. Das ist einfach nicht ihre Grundmelodie. Sie ist eine Berufsoptimistin. Mir sagt man nach, dass mir die Sonne aus dem Hintern scheint. Hab ich alles von Mama.

Meine Mutter ist heute 81, aber fit wie ein Turnschuh. Sie fährt Rad, geht zu kulturellen Veranstaltungen, kann mit dem Handy umgehen. Sie ist Witwe, aber nicht einsam. Aber auch so ein trittfester Mensch wie sie kann stolpern. Es gibt Tage, an denen man den Atem anhält, an dem Millimeter über ein Schicksal entscheiden. Meine Mutter hatte einen Treppensturz und kam sofort ins Krankenhaus, ihr Leben hing an einem dünnen Faden, die Halswirbelsäule war betroffen, eine Lähmung und ein Leben im Rollstuhl drohten. Ich fragte den Chefarzt, wie viele er von diesen riskanten Operationen schon gemacht hat. Er antwortete nicht, sondern speiste mich ab mit den Worten: »Henze, das ist nicht Suppen Kochen, das ist Operieren.« Ich ignorierte diese Frechheit von oben herab und fragte energisch noch mal nach: »Wie viele Operationen?« Er musste zugeben: »Drei.« Nur drei. Ich schrie noch auf dem Gang: »Nicht operieren! Stop!« Mein Bruder und ich verlegten die Mutter sofort in das Unfallkrankenhaus Murnau, wo sie von einem Arzt operiert wurde, der diese Operation schon 400 mal gemacht hatte. Dass wir so radikal gehandelt hatten und uns nicht der Autorität des ersten Arztes gebeugt haben, darauf bin ich heute noch stolz. Aber es war unsere Familienlosung: Alle für eine. Eine für alle. Das WIR gewinnt. Aber das ICH darf schon auch richtig Auslauf haben bei jedem in unserer Sippe. Nur durch Reibung entsteht Entwicklung. Nicht durch braves Kopfsenken, Nicken, Drill und Dressur.

Schon früh bewies ich Geschäftstüchtigkeit: Im Alter von drei Jahren bot ich dem Nachbarsjungen mein kaputtes Gokart mit drei Rädern an. Ich tauschte es gegen ein Fahrrad, das wirklich funktionierte, und ein paar Süßigkeiten ein. Meine Tante meinte anerkennend zu meiner Mutter: Erika, aus dem Jungen wird was.

Aus unserer Familie wurde auch was: Mein Vater hatte die Enge satt. Wir zogen aus Füssen weg in den kleinen Ort Lengenwang und wohnten jetzt in einem großen Holzhaus, das Baumaterial kam aus dem Sägewerk meiner Mutter. Dunkle Balken, viel Glas – wir waren unserer Zeit, in der Backsteine und Beton das bevorzugte Baumaterial war, voraus, das Wort Ökologie gab es damals noch nicht. Wir waren grüner als uns bewusst war. Bella und Moritz, zwei Berner Sennenhunde, die im Garten auch eine schmucke Hütte bewohnten, machten unsere Familienidylle perfekt.

Und mein Vater hatte eine Idee: Er pachtete eine große Jagdfläche und wollte in einem eingezäunten Naturgehehe Damwild züchten und danach mit Wildfleisch handeln, das damals sehr begehrt war Aber letztlich fehlten ihm dafür die Fachkenntnisse, es lag kein Segen darauf. Später gründete er eine Import-Export-Agentur mit Nigeria, ich hörte ihn oft in der Nacht mit den Afrikanern telefonieren, er sprach ein perfektes Englisch. Er war ein Global Player, ein Visionär, weil er eine gute Idee hatte, aber es hat nicht immer zum Ziel geführt, weil er sich nicht ausreichend mit den Details beschäftigte. Und auch keine Kritik von kompetenten Leuten annahm. Aber eine reine Ego-Show führt ins Abseits. Er brachte die PS, die er eigentlich in seinem Kopf hatte, nicht auf die Straße. Auch den Rat von meiner Mutter, die eine klar denkende Familienmanagerin war, nahm er oft nicht an. Um es fußballerisch zu sagen: Er wollte Flanke und Torschuss selbst erledigen. Er wollte immer am Ball bleiben und ihn nicht abgeben. Diesen Sturkopf wollte ich nicht übernehmen von ihm. Aber das Kreative und Visionäre, das mich auch auszeichnet, habe ich von ihm. Die DNA, groß zu denken, steckt in mir. Ein erfahrener Steuerberater sagte einmal zu mir: »Herr Henze, Sie wollen immer 100 Prozent, erreichen aber oft nur 50. Aber die 50 sind ein Quantensprung – weitaus mehr als andere erreichen.« Er hatte recht: Ich wollte groß denken. Wer klein denkt, wird auch nur klein ernten. Oder um es mit dem großen Philosophen Immanuel Kant zu sagen, bei dem ich mir einen Satz gemerkt habe: »Wer sich zum Wurm macht, kann nachher nicht klagen, wenn er mit Füßen getreten wird.«

Mein Vater war das leuchtende Beispiel für mich. Aber auch das Warnende. Eine clevere Idee reicht nicht aus. Für die Umsetzung braucht man Biss, Geduld und Teamwork. Ich bin immer neugierig auf das Urteil der Anderen. Sie sehen oft das Brett, das sich vor einem Kopf aufgebaut hat. Wer nicht fragt, bleibt dumm. Das ist eine schlichte Weisheit. Und da hat mir meine Mutter viel beigebracht. Sie ist eine Meisterin des Zwischenmenschlichen. Sie beherrscht auch die leisen Töne. Sie hat mir beigebracht, dass Poltern manchmal genau das Gegenteil bewirkt. Deshalb bin ich heute kein Choleriker, sondern eher ein Diplomat. Man muss nicht jedem Menschen mit dem Hintern ins Gesicht springen und ihn zwangsbeglücken.

Ich hatte eine glückliche Kindheit auf dem Land, so etwas kann ich nur jedem Kind wünschen. Meine Eltern gaben mir Wurzeln und Flügel, Urvertrauen und Liebe. Nur mein Sitzproblem blieb. Ich konnte auch in der Dorfschule nicht still sitzen. Ein Lehrer konnte sich irgendwann nicht mehr beherrschen und gar mir eine Ohrfeige. Damals war das noch nicht verboten, körperliche Züchtigung bei frechen Kindern galt als völlig normale Erziehungsmethode. Als ich es zu Hause erzählte, flippte mein Vater aus und faltete den Prügel-Lehrer am Telefon zusammen: Ein Diplomat war er wirklich nicht. Beim Religionslehrer, der auch der Dorfpfarrer war, ging es mir genauso. Ihm hatte ich allerdings einen Reißnagel auf den Stuhl gelegt. Er schrie auf und sprang auf mich zu, verpasste mir eine Ohrfeige, nach der ich mein Ohr noch zwei Wochen brummen hörte. Ich fand es trotzdem lustig. »Nussknacker« nannten wir diese Hiebe, die mit Christentum so wenig zu tun hatten wie eine Kaulquappe mit einem Flugzeug. Es war das Gegenteil von Nächstenliebe. Kleine Kinder sind eben kleine Kinder – und so nachsichtig sollte man sie behandeln und nicht wutentbrannt. Aber das Gefühl, diesen hilflosen und aufgeblasenen Pädagogen lächerlich zu machen, war es mir wert. Bei der Erstkommunion schleifte er mich aus der Kirchenbank vor den Altar, weil ich mit meinem Freund ein paar Worte gewechselt hatte. Er war ein Gewalttäter. Heute weiß man, dass die Gewalt gegen Kinder strukturell war und es nicht nur Einzelfälle sind, sondern Ausdruck eines erbarmungslosen Systems. Menschen, die in kirchlichen Heimen waren, berichten heute von Misshandlungen, die keine Ausnahme waren, sondern die Regel.

Aber trotz der Schläge, die ich abbekam: Zum willigen Opfer eignete ich mich nicht. Abschreckung und Einschüchterung funktionieren bei mir nicht. Ich habe mich nicht brechen lassen und übernahm liebend gern die Rolle des Klassenclowns. Ich liebte es, Quatsch zu machen anstatt nur passiv rumzusitzen. Und meine Nase reinzustecken, wo sie nicht hinsollte. Zum Beispiel in den Sack des Nikolaus, der uns besuchte und den ich enttarnte. Die Rute spüre ich heute noch. Aber die Neugier hat immer gesiegt bei mir. Ich war meine eigene Rasselbande. Folgen und Fügen waren für mich Fremdwörter.

Weil ich eines ganz sicher nicht wollte: Brav sein, mich ducken, unauffällig sein. Meine Mutter zog im Hintergrund die Strippen, dass es für mich glimpflich ausging. Mein Ungehorsam zog sich wie ein roter Faden durch mein Leben: Mit Autoritäten habe ich Probleme. Vor allem, wenn sie sich nur auf ihr Amt berufen und keine Klasse an sich haben.

Ich hatte nur ein Problem: Ich war nicht gut genug in der Schule, um wirklich nicht erpressbar zu sein. Meine Leistungen schwankten. Ich wäre gerne gut gewesen, aber ich hatte zu viele Interessen. An einen Übertritt aufs Gymnasium wie bei meinem Bruder war nach der vierten Klasse nicht zu denken.

Wenn es den Beruf Streicheerfinder gegeben hätte, hätte ich den sofort ergriffen. Eine Zeit lang war ich ganz verrückt danach, Chemikalien auszuprobieren und verwüstete damit als Christian Düsentrieb mein Kinderzimmer. Mein Freund Otto setzte die Knabentoilette in Brand mit Schwarzpulver, das ich ihm gemischt hatte. Bei einem Sommerfest bewies ich mir selbst, dass ich tricky sein kann. Es ging beim sogenannten »Bockstechen« darum, mit Lanzen auf eine Scheibe zu werfen, die einen Durchmesser von zweieinhalb Metern hatte. Wer die 100 traf, gewann den Hauptpreis: Ein Spanferkel. Das ganze Dorf machte mit, alle bekamen als Gag eine Waschmitteltrommel aufgesetzt, so dass keiner etwas sah. Weil ich aber so klein war, konnte ich auf den Boden sehen. Und markierte mit Kaugummipapier den optimalen Weg, den ich am Nachmittag schon mal geprobt hatte. Die anderen liefen alle schräg. Ich nicht. Die optimale Hüfthöhe für das Werfen der Lanze hatte ich auch getestet. So schritt ich ganz langsam und konzentriert von Kaugummipapier zu Kaugummipapier und feuerte dann meine Lanze auf die Zielscheibe: Dong! Ich traf die 100. Und gewann sensationell das Spanferkel. Mit List und Tücke, aber keiner kam drauf, wie ich es hinkriegte, ich war so stolz auf meine Cleverness. Ich kam mir vor wie David gegen Goliath. Oder Asterix gegen die Römer. Als Lausbub hatte ich das Recht zum Schummeln. Und verschwand mit dem lebenden Ferkel in der Kiste. Dass es später geschlachtet wurde und in der Tiefkühltruhe verschwand, fand ich nicht so lustig, weil es so niedlich war. Und einen hohen emotionalen Wert für mich hatte. Dass ich später mal mit solchen Tieren in der Küche zu tun haben würde, war damals noch nicht absehbar. Aber das sichere Lebensgefühl, dass ich Schwein(e) habe und familiären Rückhalt, auch wenn es eng wird, trug ich mit mir herum.

Wer ganz eindeutig zu meiner glücklichen Jugend sehr beigetragen hat, war mein Bruder. Im Allgäu gibt es ein geflügeltes Wort in vielen Familien: »Wir haben keine Deppen großgezogen.« Das stimmt bei den Henzes allemal. Gerade mal ein Jahr sind wir auseinander, er kam vor mir auf die schöne Welt im Allgäu. Und wenn ich mir einen idealen Bruder hätte schnitzen können, er hätte so wie Rainer ausgesehen. Er hat mir Geborgenheit gegeben, aber vor allem auch Freiheit. Er hat mich nicht gequält, Kinder können ja manchmal grausam sein. Ich musste nicht so sein wie er. Er war nicht die Norm, der ich mich unterzuordnen hatte. Obwohl wir die gleiche Erziehung genossen haben, zeigte sich einmal mehr: Jeder Mensch ist anders. Wie wunderbar ist das denn? Wir sind alle Unikate. Im Lauf des Lebens schauen wir uns zwar einiges ab von unserer Umwelt, aber kein Mensch sollte eine Kopie sein. Während ich die Welt mit meinen frechen Auftritten provozierte, war Rainer eher ein ruhiger Geselle. Keiner, der im Mittelpunkt stehen will, er ist froh, dass er nur 20 Kontakte in seinem Handy stehen hat. Ein sportliches Ausnahmetalent im Fußball, Tennis und im Skifahren, aber immer ganz bescheiden in seinem Auftreten. Ein ruhender Pol, kein Showtalent wie ich. In der Schule war er zur Freude meines akademischen Vaters ein Überflieger, der ganz locker vom Hocker die Hochschulreife erreichte. Aber das stieg ihm nie zu Kopf. »Ich habe mich Christian nie überlegen gefühlt, da wäre ich ganz vorsichtig. Er hat ganz andere Talente, von denen ich nur träumen kann. Und davon ist das Zaubern eines Gerichts in 15 Minuten, wenn er uns zum Grillen einlädt, noch das Geringste, ich bewundere zum Beispiel seinen ausgeprägten Geschäftssinn«, sagt mein kluger Bruder. Nett ist er auch noch.

Wir lieben uns bis heute: Auch unsere Familien treffen sich oft. Rainer ist auch verheiratet und hat zwei Kinder, so oft wie möglich kommen sie mich besuchen. Und dann sind wir mit meinen zwei Kindern und meiner Frau zu acht. Und wenn wir das Glück vervielfachen wollen, ist unsere muntere Mutter auch dabei. We are Family – dieses umwerfende Lied von Sister Sledge leben wir. Ein kleiner Textauszug aus dieser Hymne: »Jeder kann sehen, dass wir zusammengehören, wenn wir vorbeigehen. Nur fürs Protokoll: Wir schenken Liebe in einer Familiendose. Das Leben ist Spaß und wir haben erst angefangen, unseren Teil von den Freuden der Welt zu bekommen. Wir, nein, wir werden nicht depressiv, das ist unsere goldene Regel. Glaub an dich und an die Dinge, die du tust, dann machst du nichts falsch. Dies ist unser Familienjuwel. Wir sind eine Familie, steht alle auf und singt.«

Na gut, singen tun wir weniger, und ich koche lieber auf. Aber auch zum Kochen muss man aufstehen. Jedes Familientreffen ist ein Fest der Verbundenheit. Und erinnert mich an eine alte Weisheit: Vergesse niemals, woher du kommst.

Manchmal passte mein Bruder auch auf mich auf: Ich war oft übermütig und das kann ins Auge gehen. Vor allem im Schnee, das Element, mit dem wir im Allgäu ganz natürlich aufwachsen, wir haben einige Schneelöcher. Ich bin ein ganz ordentlicher Skifahrer, aber weit entfernt vom Niveau meines Bruders. Am Hahnenkamm in Reutte, nicht zu verwechseln mit der weltberühmten »Streif« in Kitzbühel, fuhren wir zusammen, ich war gerade mal 13 und hielt mich für unkaputtbar. Ich war ein Draufgänger, keiner, der zurückzog, das war für mich klar. Aber dann übersah ich eine Welle, also einen Buckel und schlug einen

Salto rückwärts, 30 Meter war ich wohl in der Luft. Ich verlor alles: meine Ski, meine Mütze, meine Brille, meine Stöcke. Aber nicht mein Leben. Mein Bruder sah den Unfall und war sehr beglückt, dass er mich auf der Hütte dann wieder umarmen konnte. »Das konnte schon physikalisch gar nicht gehen, dass du diese Welle in deinem Affentempo überstehst«, sagte er erleichtert zu mir. Und recht hatte er. Es sind ja genau diese Situationen, in denen sich das Leben komplett drehen kann. Eine unachtsame Sekunde, in der sich alles ändert, wenn man Pech hat. Die Krankenhäuser in der Nähe der großen Skipisten sind voll von Menschen, die sich überschätzt haben. Und Knochenbrüche sind da noch das Geringste. Der Gedanke an diesen freien Fall, an diesen völligen Kontrollverlust, erinnert mich auch an den siebenfachen Formel-1-Weltmeister Michael Schumacher, der ein guter Skifahrer war und über einen lächerlichen Stein so unglücklich stürzte, dass er pflegebedürftig ist und seitdem nie wieder in der Öffentlichkeit auftauchte. Es sind Winzigkeiten, die uns vom Unglück trennen. Wir Menschen sind zerbrechlich. Das heißt nicht, dass wir uns einsperren sollten. Aber Risiko und Reife gehören zusammen. Und wer weiß das besser als mein Bruder. Er hat zuerst Elektrotechnik studiert und wurde dann Pilot. Ein Traumberuf wie für mich der Platz am Herd. Ein Job, in dem du kein Hasardeur sein darfst, in dem du eine riesige Verantwortung hast. Mein Bruder hat als Kapitän fast 20 000 Flugstunden, der Job ist ähnlich anstrengend wie in der Gastronomie. Er flog für große europäische Airlines, ist wie ich sehr viel unterwegs und auf der Überholspur des Lebens kennt er sich aus. Ich bewundere ihn sehr. Auch weil er nicht viel Aufhebens um seinen großartigen Beruf macht: »Ich bin keiner, der in Uniform einkaufen geht.« Mit seiner Familie lebt er in Sichtweite der Königsschlösser Neuschwanstein und Hohenschwangau. Hier kann man Bergsteigen, Segeln, Mountainbike fahren. Er ist ein

Weltreisender und gleichzeitig ungeheuer bodenständig. Er hat Flügel und Wurzeln und ist für mich immer erreichbar. So wie ich für ihn. Blut ist dicker als Wasser, heißt es so schön. Aber wir mögen uns auch, weil wir die Unterschiedlichkeit als Reichtum begreifen. Und auch die Gemeinsamkeiten als Schatz in uns tragen. Der Gedanke, dass Kochen reine Frauensache ist, kam uns nie in den Sinn – auch weil unser Vater ab und zu etwas brutzelte und seinen Mann am Herd stand. Auch der Sohn von Rainer bereitet sich als Student gern selbst etwas zu, weil er es sich zuhause abgeschaut hat. Was Hänschen lernt, behält Hans immerzu. Dieser Satz stimmt viel mehr als das Prinzip »Was Hänschen nicht lernt, lernt Hans nimmermehr«. Jeder kann in jedem Alter noch Kochen lernen. Aber dazu gibt es im Kapitel über meine Kochschule mehr zu lesen, wie cool Kochen sein kann. Vom Kleinkind bis zum Greis. Der Preis ist heiß: Kleine Kunstwerke. Leuchtende Augen. Ein Geschenk an die Liebsten.

Rezept-Soundtrack meines Lebens:

Omas Einmachfleisch

Mein familiäres Festessen: Aus einem Riesentopf Geborgenheit essen – mit ganz viel Soße. XXL-Gericht mit Verwöhnaroma. Ein Kindheitsschatz. Gut und einfach. Einfach gut.

8 dünne Kalbsschnitzel aus der Oberschale (à 80 g) leicht flach klopfen, mit **Salz** und **schwarzem Pfeffer aus der Mühle** würzen und in etwas **Mehl** wenden. Überschüssiges Mehl abklopfen.

3 Esslöffel Butter in einer Pfanne aufschäumen und die Schnitzel darin von beiden Seiten bei mittlerer Hitze kurz anbraten, aber nicht bräunen. Herausnehmen und beiseitestellen.

2 Esslöffel Mehl in die Bratbutter rühren und mit **100 Milliliter Weißwein (vorzugsweise lieblich)** ablöschen. **200 Milliliter Rinderbrühe, 100 Gramm Sahne, 2 Lorbeerblätter, 2 Wacholderbeeren** und **2 Gewürznelken** zugeben und unter Rühren langsam aufkochen. Die Hitze reduzieren, die Schnitzel in die Sauce legen und bei niedriger Hitze abgedeckt 40 Minuten ziehen lassen.

Die Schnitzel auf vier Teller verteilen und mit der Sauce übergießen.

Gang 2

LEHRJAHRE SIND KEINE HERRENJAHRE –
warum ich trotzdem jeden Tag glücklich zur Arbeit ging

Ich hatte ein Urvertrauen in meine Fähigkeiten. Und stand mit 15 Jahren vor einer schweren Entscheidung: Was sollte ich eigentlich beruflich machen? Ich war ja Schulkomiker, aber das erschien mir kein sinnvoller Berufsweg zu sein. Und so originell wie Hape Kerkeling war ich auch nicht. Das Abitur hatte ich abgeschrieben. Ich habe nie gebetet: Lieber Gott, lass mich so gescheit werden wie mein Bruder. Der Vergleich ist das, was die Menschen unglücklich macht, denn dabei gibt es immer Gewinner und Verlierer. Dass jeder individuelle Talente hat und keiner gerne die Kopie des anderen ist, wird dabei oft vergessen. Komplexe hatte ich nie, und ich ließ sie mir auch nicht einreden. Mein Vater, der selbst Akademiker war, war etwas enttäuscht von mir, dass ich es nicht bis zur Hochschulreife gebracht hatte. Aber ich wusste: Mich und meinen Bruder zu vergleichen ist wie Feldsalat und Brokkoli. Beides grün, aber ganz unterschiedlich. Er war ein Überflieger. Ich hatte Hochachtung für ihn statt Neid. Ich war einfach in der Schule zu hibbelig, ein echter Zappelphilipp, dem auch Autogenes Training nur begrenzt half. Meine innere Stimme sagte mir: Christian, das ist nicht dein Weg. Es muss ja nicht jeder das Abitur machen und studieren. Dieses Land lebt auch von tüchtigen Handwerkern. Aber was sollte ich lernen? Augen auf bei der Berufswahl heißt es immer.

Ich interessierte mich für Autos und Motorräder, aber ständig schmutzige Hände haben wollte ich nicht. Und dann dachte ich daran, dass mich chemische Prozesse immer fasziniert hatten. Ich hatte sogar eine Rakete aus Kaliumchlorid und Phosphor gebaut, die in schwindelerregende Höhen stieg. Und im Fahrradweg ein hübsches Loch hinterließ, als sie beim Aufprall schmolz. Aber finden rätselhafte chemische Prozesse nicht auch in einem Kochtopf satt? Koch – das war es doch. Meine Mutter, die mir am Herd immer Einiges gezeigt hatte, bestärkte mich. Und so machte ich mein erstes Praktikum in einer Küche. Drei Wochen Kochen zum Reinschnuppern. In Hohenschwangau in einer Ausflugsgaststätte am Tegelberg. Ich fuhr jeden Morgen um acht Uhr mit der Gondel zum Gipfelrestaurant. Der Ernst des Lebens, von dem immer alle redeten, sollte losgehen. Wobei ich mir dachte: Eigentlich kenne ich gar keinen Menschen namens Ernst. Ich hatte fast so viel Vorfreude und Naivität wie ein Abc-Schütze am ersten Schultag.

Zunächst einmal musste ich mobiler werden. Ich wollte den Mofa-Führerschein machen. Als Fahrer fühlte ich mich schon kurz vor der Formel 1. Und ich fiel durch. Eine kalte Dusche für mein Ego. Danach schwor ich mir: Nie mehr fällst du bei einer Prüfung durch. Ach, der Mensch denkt und plant. Und Gott lacht.

Aber im zweiten Anlauf schaffte ich die Prüfung locker. Und konnte im zarten Alter von 15 Jahren in meine erste professionelle Küche reinschnuppern. Hier wurde alles frisch gemacht: Spätzle und Braten, die ganze gutbürgerliche Speisekarte. Ich merkte, dass ich eine unglaubliche Freude daran haben kann, eine gute Soße zu kosten: eine Rahmsoße, eine Sauerbratensoße, kleine Kunstwerke für mich. Dann fiel mir als kleiner Praktikant etwas auf: Die Sauerbratensoße schmeckt so ähnlich wie die Rahmsoße, behauptete ich. Alle in der Küche lachten. Über mich? Über den Chef? Ich wollte es wissen. Schließen Sie die Augen und schmecken Sie mal, sagte ich zum Küchenchef. Und schon war er der Hauptdarsteller einer Blindverkostung. Ich gab ihm die Rahmsoße auf den Löffel. Was ist das? Eine Rahmsoße. 100 Punkte! Dann gab ich ihm noch mal eine Rahmsoße. Was ist das? Eine Sauerbratensoße, meinte er. Die Köche lachten Tränen, auch der entzauberte Chef. Ich hatte ihn vorgeführt, aber er war nicht sauer auf mich. Ich war ja nicht der strenge Qualitätskontrolleur, sondern nur ein treuherziger Junge, der den Küchenchef foppte. Später stellte man fest, dass die Saucen versehentlich vermischt worden waren. Ein kleines Missgeschick, nicht typisch für unsere Küche. Aber es zeigte mir: Auch die Zunge eines Koches ist fehlbar. Seitdem weiß ich, dass viele Köche nur mit Wasser kochen. Das einzige, worauf dich mich verlasse, ist mein unbestechlicher Gaumen. Aber dieser kleine Test hatte mir Selbstvertrauen gegeben. Ich unterschrieb einen Ausbildungsvertrag im renommierten Schlosshotel Lisl in Hohenschwangau, ein À-la-carte-Restaurant, das den Wittelsbachern gehört, der ehemaligen bayerischen Herrscherfamilie. Mit 240 Mark wurde ich entlohnt. Immerhin musste ich keine Miete zahlen, weil ich bei meiner Tante ein Zimmer gestellt bekam. Lehrjahre sind keine Herrenjahre, ermahnte mich mein Vater. Ich richtete mich auf eine finanziell karge Zeit ein, aber meine Lebensfreude war ja nie von Geld abhängig. Die berühmten silbernen Löffel, mit denen manche geboren werden, kannte ich nur vom Hörensagen.

In der Küche waren wir zu zehnt. Mein erster Kontakt mit dem Küchenchef, den alle »Küchenbullen« nannten, war nicht gerade inspirierend. »Hey, willst du duschen gehen«, fragte er drohend, als ich in meiner Kochjacke und einem blauen Handtuch über der Schulter hereinkam. Ich spürte sofort, dass mit ihm nicht immer gut Kirschen essen war. Und ich lernte, dass das Handtuch an die Schürze kommt. Aber an diesem Tag begann meine Abhärtung. Schnell lernte ich: Heftige Sprüche gehören in einer Küche einfach dazu. Hier war kein Ort für Sensibelchen. Es war auch eine Ausbildung in Robustheit. Ein normaler Mensch würde sagen: Wer seine neuen Mitarbeiter, die sich ja erst einarbeiten müssen und noch über kein gewachsenes Selbstvertrauen verfügen, mit dem Charme einer Drahtbürste empfängt, ist so falsch gewickelt wie eine missratene Kohlroulade. Aber eine Küche ist kein normaler Ort. Ich fragte mich: Warum macht der so was? Die banale Antwort: Weil er es kann. Weil ihm keiner in den Arm fällt oder eine aufs Maul haut. Weil eine rüde Behandlung zu den ungeschriebenen Gesetzen in unser Branche gehört – oder zumindest gehörte. Eine Restaurant-Küche ist alles andere als ein Streichelzoo. Der Ton ist meist alles andere als nett. Der Küchenchef fiel mur durch ein seltsames Kommunikationsverhalten auf: Mit manchen redete er gar nicht. Andere herrschte er nur an: Hey! Mit Namen sprach er nur wenige an. Als ob wir Nummern wären. Ich hätte Mitgefühl gebraucht. Einmal eine schlichte Frage: Wie geht es dir? Kann ich dir helfen? Diese harte Arbeit war ich nicht gewöhnt. Ich hatte große Kreuz- und Beinschmerzen. Dieses lange Stehen war ich nicht gewohnt. Aber damit musste ich allein klarkommen. Friss oder stirb war die Devise.

Eines muss ich vorab sagen: Ich bin kein Opfer, war nie eins, werde nie eins sein. Dafür eigne ich mich ganz und gar nicht. Am Ende des Tages hatte ich immer ein Glücksgefühl, ich kam jeden Tag gerne zur Arbeit. Am Abend wurde sogar der Küchenchef ein netter Mensch und nahm mich auch mal in den Arm: »Gut gemacht, mein Junge.« Es waren emotionale Wechselduschen. In der Arbeitszeit blieb er unerbittlich und trieb uns im Rennmodus an. Es war sehr gut, wenn man ein Goldfischgedächtnis hatte: Diesen Tieren sagt man ja nach, dass sie schon zehn

Sekunden nach einem Erlebnis alles vergessen. Andere Wissenschaftler sprechen von drei Monaten, aber das wäre auch ok. In einer Küche zu arbeiten ist auf jeden Fall so wie ein Grundkurs in der Kunst, nicht nachtragend zu sein. Und das Negative auszublenden und nicht wie einen Rucksack voller Selbstmitleid mit sich herumzuschleppen.

Die ungeschriebenen Gesetze der Gastronomie habe ich schnell verinnerlicht. Erstens: Eine Küche kann nicht basisdemokratisch geführt werden, weil es schlicht und einfach keine Zeit für große Diskussionen gibt. Es braucht einen Häuptling und die Indianer müssen gehorchen. Wir sind kein Stuhlkreis, wir sind ein Hochleistungssystem. Es muss Zack gehen. Dalli, dalli. Wenn der erste Bon reinkommt, geht die Luzie ab. So viele Endorphine werden ausgeschüttet, das Adrenalin steht in der Luft. Lahm, lasch und lustlos kann hier keiner sein. Zweitens: Jeder ist von jedem abhängig. Wer in diesem Wettlauf nicht mithalten kann, schadet auch den anderen Mitarbeitern. Alles ist aufeinander abgestimmt. Der Langsame hält die Schnellen auf. Die gegenseitige kollegiale Kontrolle ist in einer Küchencrew groß, deshalb gibt sich jeder so viel Mühe. Und drittens: Am Abend, wenn alle Essen pannenfrei ausgegeben wurden und die Spannung nachlässt, spürt man ein wahnsinniges Glücksgefühl. Manchmal quietschten wir vor Glück, waren so ausgelassen, klatschten uns ab. Jeder Tag bringt ja so viel Ungewissheiten mit sich: Reicht die Ware? Haben wir genug vorgekocht? Sind die Gäste wirklich zufrieden? Wir lachten nach dem harten Pensum wahnsinnig viel. Und dann wird Bier getrunken und es liegen sich alle mehr oder weniger in den Armen – wie wenn man beim Fußball ein Tor erzielt hat. Oder man sitzt ganz still und stolz da und hat das Gefühl, etwas Großes vollbracht zu haben. Und dann spürt man auch den Respekt in den Augen der Älteren, die einen vorher noch angeherrscht haben. Plötzlich ist man Gleicher unter Gleichen. Nichts schweißt so zusammen wie ein gelungener Tag in der Küche. Weil es Teamsport ist. Der Star ist die Mannschaft. Ich bin auch keinem Küchenchef, der mich jemals hart anfasste, böse. Von allen habe ich eine Menge gelernt. Da ist kein schales Gschmäckle zurückgeblieben, ich fühle mich ihnen in tiefer Dankbarkeit verbunden. Ohne dass ich deswegen alle »Erziehungsmaßnahmen« von ihnen im Einzelnen billige.

Ich war für kleine Vorspeisen zuständig. Spargel, Eiersalat, Schinkenröllchen. Nichts Spektakuläres. Und dann hatte ich mein erstes Erweckungserlebnis: »Wer hat die Schinkenröllchen gemacht«, rief ein Kellner laut in die Küche. In mir kroch ein schlechtes Gewissen hoch, aber ich meldete mich. Kellner Claudio aber hatte die schönste Botschaft für mich: »Ich soll dir liebe Grüße von den Gästen ausrichten. Hat super geschmeckt.« In Sekundenbruchteilen wuchs mein Selbstvertrauen in mir, ich fühle mich wie ein Riese. Ein Lob! Ein erstes Lob! Das ist wie köstliches Wasser nach einem langen Marsch in der Wüste. Ich atmete auf. Für ein Lob tu ich ganz viel. Ich war süchtig danach, weil es so rar war. Der unselige Grundsatz »Nicht geschimpft ist Lob genug« wurde hier praktiziert. Schrecklich. Keiner bricht sich doch die Zunge ab, ein Lob auszusprechen. Und die Leistung wird dadurch viel besser, alles geht besser von der Hand. Wertschätzung lässt uns wachsen. Aber diese schlichte Erkenntnis aus der Küchenpsychologie wurde hier kaum beherzigt.

Ich lernte Vieles, auch dass Service und Küche oft gegeneinander arbeiten. Dass ist wie wenn beim Fußball die Stürmer gegen die eigenen Verteidiger agieren. Und ich kapierte, dass eine Verletzung ein Unding ist. Bei einem Wettbewerb mit meinem Lehrlingskollegen Andreas, wer schneller Weißkohl schneiden kann, hatte ich mich in den Finger geschnitten. Das Blut lief, der Küchenchef machte mich so rund, dass ich mir danach verbeult vorkam. Warum war er so böse? Er stand kaugummikauend da und genoss die Situation offenbar. Gib einem Menschen Macht, und dann siehst du, was er für ein Charakter ist. Dabei konnte er auch nett sein – vor allem zu den hübschen Bedienungen. Es war so durchschaubar. Er mochte uns nicht. Wir mochten ihn nicht. Aber ich wusste, dass sich alles ändern kann, auch sein Blick auf mich. Irgendwann war ich sogar sein Liebling. Offenbar hatte ich mir Respekt dadurch verschafft, dass ich seinem Blick standgehalten habe und nicht gekuscht habe. Dennoch hatte ich Angst vor ihm. Vor allem in kniffligen Situationen. Als wir einmal 500 Semmelknödel drehen durften, um sie dann aufs Blech zu liegen und zu servieren, fiel mir auf, dass mein Pflaster am verletzten Finger weg war: Offenbar war es in irgendeinen Knödel geraten. Ich hielt meine rechte Hand hoch und sagte zu Andi: »Ja, wo ist es denn?«

Da lagen sie nun, die 500 Knödel, die Arbeit von vier Stunden, vorgesehen für eine asiatische Reisegruppe. Die Situation war so absurd, mein Kollege Andreas und ich sprudelten vor Lachen. Und fragten uns dann: Sollen wir beten, abwarten oder gleich den Super-GAU gestehen? Und damit den ganzen Betrieb lahmlegen? Der Küchenchef hätte mich umgebracht. Ich hatte wahnsinniges Glück. Das Pflaster ist nie mehr aufgetaucht. Puh, was für ein Glück. Seitdem weiß ich: Unterm Pflaster liegt die Erleichterung. Und an einem Pflaster, wenn es denn verzehrt wurde, stirbt man offenbar nicht. Vielleicht wurde es aber auch nur höflich von den Gästen entsorgt, ohne Zeter und Mordio zu schreien.

Meine beiden Erkenntnisse aus dieser Geschichte: Alles was schiefgehen kann, wird auch schiefgehen – besser bekannt als Murphy's Law. Und das zweite: Von vielen Sorgen, die man sich macht, treten die meisten nicht ein. Ich war noch einmal mit mehr Glück als Verstand davon gekommen, der Wutausbruch des Küchenchefs wäre gigantisch gewesen. Man durfte einfach keine Fehler machen – und das in einem Alter, wo man nur durch Fehler lernt. Und selbst bei tadelloser Arbeit bekam man wenig Wertschätzung.

Kein Wunder, dass alle in den Pausen gierig pafften, um ihre Nervosität zu dämpfen. Ich habe bewusst nicht geraucht. Weil ich nie der Herde hinterherspringen wollte. Andi und ich kümmerten uns lieber um die hübschen Bedienungen. Und gekifft habe ich nur einmal. Es bekam mir überhaupt nicht. Mir wurde sofort schlecht. Ich habe in das Auto meines Freundes gekotzt. Das war meine Drogenkarriere. Mit Cannabis kann ich nichts anfangen. Mit härteren Drogen wie Koks, in Küchenkreisen durchaus verbreitet, noch weniger. Meine Droge war die Arbeit. Ich wollte mich fordern, die Challenge mit mir trieb mich an. Dass ich die anderen damit überragte, war im Restaurant gar nicht gewollt. Alle sollten brav auf einem Level arbeiten. Das war mir zu wenig.

Der Höhepunkt des Jahres waren die Schlosskonzerte in Neuschwanstein, die sehr viel Publikum anlockten. In der Küche taten wir unser Bestes: mehrere Gänge, hochwertige Produkte. Ein jüngerer Küchenchef kam, er ermutigte uns und behandelte uns wie wertvolle Menschen. Das war ein Geschenk, das wir kaum glauben konnten. Ein Mensch, der uns mochte und über Einfühlungsvermögen in die Seele eines ehrgeizigen Jungkochs verfügte. Als wir uns einen Scherz erlaubten und aus Butterblöcken im Kühlhaus nicht wie aufgetragen einen Schwan formten, sondern einen Penis, reagierte der neue Küchenchef mit Humor: Er rief meinen Kumpel und mich zu sich und sagte uns auf den Kopf zu: »Zu so einer Schote seid nur ihr fähig.« Er musste lachen, er hatte den Spaß der zwei jungen Burschen verstanden. »Ihr Hundlinge«, sagte er anerkennend.

Einmal tranken wir in der Küche ein Glas Weißwein – eigentlich ein Tabu. Und gossen die Bratensoße mit einer billigen

Zweiliterflasche Wein auf, dem sogenannten »Pennerglück«. Diesen Kochwein haben wir auch ein paarmal vernichtet. Unsere eigenen Qualitätsmaßstäbe verhinderten häufige Wiederholungen. Aber es wurde auch viel gelacht bei uns. Neulinge mussten ein bizarres Ritual bei uns absolvieren. Sie sollten aus dem Alpsee mit zwei 15-Liter-Kanistern Wasser holen. Forellenwasser frisch aus dem Eibsee – so heißt der Auftrag. Es war eine Plackerei. Als ich schweißgebadet in der Küche ankam, bogen sich die Kollegen vor Lachen, dass ich auf diesen unsinnigen Auftrag reingefallen war. Es war das Los der Grünschnäbel. Und wahrer Humor beginnt ja erst da, wo der Spaß aufhört.

Ich bekam auf jeden Fall auch ein Stück weiblicher Anerkennung, weil unsere adretten Kellnerinnen ein Auge auf mich geworfen hatten. In den Augen des Küchenchefs las ich: »Du dummer Lehrling, was glaubst du kleiner Pisser eigentlich, wer du bist?« Einmal sah der Küchenchef, wie die hübscheste Kellnerin aus dem Haus, wo ich ein kleines Zimmer hatte, herauskam. Er reagierte ungehalten: »Die packst du doch gar nicht, du Depp, was willst du mit diesem Gerät?« Ach, das hilflose Imponiergehabe und das protzige Rumgehampel von Zukurzgekommenen werden nie aussterben. Und manche versuchen sich zu erhöhen, indem sie andere erniedrigen. Ein durchschaubares Spiel, das man gar nicht an sich heranlassen muss. Ich verfügte schon über enorme Nehmerqualitäten. Und ordnete solche Sprüche unter Geschwätz von Zukurzgekommenen ein.

Ich dachte mir nur: Neid ist wirklich die deutsche Form der Anerkennung. Ich war ein knackiger junger Bursche. Und die Tatsache, dass die Kellnerinnen ihre Geliebten offenbar nicht nach dem Status in der Küche aussuchten, sondern nach einem drahtigen Körper, gefiel mir. Aber meine optische Eitelkeit hält sich in Grenzen, ich bin ein Mensch, der nicht immer um sich kreist und sich täglich dreimal im Spiegel betrachtet. Ich versetzte mich lieber in andere hinein. In unserer Küche war auch ein lernbehinderter Junge, der lispelte und mit einem verbogenen Brillengestell herumlief. Ein unglaublich netter Typ, eine Art Forrest Gump hoch sieben. Den peppen wir jetzt auf, sagte mein Freund Andi zu mir. Wir verpassten ihm eine neue Brille und einen coolen Haarschnitt, sein uralter Käfer wurde mit einer Spraydose optisch veredelt. Wir besorgten ihm einen Arzttermin, um seine Segelohren anzulegen. Und wir schenkten ihm einen Bordellbesuch und suchten persönlich die hübscheste Dame für ihn aus. Das mag moralisch etwas anrüchig klingen, aber in diesem Fall war es goldrichtig. Diese Wertschätzung hat er nie vergessen. Er trat fortan viel selbstbewusster auf. Und lernte den aufrechten Gang. Warum ich diese Geschichte erzähle? Weil ich an die Entwicklungsfähigkeit von Menschen glaube. In jedem von uns steckt eine großartige Persönlichkeit. Man kann sie verhüllen. Oder enthüllen. Unterm Geröll liegt der Strand.

Drei Jahre dauerte meine Ausbildung, sie vergingen wie im Flug. Ich war in erster Linie eine nützliche Arbeitskraft, es ging nicht darum, mich zum Sternekoch zu machen. Wir waren fünf ausgebildete Köche, sechs Lehrlinge und einige Küchenhilfen. Ich fragte mich immer wieder: Warum zeigen die echten Profis uns so wenig? Je mehr wir wissen, desto nützlicher ist es doch für den Laden und den geregelten Küchenbetrieb. Im ersten Jahr war ich nur für Vorspeisen und Salate zuständig, ich schälte Kartoffeln, schnitt Weißkohl und raspelte Karotten. Danach durfte ich Beilagen wie Kartoffelgratin, Spätzle oder Knödel machen. Aber das bringt einen auch nicht weiter, eine Million Knödel zu drehen. Man wird zum Automaten und dreht sich im wahrsten Sinn des Wortes im Kreise. Es ist Fließbandarbeit und hat mit Kreativität nichts zu tun. Die war gar nicht gern gesehen. Wenn ich die Olivenvorspeise besonders schön anrichtete, schimpfte der Küchenbulle: »Willst du auf eine Ausstellung, Du Depp?«

Zur Erklärung: Es gab Wettbewerbe, bei denen mit Aspik überzogene Teller bewertet wurden – mit Gold, Silber, Bronze. Rein kochtechnisch war das hohl, aber das Auge aß mit. Diese Auszeichnungen waren begehrt und gaben einem Prestige. Genau das gönnte mir der Küchenchef offenbar nicht so sehr. Anstatt dass er sich über meine Ideen und meinen Ehrgeiz freute, machte er sie schon gerne mal nieder. Man kann darauf auf zwei Arten reagieren: Entweder man übernimmt seine absurden Kriterien, verzweifelt und geht in die innere Emigration, zieht sich zurück, wird lustlos und mürrisch. Oder man streckt sich und denkt: Was ist das für ein Lehrmeister? Sollte er seine Kochkunst nicht weitergeben? Und sich freuen, wenn jemand eigene kreative Akzente setzt?

Es gibt immer Menschen, die einen hemmen wollen. Aber ich bin ein Falter, ein Entfalter. Ich wollte nicht irgendein Koch sein, ich wollte richtig gut sein. So dass ich mich selbst respektieren kann. Wer sich nicht fordert, wird auch von niemandem angefordert. Ich wollte besser sein als andere – aber genau das kam nicht so gut an. Weder im eigenen Betrieb noch unter den anderen Kochlehrlingen. Das ungeschriebene Gesetz lautete: Wer hoch fliegen will, wird zurechtgestutzt. Ich hatte einfach Lust, etwas schön und gut und ansprechend zu machen. Und diese Lust wollte ich mir auch von schlecht gelaunten Vorgesetzten nicht madig machen lassen.

So eine Küche ist ein Universum für sich. Für Außenstehende nicht einsehbar. Die Zeit vergeht wie im Flug. Wir haben gearbeitet bis zum Gehtnichtmehr. Manchmal waren wir klatschnass geschwitzt. Es ist immer Action, nie langweilig, weil eine Gruppendynamik den Einzelnen überstrahlt. Man arbeitet von einer Hand in die andere. Im Idealfall ist es positiver Stress mit Gänsehaut und Glücksgefühl. Im schlechteren Fall machen Alkohol, Nikotin, Drogen und Einsamkeit aus Köchen langsam, aber sicher Wracks.

Ich habe mich entschieden, mit klarem Kopf in der Küche zu stehen, mich nicht zu betäuben oder zu berauschen. Für meine Kunst ist das ganz entscheidend. Und ich hatte mich auch entschieden, gegen die ungeschriebenen beruflichen Regeln der Küchenpsychologie zu verstoßen. Die lauteten: Der Lehrling im ersten Lehrjahr ist in der Hierarchie ganz unten, man darf alles mit ihm machen. Im zweiten Lehrjahr darf man dann den Lehrling aus dem ersten Lehrjahr quälen, im dritten Lehrjahr die Lehrlinge der ersten beiden Jahre. Über allem stehen die Profiköche, die schon lange im Beruf sind, die sich alles rausnehmen dürfen und wie Diktatoren agieren. Sie müssen sich auch nicht erklären, sie geben Befehle aus und lassen ihre Launen am Nachwuchs aus. Dieses System muss man erst mal durchschauen, um zu wissen, dass man Kritik auf keinen Fall persönlich nehmen darf. Es ist das Küchenregime, das zu lange keinerlei Rücksicht auf persönliche Befindlichkeiten nahm.

Heute wäre so etwas kaum mehr möglich. Allein schon aus einem wesentlichen Grund: Es gibt einen dramatischen Personalmangel, allein im Allgäu werden 3000 Mitarbeiter für die Gastronomie gesucht. Die Betriebe kämpfen um ihren Nachwuchs und müssen ihm attraktive Arbeitsbedingungen bieten. Mit Psychoterror am Arbeitsplatz kriegt man keine Mitarbeiter mehr, das spricht sich schnell rum. Und Enthüllungsgeschichten wie im Herbst 2021 in der Wochenzeitung »Die Zeit« über das Klima der Angst in deutschen Sterneküchen zeigen, dass die Betroffenen sich heute wehren und es öffentlich machen. Und das will keiner. Eigentlich ist eine Küche wie eine Mannschaftskabine beim Fußball: Hier ist alles intern, nichts dringt nach draußen. Aber diese Zeiten sind auch vorbei. Sadisten können sich nicht mehr hemmungslos ausleben – oder nur unter größtem Risiko. Ich finde das gut so. Respekt darf es nicht erst nach Dienstende geben. Und vielen Mitarbeitern ist ein Grundrespekt wichtiger als eine Gehaltserhöhung.

Einen Fehler dürfen wir allerdings auch nicht machen: Gestern und heute undifferenziert vergleichen. Die Zeiten waren damals anders, als ich anfing: autoritärer und anmaßender. Trotzdem bin ich damals gerne zur Arbeit gegangen. Ich wusste ja, dass sich die Quälerei noch lohnen wird. Auch in die Berufsschule nach Bad Wörishofen, wo der berühmte Pfarrer Kneipp herstammt, ging ich gerne. Deutsch, BWL, Mathe – warum nicht etwas Denksport? Und dann gab es noch die Schulküche, in der wir lernten, Filets aus einer Orange zu schneiden und verschiedene Schnittarten bei Gemüse zu üben. Ich war krass unterfordert und da kommt man natürlich auch darauf, Blödsinn zu machen. Es erinnerte mich an den Stuhlkreis in der Kita, bei dem ich dem einen oder anderen den Fuß stellte, um mich zu amüsieren. Nichts ist so unterhaltsam wie das lustige Missgeschick der anderen. So sind die meisten Menschen gestrickt. Ich war es auch.

Unter uns Koch-Azubis gab es einen Spruch, der zum geflügelten Wort wurde: Bad Wörishofen ist so groß wie der Zentralfriedhof von New York, aber doppelt so tot. Die Stadt war voller Rentner und Kurgäste, für uns Heißsporne nicht sehr anregend. Aber wir hatten ja uns, im Internat ging es hoch her, wir waren Pubertierende mit hormonellem Überschuss, die für neun Wochen in einem Internat untergebracht waren. Ich war schnell der Hahn im Korb und wurde vom Heimleiter rausgeschmissen, weil ich so viel Unruhe reinbringen würde, er hatte mich mit seinem guten Gespür sofort als Rädelsführer identifiziert. Nicht ganz zu Unrecht, ich konnte am besten reden und übernahm gerne mal die Initiative. Man wollte an mir ein Exempel statuieren. Ich wurde vom Internat entfernt, weil ich offenbar für eine

Mischung aus Paukerschreck, Klassenclown und Gefährder braver Mädchen gehalten wurde. Dass mich der Heimleiter trotzdem mochte, spürte ich. Also war ich auch nicht zerknirscht. Ich war Teil des Spiels zwischen Autorität und Hallodri, Lehrkraft und Strolch.

Immerhin durfte ich noch in die Berufsschule gehen. Aber jetzt musste ich längere Fahrzeiten in Kauf nehmen: Mit meinem Fiat 127, mein erster fahrbarer Untersatz, fuhr ich täglich die Strecke von Hohenschwangau, es waren immerhin 50 Kilometer, das Benzin mussten mein Freund und ich natürlich selbst bezahlen. Strikte Pünktlichkeit wurde erwartet, aber mein Beifahrer und ich waren nicht immer in der Lage dazu. Manchmal griff ich zu Notlügen, die nicht überprüfbar waren: Wir fuhren angeblich hinter einem Schneepflug her, der in den Schneemassen stecken geblieben war. Aber es hatte gar nicht geschneit, ich trug es trotzdem ohne Erröten vor, mein Beifahrer stand mit hochrotem Kopf da und war kurz vor einer Lachexplosion. Das Veräppeln von Lehrern war eines meiner Hobbies. Bei einem aufgeblasenen Pauker ist es nur folgerichtig, dass er in die Fallen der Schüler tappt. Das brauchte mir einige Verweise ein, die an mir abperlten. Ich wollte ja keine Fleißkärtchen, ich wollte Spaß.

Rezept-Soundtrack meines Lebens:

Lisls Tafelspitzsülze mit Bergkäse

Das erste Gericht, das ich zubereiten durfte: Ein zünftiges Arbeiter-
essen. Aber man kann es auch in Espressotassen als Delikatesse
servieren. Wer die Basis nicht ehrt, ist den Trüffel nicht wert.

500 Gramm Tafelspitz kalt abspülen und mit Küchenpapier
trocknen. **100 Gramm Möhren, 100 g Knollensellerie** und
½ Stange Lauch waschen und schälen bzw. putzen. Möhren und
Sellerie würfeln, den Lauch klein schneiden.

Das Fleisch mit dem Gemüse und **2 Lorbeerblättern, 2 Gewürz-**
nelken und **2 Wacholderbeeren** in 2 Liter kaltes Wasser geben,
erhitzen und etwa 1 ½ Stunden leise köcheln lassen. Dabei wie-
derholt den aufsteigenden Schaum abschöpfen.

Das Fleisch herausnehmen und erkalten lassen. Die Brühe
durch ein Sieb gießen. Das Fleisch würfeln. **200 Gramm Berg-**
käse würfeln. Fleisch- und Käsewürfel in 4 bis 8 (je nach Größe)
kleine Förmchen (Timbale) oder Tassen füllen.

20 Blatt Gelatine in etwas kaltem Wasser 5 Minuten einweichen, dann gut ausdrücken. Die Brühe auf ½ Liter einkochen. Mit
5 Esslöffel Obstessig, Salz und **schwarzem Pfeffer aus der**
Mühle würzen. Gelatine in der noch heißen Brühe auflösen.

Die mit Gelatine versetzte Brühe in die Förmchen gießen und
diese kurz durchschütteln, so dass ein glatter Spiegel entsteht.
Für 1 bis 2 Stunden in den Kühlschrank stellen und erstarren
lassen.

Für die Vinaigrette **4 Esslöffel Obstessig, 1 Esslöffel Meerrettich (frisch gerieben oder aus dem Glas), etwas Salz, schwarzem Pfeffer aus der Mühle** und **etwas Zucker** verrühren. **8 Esslöffel Rapskernöl** unter Rühren langsam einlaufen lassen. ½ Bund Schnittlauch, in Röllchen geschnitten, dazugeben.

Die Förmchen aus dem Kühlschrank nehmen, kurz in heißes Wasser tauchen und den Inhalt auf vier Teller stürzen. Mit Vinaigrette umgießen und mit Kräuterblättern (z.B. Petersilie) garnieren.

Gang 3

DER RÜCKSCHLAG –
warum ich durch die Kochprüfung fiel und jeder Verlust auch ein Gewinn ist

Endlich war es so weit: Nach drei Jahren, die nicht immer eine Freude waren und mich teilweise gelangweilt hatten, weil ich nach Höherem strebte, durfte ich meine Prüfung machen. Die Zeit der Berichtshefte und der Rezepthefte, in die man jede geschnittene Zwiebel säuberlich eintragen musste, schien dem Ende zuzugehen. Ich hatte mir schon in einem Baseler Fünf-Sterne-Hotel eine Weiterbeschäftigung nach der Lehre organisiert, weil ich mich unbedingt weiterentwickeln wollte und in der Gaststättenzeitung auf eine Anzeige geantwortet hatte. Und das Rösti-Land Schweiz galt als Talentschmiede der Kochkunst, ich wusste, dass es Restaurants gibt, wo die Schokoplättchen gestreichelt werden. Ich wollte den nächsten Schritt gehen und nicht im Gasthof zum blutigen Ochsen enden und auf ewig Schnitzel panieren. Der Vertrag als Jungkoch war unterschrieben, nur die bestandene Prüfung fehlte, aber das war ja in meinen Augen reine Formsache. Die Aufgabe schien wirklich keine hohen Schwierigkeitsgrade zu haben: eine Hähnchenbrust mit Beilage, drei Salate und ein Dessert, ein Eis-Parfait, also halbgefroren. Das mach ich mit links, dachte ich mir. Ich hatte vier Stunden Zeit. Bewertet wurde das Schreiben des Menüs, die Sauberkeit am Arbeitsplatz, das Anrichten. Und natürlich der Geschmack.

Das Hähnchenbrustfilet füllte ich mit Schinken und Kräutern. Ich panierte es in Cornflakes. Gemüse und eine Currysoße komplettierten den schönen Teller. Gut gemacht, sagte ich innerlich zu mir.

Mein Meisterstück war aus meiner Sicht aber das Mohneis-Parfait mit Orangenragout. Ich füllte die Grundmasse in einen Kunstdarm. So hatte ich es noch nie in einem Restaurant gesehen, es war meine Kreation. Es schmeckte so lecker und es war wirklich ein Kunstwerk, das mit Lebensmittelfarbe bestrichen wurde. Ich setzte noch eine Marzipanflamme darauf.

Und verließ den Prüfungsraum mit großer Zufriedenheit. Alle sagten zu mir: Henze, toll gemacht, du wirst mit Sicherheit Schulbester!

Ich bin aus der Schule rausgegangen und rief meine Mutter an: »Alles mega gelaufen, Mama, das wird hundertprozentig ein Einser.« Sie sagte zu mir: »Ich bin so stolz auf dich, mein Schatz«.

Ein paar Stunden später wurde ich ins Prüfungszimmer gerufen. Der Schulleiter saß da mit dem Chef eines wirklich renommierten Restaurants, das Landhotel Schlosswirtschaft in Illereichen hatte einen Michelinstern. Er war also schon da, wo ich mich hinträumte. Ich vermutete ernsthaft, sie schlagen für mich einen besonderen Preis vor und wollen mich als herausragenden Koch dieses Jahrgangs würdigen. Nur ihre ernsten Gesichter irritierten mich. Sie sahen mein Strahlen und sagten zu mir, ich solle mich erst mal hinsetzen. Der externe Prüfer sagte in einem Trauerton, den ich nie mehr vergessen werde: »Herr Henze, ich muss ihnen leider mitteilen, dass Sie die Prüfung heute nicht geschafft haben.« Ich hielt das für einen schlechten Witz, die wollen mich aufziehen. Oder war es ein Hörfehler? Sicher werden sie es gleich aufklären. Aber nein, sie blieben bei ihrem Urteil, das ich in keiner Weise nachvollziehen konnte. Mir schoss das Blut ins Gesicht, mein Kopf war kurz vor dem Zerplatzen. Ich fragte nur schüchtern wieso, dann kam eine dürre Erklärung: Der Mohn in dem Eis-Parfait hätte dem einen Prüfer noch Stunden danach in den Zähnen geklebt. Die Marzipanflamme hätte auch nicht zur Jahreszeit gepasst. Eine vorgeschobene Begründung, die an Hohlheit nicht zu toppen war. Und deshalb falle ich durch. Ich war entgeistert. Für mich brach eine Welt zusammen, der Boden unter den Füßen tat sich scheinbar auf, ein paar Momente wollte ich mich in einem Loch verkriechen. Ausgerechnet ich, der gefühlte Star unter den Lehrlingen, sollte versagt haben. Den Schuh konnte und wollte ich mir nicht anziehen. Es war eine seelische Grausamkeit, die ohne Vorwarnung an mir verübt wurde. Ich spürte, dass es Schikane war und es nicht mit rechten Dingen zugegangen war. Dass ich direkt nach meiner Schmach ein Jobangebot von dem Prüfer bekam, der mich durchfallen ließ, konnte ich noch gar nicht realisieren. Es fühlte sich wie ein Trostpflaster an, aber ich war seelisch verwundet. Und völlig aufgelöst, als ich zu Hause ankam. Meine Mutter umarmte mich und sagte einen wunderbar weisen Satz: »Hey, wer weiß, wofür es gut ist.« Als 18-Jähriger kann man mit so einem Satz nichts anfangen. Aber was ich verstanden habe: Ich wurde abgeholt und aufgefangen in meiner Familie. Niemand machte mir Vorwürfe. Alle versuchten, mich wieder aufzurichten.

Natürlich verbreitete sich die Nachricht so schnell wie eine Rakete: Der Henze ist durchgefallen! Aber ich behielt meinen Kopf oben, auch wenn ich schwer angeknackt war. Ich hatte eine Stehaufkraft in mir und wusste nicht woher sie kam. Aber sie war da. An so einem Rückschlag zerbricht man. Oder man wächst. Selbst ein Küchenchef, der mich oft hart angefasst hatte, fand lobende Worte: »Henze, du hast mich so oft genervt, aber du kannst richtig gut kochen. Ich kann das beurteilen, weil ich dich jeden Tag gesehen habe.«

Ich hatte keine jahrzehntelange Berufserfahrung, aber ich wusste, dass ich saugut gekocht hatte. Es war ein ganz glatter Einser. Und deshalb habe ich mich geweigert, die Wertung als Urteil über mich anzuerkennen. Meine innere Stimme protestierte heftig dagegen. Mein Vertrauen in mich selbst, also mein gesammeltes Selbstvertrauen, war viel stärker als das Vertrauen in die Urteilsfähigkeiten dieser beiden Herrschaften. Meine beiden Richter wussten ja nicht, wie so ein junger Kerl wie ich darauf reagiert. Sensiblere Naturen hätten nach dieser Blamage wahrscheinlich alles hingeschmissen und den Beruf verflucht, andere wären in eine tiefe Depression und Selbstentwertung verfallen. So was erschüttert einen Menschen zutiefst. Ich fühlte mich um die Früchte meiner Arbeit betrogen. Und spürte gleichzeitig nach ein paar Tagen Trauer einen heiligen Zorn in mir aufsteigen. Euch zeig ich's. Jetzt erst recht. Ich lasse mir meine Träume nicht kaputtreden. Die Kunst, mit einer Kränkung konstruktiv umzugehen, gehört zu den wichtigsten Eigenschaften in jedem Menschenleben. Im Bayerischen gibt es für so eine Trotzhaltung einen erbarmungslos treffenden Spruch: »A Guada hälts aus. Und um die Schlechten is es ned schad.« Das klingt brutal, ist aber ziemlich wahr.

Ich sagte das Luxushotel in der Schweiz ab und war aber auch nicht mehr bereit, in meiner Lehrstelle weiter zu arbeiten. Der Gourmettempel in Illereichen, einem Ort, in dem die Zeit stehengeblieben zu sein schien, war jetzt meine nächste Etappe. Der Mann, der mich aus meiner Sicht völlig falsch eingeschätzt hatte und in tiefste Verlegenheit gestürzt hatte, bot sich an, mein Retter zu werden. Es war ein großzügiges Angebot für einen vermeintlichen Versager. Sein Lokal hatte einen Michelin-Stern und 17 Punkte im Gault Millau, das reizte mich. Ich wollte beweisen, dass ich auch nach einer nicht bestandenen Prüfung auf höchstem Niveau arbeiten kann.

Es war das Beste, was mir in dieser Phase passieren konnte – obwohl der neue Job alles von mir forderte. Ich meldete mich in Illereichen im Fitness-Studio an, aber ich war nicht einmal dort. Der Job war so stressig, dass er all meine Kräfte in Beschlag nahm. Aber er bescherte mir neue Geschmackserlebnisse, ich war wirklich aus der Kreisklasse in der Bundesliga des Kochens angekommen. Ich hatte geschmackliche Schlüsselerlebnisse, die einem Gaumenorgasmus glichen: Das Vanillerahmeis war unfassbar lecker. Auch die Trüffelsoße brachte mich in neue Geschmackswelten. Ich hatte noch nie so etwas Gutes gegessen. Es war, wie wenn ich von einem VW Passat auf einen Ferrari umgestiegen wäre. Ich war ja vorher noch nie in einem Sterne-Restaurant gewesen.

Ich arbeitete von 9:00 bis 14:30 und dann von 17:30 bis 23:30 Uhr. Es war ein Pensum, das man nur als junger, gesunder Mensch schaffen kann. Ich war fix und fertig und lag apathisch im Bett, als ich am Nachmittag die zwei Stunden Pause hatte. Es war ein Leben im roten Bereich. Wir waren jeden Tag ausgebucht. Ein Dauerstress, aber für mich ist es besser, leicht überfordert zu sein als unterfordert. Ich durfte lernen und ich musste lernen. Manfred Führer war der Küchenchef, der mich am meisten geprägt hat. Er hat den Stern in Illereichen erkocht und mir 80 Prozent meines Grundwissens beigebracht, weil er mich unter seine Fittiche nahm: Danke, Manfred! Er sah in mir auch den Menschen, nicht nur die Arbeitskraft. Auch wenn er jeden Morgen »Schneller!« gerufen hat, fünf Zentimeter vor meinem Ohr. Oder einfach nur »Petersilie!« 100 Prozent Qualität – aber schnell, das war sein Maßstab. Wir standen unter einer Art Maschinengewehrfeuer, sonst wären die fünf bis acht Gänge, die pünktlich serviert werden mussten, nicht möglich gewesen. Das war aber nicht bösartig gemeint. Er durfte das, er hatte mehr Können als alle anderen Köche zusammen. Und ich hätte ihn nie kennengelernt, wenn ich nicht durch die Kochprüfung gerasselt wäre. Wer weiß, wofür es gut ist – meine Mutter hatte also doch recht. Jeder Gewinn ist ein Verlust. Und jeder Verlust ein Gewinn. Ich hatte auf Umwegen gewonnen, was für ein Glück. Nur kapiert man das erst lange danach.

Ich lernte also einen Loup de Mer auf der Hautseite kross zu braten, mit Champagner und Fischfonds abgelöscht. Und eine Tomaten-Estragon-Butter herzustellen. Es war einfach göttlich. Ich war in einem kulinarischen Paradies. Ich lernte rasch. Einen Loup del Mer zu filetieren dauerte anfangs fünf Minuten, dann 60 Sekunden. Es war Konzentration auf höchstem Niveau. Schlamperei wäre sofort aufgefallen. Du musst dir alles merken. Ein Gast bestellt die Kalbsterrine mit Gänseleber, die Seezungenlachsroulade mit Osietra-Kaviar und dann das Marmor-Soufflé mit Sauerrahmeis. Der zweite Gast möchte das Fünf-Gänge-Menü. Der dritte Gast die sieben Gänge, aber ohne die Wachteln. Es ist körperlich und geistig extrem fordernd, just in time zu produzieren. Wenn du schlecht bist, hältst du die Blicke der Kollegen nicht aus. Wenn du gut bist, lieben dich alle. Nach getaner Arbeit genoss ich die Glücksminuten, wenn die Spannung einem erhabenen Gefühl weicht: Uff, wieder einmal geschafft. Wir arbeiteten jeden Tag am Anschlag, ich war kreidebleich und nahm einiges ab. Ich trank nach getaner Arbeit erst Pils, dann spürte ich, dass Pils mich kulinarisch nicht weiterbringt. Der Chef bewies Großzügigkeit und lud uns fast jeden Abend nach getaner Arbeit auf eine Flasche Champagner ein. Das war mega. Die Weinkarte im Restaurant umfasste 500 Positionen – so gut kann Fortbildung schmecken. Und der ständige Umgang mit Kaviar und Trüffel verfeinerte meine Geschmacksnerven, ich bildete mich auch mit Hintergrundliteratur weiter. Und das alles für ein paar Hundert Mark. Aber diese Ausbildung bei einem ganz Großen war unbezahlbar.

Nach einem halben Jahr durfte ich zur Wiederholung meiner Prüfung antreten. Diesmal musste ich ein Schweinefilet zubereiten. Und drei Salate und eine Consommé, also einer Rinderbrühe, in der noch einmal Eiweiß, Hackfleisch und Wurzelgemüse gekocht wurde. Das Verhältnis zwischen Fleisch und Brühe beträgt etwa eins zu fünf. Das Dessert fiel aus. Ich bestand mit einem Einser. Auch diese Scharte war also ausgewetzt. Und ich musste, so banal das klang, an mein Mofa denken. Auch da war ich bei der ersten Prüfung gescheitert. Auf den zweiten Anlauf kommt es an.

Einer der ersten, die mir gratulierten, war mein Chef, der mich sehr mochte und von Tag zu Tag mehr respektierte. Er hatte ein Näschen für Talente und nannte mich »Christioon«, französisch gesprochen. Und lud uns alle noch einmal zu einem Abendessen ein. Das war ein Zeichen von Anerkennung. Gegen 1 Uhr stand ich mit meiner Freundin Pia, die später meine Frau wurde, und ihm vor einer Cocktailbar, es gab eine herzliche Umarmung zum Abschied. Ich konnte mir eine Frage nicht verkneifen, die mir schon lange auf den Lippen brannte. »Chef, warum haben Sie mich damals durchfallen lassen?« Er antwortete nur: »Ich brauchte einen guten Mann – aber lass uns nicht mehr darüber reden.« Das war also, so habe ich es interpretiert, sein Eingeständnis. Er ließ mich, anders konnte ich es nicht verstehen, absichtlich durchfallen, um mich dann für seine Küche zu verpflichten. Er hatte sehr wohl meine Klasse erkannt.

Ich war einerseits erbost. Weil sein Verhalten schäbig war. Und andererseits erlöst. Mein Gefühl, dass ich schon in der ersten Prüfung gut war, hatte mich also doch nicht getrogen.

Aber aus Wut wurde Mut. Es war wie ein Kunstgriff des Schicksals: Erst schlägt es dir in die Fresse, dann begreifst du das Wachstum, das damit verbunden war. Ich war unendlich dankbar, in diesem meisterlichen Restaurant arbeiten zu dürfen.

Diese Chance gleicht alles andere mehr als aus. Ich bin mit dem Schicksal versöhnt.

Heute pflege ich keinen Groll gegen ihn. Er hätte sich ja auch rausreden können. Diese indirekte Bestätigung bedeutete mir wahnsinnig viel. Somit fand ich meinen Frieden. Gespürt hatte ich die schnöde Wahrheit ja längst. Er hatte Glück, dass ich keine labile Persönlichkeit war, die sich von einem solchen Tiefschlag nicht mehr erholt. Ich konnte nun vom Glück, Pech zu haben, glaubwürdig reden. Denn ohne diese Zurücksetzungen wäre ich nie bei Manfred Führer gelandet. Das Glück kommt manchmal auf Umwegen zu einem. Er hat mich so angetrieben, dass ich danach sagen konnte: Jetzt bin ich wirklich ein Profi. Der Blut geleckt hat und weiter wachsen will. Wenn ich wie ursprünglich vorgesehen in die Schweiz gegangen wäre, hätte ich wohl nicht so viel gelernt. Das Leben besteht aus Zufällen. Und ich war lernhungrig. Und wollte mit den Besten der Besten kochen und mir ihr Know-how anschauen. Um daraus etwas Eigenes zu entwickeln.

Es war klar, dass ich wieder auf Wanderschaft gehen musste. Aber vorher stand eine besondere kulinarische Herausforderung an. Ich musste zur Bundeswehr. Nervig, weil ich beruflich nicht durchstarten konnte. Aber natürlich wollte ich auch da mein Können beweisen. 18 Monate in Bayern. Ich wurde Feldkoch in Mittenwald im Karwendelgebirge. In meinem Zug waren 40 Kollegen – alle aus der Gastro. Für mich war es dort wie Urlaub. Aus dem Hochleistungsteam eines Spitzenrestaurants in die eher gemächliche Versorgung einer Truppe. Bohneneintopf, Gulasch und Nudelgerichte für 300 Leute sind auch eine Herausforderung mit den geringen Mitteln, die wir ausgeben durften. Aber auch das kann man lieblos machen oder mit etwas Raffinesse wie Kräuter und Butter bei den Nudeln. Meinen Kameraden schmeckte es. Ich wollte sie nicht nur sättigen.

Meine Kochkunst sprach sich schnell herum. Der Gast sollte happy sein – egal ob es ein Multimillionär ist, der 1000 Euro hinlegt, oder ein Soldat, der seinen Grundwehrdienst macht. Nur bei arroganten Offizieren, die sich für höherwertige Menschen hielten, wurde ich etwas unangenehm. Denen servierte ich schon mal im Offizierscasino in Füssen, wo ich dann auch noch arbeitete, ein Steak mit Chilipaste, Chilipulver und Tabasco, in einer Eisenpfanne angeröstet. Ein unvergessliches Erlebnis für sie. Danach traten sie zahmer auf, weil sie spürten, dass in der Küche ein kulinarischer Krieger stand, der etwas auf der Pfanne hatte.

Natürlich war der Alltag dort auch stumpfsinnig. Das öde Gewehrputzen ersparte ich mir, indem ich nur so tat, als ob ich schoss. Und meine Platzpatronen an andere verschenkte. Mit 25 Kilo im Rucksack einen Berg hochzurennen erschien mir total unsinnig. Ich stopfte mein Bettzeug hinein, damit lief es sich leicht und rund. Oben angekommen stand die obligatorische Gepäckkontrolle an. Dreimal darf man raten, wer kontrolliert wurde? Ich natürlich! Unter großem Gelächter meiner Kameraden wurde ich als Schummler entlarvt. Der Stuffz, also der Stabsunteroffizier, wollte mich bloßstellen, fragte mich allen Ernstes: Was ist die Hauptstadt von Bolivien? Ich konterte: »Das sage ich Ihnen gerne, wenn Sie mir die Hauptstadt von Nigeria nennen.« Das war Lagos, das hatte ich als Kind bei den vielen Telefonaten meines Vaters aufgeschnappt. Meine Frechheit wirkte entwaffnend. Aus Spaß machte ich manchmal bei der Abnahme der Stube eine Meldung mit Gasmaske oder Stahlhelm. Dafür bekam ich dann einen Kasten Bier von meinen Kameraden, die sich vor Lachen den Bauch hielten. Der Michel aus Lönneberga, der anderen Streiche spielte, war immer noch in mir. Dass ich beim öffentlichen Gelöbnis das Hemd nicht richtig in der Hose hatte, war klar. Henze, wie schaust du wieder aus, fragte der Stuffz. Alle wurden befördert außer mir. Ich blieb Gefreiter. Und im Inneren ein freier Mann, dem Drill und blinder Gehorsam zuwider waren.

Ich bin kein Mitläufer. Und manchmal kann ich auch einen radikalen Schnitt machen. Zum Beispiel bin ich aus der Kirche ausgetreten, im Allgäu, einer tief gläubigen Gegend mit einer hohen Kirchturmdichte, schon etwas Besonderes. Keiner hatte mich ja als Kind gefragt, ob ich überhaupt eintreten will, ich bekam im Laufe meines Berufslebens immer mehr Probleme mit dieser Institution. Ich war damals 30 Jahre und hatte schon eine Menge Kirchensteuer gezahlt. Als ich mit einem Geistlichen an einer Hotelbar saß und er mir beichtete, dass er nicht mehr viel Gutes in seiner Kirche sehen kann, fiel es mir wie Schuppen von den Augen. Er erzählte mir von Machtmissbrauch, Korruption und unehelichen Kindern. Ob man solche Geschichten nun glauben wollte oder nicht, fest stand eines: Die Kirche hatte ganz viele Leichen im Keller. Das war vor 22 Jahren, weit vor den großen Missbrauchsskandalen, die die katholische Kirche jetzt erschüttern und vielen Leuten den Austritt aus diesem Verein erleichterten. Ich hatte meine Entscheidung getroffen – und fühlte mich gut dabei.

Als ich meinen Austritt erklärte, bekam ich von der Kirche ein kurioses Schreiben. Die Institution fragte nicht etwa nach meinen Gründen, sie erhob Vorwürfe. Das wäre ungefähr so, wie wenn ich einen unzufriedenen Gast, der die Qualität des Essens in Zweifel zog, beschimpft hätte. Man hätte gar nicht gewusst, dass ich so kirchenfeindlich wäre und nicht an die Rentner und Kinder und Behinderten denken würde, um die sich die Kirchen in ihrer Sozialarbeit kümmern, schrieb ein Pfarrer. Er fragte mich allen Ernstes, ob ich mir schon Gedanken über mein Ableben gemacht hätte. Wer soll an meinem Grab sprechen? Ob ich an die Angehörigen denken würde? Es wurde

Druck aufgebaut. Und ein schlechtes Gewissen gemacht. Sinnlos bei mir.

Ich beschloss, das Geld, das ich bei der Kirchensteuer spare und dessen Verwendung ich nie konkret kontrollieren konnte, durch freiwillige Spenden von meiner Seite an sinnvolle Projekte zu ersetzen. Ich koche zum Beispiel immer wieder gerne und gratis für Wärmestuben und Kinderhospize. Mein Herz ist groß. Ich glaube, Geld, das man spendet, kommt auch wieder zu einem zurück. Es geht mir nicht darum, ein paar Euro mehr auf dem Konto zu haben. Es geht mir um diese falsche Anspruchshaltung der Kirche, die, wäre sie ein Unternehmen, absolut nicht kundenorientiert ist.

Seezunge in Kapern-Senf-Butter

Ein Edelfisch als kulinarische Herausforderung. Die Grundlage meiner Begeisterung für alles, was schwimmt und schmeckt. Mein erstes Rendezvous mit wahrer Kochkunst in Illereichen.

Die **Filets von zwei mittelgroßen, küchenfertigen Seezungen** kurz kalt abspülen und gut trockentupfen. Mit **Salz** würzen und in **4 Esslöffel Mehl** wenden. Überschüssiges Mehl abklopfen.

1 Zitrone schälen, filetieren und das Fruchtfleisch würfeln. **1 Esslöffel kleine Kapern** hacken und mit **1 Esslöffel grobem Senf** verrühren. Den Backofen auf 80 Grad vorheizen.

1 Esslöffel Butter in einer Pfanne aufschäumen und die mehlierten Fischfilets darin von beiden Seiten je 1 Minute braten. Die Filets aus der Pfanne nehmen und im vorgeheizten Backofen warm halten.

Kapern und Zitronenfilets in die Pfanne mit der restlichen schäumenden Butter geben. Mit **50 Milliliter Noilly Prat** und **50 Milliliter Fischfond** ablöschen. Bei starker Hitze einkochen lassen. Die Temperatur reduzieren und **1 Esslöffel kalte Butter** einschwenken, bis eine Bindung entsteht. Zum Schluss **2 Esslöffel gehackte glatte Petersilie** zufügen und mit **Salz** und **Pfeffer aus der Mühle** abschmecken.

Die Fischfilets auf vier vorgewärmten Tellern anrichten und mit der Kapern-Senf-Butter beträufeln.

Gang 4

GRÜEZI SCHWEIZ – WARUM ICH VON EINER
Kochkünstlerin so viel lernte und sie mir
die entscheidende Tür öffnete

Kennen Sie das Märchen »Von einem, der auszog, das Fürchten zu lernen«? Die Gebrüder Grimm haben es geschrieben, darin geht es um einen Töpfersohn, der ein Problem hat: Er kann sich einfach nicht fürchten. Das, was viele Menschen in eine Angststarre bringt und zur Flucht veranlasst, prallt an ihm ab. Sein Vater sorgt sich um ihn, weil er Angst für eine wichtige Lebensgrundlage hält, um nicht ins Verderben zu tappen. Aber weder die Begegnung mit dem Pfarrer, der sich als Tod verkleidet hat, noch ein Gang durch ein Moor noch ein Spukschloss bringen ihm das Fürchten bei. Erst als seine auserwählte Prinzessin eine glitschige Flüssigkeit über ihn ausschüttet, erschrickt er.

Ich wollte auch ausziehen, aber nicht um das Fürchten zu lernen. Diese Fähigkeit erschien mir entbehrlich. Ich war unbefangen, unbekümmert und etwas übermütig. Für Befürchtungen aller Art, was mir drohen könnte, war ich zu aufgeweckt und so naiv wie der Töpfersohn, im Alter von 20 Jahren hält man sich für unbesiegbar und unkaputtbar. Ich bin zwar in der bayerischen Provinz geboren, aber ich wollte in die große Stadt, in die weite ferne Welt, zu der Grande Dame des Kochens, die mir kostbares Know-how vermitteln sollte. Agnes Amberg in Zürich war mein Ziel, ich stellte mich bei ihr vor in der Hottinger Straße 5, ein Restaurant mit »Küchen-Lädelie«. Sie war für mich auch deshalb ein Vorbild, weil sie eine Kochschule betrieb, in der 15 000 Schüler und Schülerinnen in die Kunst eingeführt worden – nicht nur höhere Töchter. Die Frauenverachtung unter den Eliteköchen, die man manchmal spürt, hatte ich nie. Das paradoxe Phänomen, dass viel mehr Frauen im Alltag kochen, aber auf der Spitzenebene die Männer dominieren, wollte ich mir durch Erfahrung verständlicher machen. Agnes Amberg erklärte es einmal so: »Weil nur wenige Frauen einen Mann an der Seite haben, der ihnen so aufopferungsvoll an die Hand geht, wie die Ehefrau des Küchenchefs es tut.«

Die beste Weltanschauung ist immer noch sich die Welt persönlich anzuschauen und sie nicht nur vom Hörensagen zu kennen. Agnes Amberg, Jahrgang 1938, die meine Großmutter hätte sein können, war eine Legende: Die gelernte Hauswirtschafterin, die schon mit 19 Jahren ihren Abschluss hatte und auch bei Knorr als Ernährungsberaterin in der Lebensmittelindustrie tätig war, hatte einen Stern und 18 Punkte im Gault Millau, sie war die beste Köchin der Schweiz und Autorin von Kochbüchern wie »Die hohe Schule des leichten Menüs« und »Zum Fressen gern«, an der Kochschule »Cordon Bleu« in Paris hatte sie auch Spuren hinterlassen. Sie verschickte neben »Brotrestensäckli« und hausgemachtem Perhuhnfond auch »Terrine von Foie gras« an ihr reiches Publikum in den Bergchalets. Eine Kochlehre hatte sie nie gemacht, sie hatte sich alles selbst beigebracht. Das war erhellend für mich: Man muss den Beruf nicht von der Pike auf lernen, man muss einfach nur gut sein. Aber das gilt nur für Ausnahmebegabungen. Als eine der ganz wenigen Frauen in unserem Metier hatte sie es in den Kocholymp geschafft. Ihre Servietten waren handgewebt, ein Dessert-Turm stand in der Mitte des Lokals, an den Wänden waren lichtgrüne Stoffe – »Ladylike Interieur« lobte der »World Guide«. Theaterbesucher lockte sie damit an, dass sie ihnen vor der Vorstellung zwei, drei leichte Gänge anbot und es nach der Vorstellung weiterging.

Ich hatte sie mir auf Bildern genau angeschaut: Sie sah immer top aus mit ihrem weißen Stehkragen und dem blonden Pagenkopf. Ich hatte große Ehrfurcht vor ihr und war froh, von ihr lernen zu dürfen. Zu 80 Prozent war ich schon ein passabler Koch, aber die 20 Prozent Kür wollte ich mir bei ihr abholen. Sie hatte das, was man das absolute Geschmacksempfinden nennt: »In der Küche bin ich voll fasziniert, voll konzentriert. Ein wirklich perfektes Gericht zu verabschieden ist ein erotisches Erlebnis.« Und weiter: »Ein wirklich begnadeter Koch ist der, bei dem die Schwankung der Tagesform verschwindend gering ist.«

In der Küche sprachen alle Französisch und Schwyzerdeutsch, ich verstand anfangs nur Bahnhof. Aber mit Händen und Füßen und Augen versuchte ich mich zu verständigen, bevor ich die wichtigsten Begriffe drauf hatte und problemlos Unmengen von Hummer und Gänseleber verarbeitet hatte. Tomaten blanchieren, Fonds ansetzen, Kräuter hacken – das konnte ich ja blind. Ich lernte neue Techniken, zum Beispiel bei einem Lauchfondue. Das kann eine Sättigungsbeilage sein. Oder ein Kunstwerk. Die grünen Teile wurden im Hause Amberg abgeschnitten, nur die hellgrünen und weißen Teile blieben übrig. Das zarte Weiße wurde fein geschnitten, dazu kamen fein gewürfelte Schalotten, die in einem großen Topf mit Butter zärtlich behandelt wurden. Sie wurden blond angeschwitzt, und dann mit Champagner abgelöscht. Dazu kam eine Crème double, die permanent umgerührt wurde, dazu noch eine Prise Meersalz. Es schmeckte unfassbar gut.

Ja, man hat mich nicht verhungern lassen, weder beim Essen noch in der menschlichen Behandlung. Ich wurde beachtet. Und was will der Mensch mehr? Aufmerksamkeit ist die wichtigste Währung der Seele. Und noch wichtiger: In dieser Küche gab es kein Anbrüllen. Jede rannte wie ein Duracell-Häschen umher, die Geschwindigkeit war hoch, aber es war kein Stinkstiefel dabei, kein Menschenschinder. Und so konnte ich gut im Vollgasmodus arbeiten, in diesem Alter ist man ja endlos belastbar. Die üblichen Grobheiten hätten nicht zu Agnes Amberg, dieser feinen Frau, gepasst. Ich war glücklich und freute mich, dass meine Karriere voranging. Auch die Tatsache, dass ich in dieser teuren Stadt in einer kleinen Besenkammer untergebracht war, in die es auch noch reinregnete, störte mich nicht. Freuen ist etwas Elementares. Wer sich nicht freuen kann, ist ein armer Mensch. Und diese Grundfähigkeit eines erfüllten Lebens hat nur begrenzt etwas mit dem Kontostand zu tun. Ich habe einen Freund, der so arm ist wie eine Kirchenmaus, aber ich habe ihn noch nie traurig gesehen.

Dass Agnes Amberg einen Ruf wie Donnerhall hatte, begriff ich auf dem Züricher Einwohnermeldeamt. Die Sachbearbeiterin war sehr unfreundlich zu mir, Deutsche sind in der Schweiz nicht immer die beliebtesten Menschen. Die Schweizer haben da einen ganz speziellen Stolz zum großen Nachbar, sie lassen ihn oft abblitzen. Als ich erwähnte, dass ich als Koch bei Agnes Amberg anfing, änderte sich der unwirsche Ton schlagartig. Die Sachbearbeiterin strahlte mich an und stotterte herum, ihr harscher Ton vorher war ihr nur noch peinlich. Sie war ein großer Fan von Agnes Amberg. Und dass ich der Meisterin so nah war, nötigte ihr ganz viel Respekt ab. Ich sah in leuchtende Augen einer Frau, die vorher wie eine Kratzbürste aufgetreten war. Was ich dabei lernte: Nicht nur Kleider machen Leute, sondern auch Berufe. Das Image ist entscheidend. Und Agnes Amberg war bekannt wie eine bunte Hündin, sagt auch Sibylle Zehle in der Wochenzeitung »Die Zeit«: »Bocuse, der Hans-Dampf-in-allen-Küchen wirkt gegen sie wie ein publicityscheuer Klosterkoch.«

Was ich daraus lernte: Es reicht nicht nur aus, gut kochen zu können, man muss es auch erklären können. Und lustvoll darüber reden. Nur so entsteht Begeisterung.

Agnes Amberg mochte mich, das spürte ich. Und ich mochte sie. Auch wenn mir die Abgründe der großen Kochkunst nicht verborgen blieben: Der Cheftester vom Gault Millau bekam schon mal ganz diskret exklusiven Rotwein in den Kofferraum geladen. So läuft es also, dachte ich mir. Auch eine Agnes Amberg, deren Kochkunst außerhalb jeglicher Diskussion stand, half ab und an ein bisschen nach, weil sie wusste, wie wichtig die Bewertung ist. Ein Absturz kann ein Lokal in größte wirtschaftliche Schwierigkeiten stürzen, vor allem, wenn die Tageszeitungen darüber schreiben. Zu einem Absteiger geht man ungern.

Dann erhielt ich einen Ritterschlag von der Chefin: Sie vertraute mir eine hübsche französische Praktikantin an, der ich auch das Kochen beibrachte. Später wurde ich Souschef (Französisch für Unterchef), also die rechte Hand und der Stellvertreter des Chefs de Cuisine. Auch in der Patisserie durfte ich mit Champagnerkugeln experimentieren. Ich war verantwortlich dafür, dass nichts wegkam. Das Stibitzen der Pralinen war aber eine Art Sport unter den Kollegen. Als wieder die edlen Pralinen aus dem Kühlhaus fehlten, füllte ich eine Schokokugel mit Tabasco, streute Puderzucker darüber, stellte sie ganz vorn rein. Die Schreie des Kollegen, der dann mit hochrotem Kopf herumlief, waren mir eine tiefe Befriedigung. Detektiv Henze hatte ganze Arbeit geleistet. »Freunde, fresst nicht meine Pralinen«, rief ich lachend.

Ich war kurz vor dem Abheben und erfand Gerichte, die sogar Eingang in die Speisekarte fanden. Zum Beispiel eine Terrine mit Gänseleber und Pumpernickel im Schachbrettmuster. Heute wäre das undenkbar, die Qualen der Gänse haben sich herumgesprochen. Es ist ethisch nicht mehr zu rechtfertigen.

Ich lernte viel bei Agnes Amberg: »Harmonie ist alles«, sagte sie zu mir. »Essig braucht Zucker. Es muss immer Yin und Yang sein, süß und sauer.« Nach einem Jahr hatte ich das Gefühl, dass ich mir genug abgeschaut hatte. Ich wollte weg. Es lag nicht am kargen Lohn. Ich hatte manchmal so wenig Geld, dass ich mir nur einen Burger kaufen konnte – obwohl ich auf einen zweiten Appetit gehabt hätte. Aber ich war nie traurig darüber. Ich wusste, dass die Armut eines Koches am Anfang seiner Karriere dazugehört. Das Lokal, in dem er arbeitet, ist viel wichtiger als ein paar Euro, damals waren es noch Mark. Und ich wusste: Eines Tages werde ich mir so viele Burger kaufen können wie ich will.

1990 gab es Gerüchte, dass Frau Amberg krank ist. Sie litt an Krebs. Ich litt mir ihr, denn sie war eine dieser unersetzlichen Menschen in der Gastronomie. Aber ich hatte noch eine große Bitte an Sie. »Sie kennen doch Eckart Witzigmann, können Sie nicht ein gutes Wort für mich einlegen und eine Empfehlung schreiben?« Sie warnte mich sofort: »Christian, mach das nicht. Das ist nicht lustig. Du wirst dort unglücklich. Das ist eine ganz spezielle Nummer, eine enorme Herausforderung. Witzigmann bekommt täglich 20, 30 Bewerbungen, jeder will dort hin. Hast du dir das gut überlegt?«

Das hatte ich. Ich wollte in das damals beste Restaurant der Welt, ich war besessen von diesem Gedanken. Ich war furchtlos wie der Töpfersohn aus dem Märchen und wusste, wer bei Witzigmann einmal gearbeitet hat, dem stehen alle Türen offen. »Ich fühle mich bereit, bitte helfen Sie mir«, flehte ich Agnes Amberg an. Frechheit siegte. Frau Amberg griff in ihre Schublade, holte ihr schönstes Briefpapier heraus und schrieb mit schwarzer Tinte ihrem Freund Eckart Witzigmann einen Brief mit ein paar warmen Worten über mich, das Supertalent ihres Hauses. Sie steckte den Brief in ein Kuvert und sagte mütterlich zu mir: »Leg das deiner Bewerbung bei.«

Natürlich habe ich den Brief noch im Treppenhaus aufgemacht. Ich wollte unbedingt wissen, was drin stand. »Lieber Eckart, Christian ist ein außergewöhnlich guter Koch, würde mich freuen, wenn du ihm eine Chance gibst.«

Ich bekam Gänsehaut. Eckart Witzigmann war der Beckenbauer der Küche, den alle großen Köche nur »Chef« nannten. Einen unantastbare Lichtgestalt, ein Außerirdischer, ein Genius, der schon zu Lebzeiten zum Denkmal geworden war. Jetzt sollte dieses Denkmal für mich zu einem Machmal werden. Der »Jahrhundertkoch«, der als nur einer von vier Köchen 1994 vom Gault Millau dazu gekürt wurde – neben Legenden wie Frédy Girardet, Paul Bocuse und Joël Robuchon. Die New York Times ernannte ihn zum »Koch der Könige und Götter«, auch weil er bei Staatsempfängen für die Königshäuser kochte. Alle, die ihn beruflich kennengelernt hatten, schwärmten von ihm. »Durch ihn hat der deutschsprachige Teil Europas seinen Eingang in die Geschichte der Haute Cuisine gefunden«, sagte der französische Gastro-Papst Alain Ducasse über Witzigmann. Der Mann, der als erster mit seiner »Aubergine« drei Sterne erkochte, war eine Weltsensation für das kulinarische Entwicklungsland Deutschland, in dem Raffinesse am Herd nicht so verbreitet war. »Für die deutsche Küche begann eine neue Zeitrechnung«, schrieb Wolfram Siebeck, der klügste Restaurantkritiker seiner Zeit. Vor und nach Witzigmann, so musste man die Welt des guten Geschmacks nun zeitlich einteilen. Denn Witzigmann brachte den Deutschen das feine Essen bei, das er in Frankreich in der »Auberge de'Ill« von Paul Haeberlin gelernt hatte und bei Paul Bocuse in dessen Gourmettempel »L' Auberge du Pont de Collonges« verfeinert hatte – er war der erste Deutsche, der sich bei den Franzosen durchsetzte und voll akzeptiert wurde. Sein Programm klang einfach und revolutionär: Klasse statt Masse. Substanz satt Effekthascherei. Das Produkt ist der Star. Keine schweren Saucen mehr, keine Fleischberge. Dafür Zander auf Berglinsen, Chartreuse von der Taube in Madeira-Gelee und das berühmte Kalbsbries mit Entenleber und schwarzem Trüffel in buttrigem Mürbeteig. Auch sensationell: Mit Kartoffel-Kohlrabi-Püree gefüllte Krebsnasen. Seiner Kreativität waren keine Grenzen gesetzt. Das Hummerfleisch verfeinerte er mit Estragon, Grand Marnier, Cognac, weißem Pfeffer, Fenchel und Orange. Ein Fest für die Sinne, ein Orgasmus für den Gaumen. Die Kochkunst wurde belohnt. Im Münchner »Tantris« erkochte er dem Lokal der Schönen und Reichen drei Sterne, bevor er sein eigenes gründete: Die »Aubergine«, eine in Deutschland nicht sehr beliebte Frucht. Bereits in den achtziger Jahren war er der Vordenker einer euro-asiatischen Küche: »Das ist die Zukunft.« Er reiste durch Indien, Thailand, Japan und China und erlebte, wie dort auch ganz selbstverständlich Schlangen zubereitet wurden. Der Versuchung, das auch bei uns anzubieten, widerstand er, weil ihm die Tierschützer aufs Dach gestiegen wären, aber er hätte sie wohl zu einer Delikatesse gemacht wie die französischen Köche die Froschschenkel. Moralisch sehe ich da keinen Unterschied, es ist nur eine kulturelle Abmachung, was man isst und was man leben lässt.

Ich schaute als kleiner Jungkoch zu Witzigmann hoch und erkannte ihn kaum, weil der Größenunterschied zu diesem Riesen der Kochkunst noch so groß war. Aber eine kleine biografische Parallele verband uns: Auch er war durch die Gesellenprüfung gefallen – angeblich weil er damals so verliebt war. Da gibt es ja nur zwei Möglichkeiten: Niederlagen hauen einen um. Oder sie motivieren einen ungeheuer. Auch er war ein Besessener. An seinem freien Tag stand er in der Küche. »Warum nicht, ich wollte doch lernen.« Und auch bei ihm spielten viele Zufälle eine Rolle: Beim Skifahren in Davos fuhr er mit dem französischen Meisterkoch Jean-Pierre Haeberlin im Lift. Und konnte ihm persönlich in die Augen sagen: »Mein größter Traum wäre es, einmal in Frankreich arbeiten zu dürfen.« Der Wunsch wurde ihm erfüllt. Aber auch er musste die Ochsentour im Eldorado der Feinschmecker absolvieren: Bei Paul Bocuse bekam er lächerliche 300 Franc im Monat – zu wenig zum Leben, zu viel zum Sterben. Aber ausreichend zum Träumen. Nur hungrige Köche sind gute Köche. Und den Erfolgshunger hatte Eckart Witzigmann immer.

Rezept-Soundtrack meines Lebens:

Originalrezept von Agnes Amberg:
Perlhuhnbrust auf Lauchfondue
mit Honigessig-Sauce

Dieses Gemüse ist ein Zungenorgasmus. Ein Esslöffel macht schon glücklich. Der zarteste Schmelz, seit es Versuchungen gibt.

10 Gramm Butter in einem Topf erwärmen. **1 Zwiebel** abziehen und würfeln. **400 Gramm zarten (hellen) Lauch** waschen und in dünne Streifen bzw. Ringe schneiden. Beides in den Topf geben und zusammen erhitzen, bis sich ein intensiver Duft entwickelt und der Lauch zusammenfällt.

Mit **100 Milliliter trockenem Weißwein** ablöschen, die Flüssigkeit bei starker Hitze einkochen lassen.
100 Gramm Crème double zugeben, alles knapp vor dem Siedepunkt 50 Minuten köcheln lassen. Der Lauch darf dabei musartig werden. Es soll eine kompakte Masse entstehen.

Mit **Salz, Pfeffer aus der Mühle** und **1 Prise frisch geriebener Muskatnuss** abschmecken, eventuell zum Schluss einen Schuss Wasser beigeben. Das Gemüse warm halten. Das Lauchfondue kann aber auch Stunden zuvor zubereitet und wieder langsam erhitzt werden; es eignet sich sogar zum Vorkochen, da es sich gut aufwärmen lässt.

Die Haut von **4 Perlhuhnbrüsten** abziehen. Das Fleisch mit einem Hauch von **Dijon-Senf (½ Teelöffel)** einreiben, er soll völlig eindringen.

10 Gramm Butterschmalz in einer beschichteten Pfanne schmelzen. Die Perlhuhnbrüste mit **Salz** und **Pfeffer** würzen und im heißen Butterschmalz behutsam braten. Nach ungefähr 5 Minuten die Brustspitzen auf die dicken Teile der Brüstchen legen, damit diese à point sind. Bei 50 Grad im Backofen 10 Minuten ziehen lassen.

Währenddessen **300 Milliliter Perlhuhnfond** in einem Topf erhitzen, **3 Esslöffel Honigessig** zufügen und das Ganze um ein Drittel einkochen lassen. **50 Gramm Butter** schaumig rühren, dann nach und nach unter den Fond schwenken. Die Sauce wird dabei heller und wirkt leicht. Je nach Geschmack des Fonds mit **Salz** und **schwarzem Pfeffer** aus der Mühle nachwürzen.

Das Lauchgemüse auf vier Teller verteilen, die Perlhuhnbrüste darauf anrichten und mit der Honigessig-Sauce beträufeln.

Gang 5

NICHT IMMER WITZIG – DAS HARTE LEBEN
beim Meisterkoch Witzigmann

»Das Glück is a Vogerl«, heißt es, »es lässt sich auf manchen Schultern nieder und auf anderen nicht.« Ich glaube: Auf Dauer ist Glück kein Zufall. Man muss das Glück herausfordern und einladen. Man muss dazu aktiv werden. Ich schrieb also meine Bewerbung an die »Aubergine«, das weltberühmte Lokal von Eckart Witzigmann in München, der schon gar kein Halbgott des Kochens mehr war, sondern ein Vollgott. Unantastbar, ein Genie, ein Leonardo da Vinci des Kochens. Eine Woche später bekam ich Post: »Wir würden Sie gerne zu einem Vorstellungsgespräch einladen.« In dem Moment war ich der glücklichste Mensch auf dem Planeten. Die ganzen Schauergeschichten, die man sich über Witzigmann erzählte, verdrängte ich. Ich war beseelt, ja besessen von der Chance, bei ihm zu arbeiten.

An einem Montag um elf Uhr kam ich im Lokal an, es war gefühlt der wichtigste Termin meines Lebens. »Küche oder Service«, fragte mich ein Sekretär. Ich antworte wie aus der Pistole geschossen: Küche! Den mitleidigen Blick, den er mir dann widmete, vergesse ich ebenso wenig wie sein Augenrollen. Ich solle mich an die Bar setzen, bis der Chef käme, sagte er mit einem bedauernden Blick, in seinen Augen stand geschrieben: Wieder so ein armer Kerl, der nicht weiß, worauf er sich einlässt. Er kam mir vor wie ein Warner, wie der italienische Dichter Dante, der den Menschen in seiner Dichtung der »Göttlichen Komödie« im

Angesicht der Hölle zurief: »Lasst, die ihr eintretet, alle Hoffnung fahren.«

Dann kam der Meister herein. »Witzigmann«, stellte er sich vor, als ob ich ihn nicht kennen würde. »Hey, servus, wie geht es der Agnes? Grüß sie recht herzlich von mir. Und übrigens: Du kannst anfangen. Ich vertraue Agnes.« Das Gespräch dauerte nicht mal zwei Minuten. Keine prüfenden Fragen, kein Abchecken der Biografie, kein tiefer Blick in die Augen. Meine Bürgin genügte. Eckart Witzigmann wusste, dass sie ihm keinen unfähigen Koch aufschwätzen wollte. Und ich wusste, dass ich es ohne ihre Fürsprache nicht geschafft hätte. Agnes Amberg freute sich sehr, auch wenn sie meinen Abgang für ihr Lokal bedauerte und sie mich immer noch bemitleidete, als ob ich in einen Krieg ziehen würde, den ich nicht gewinnen kann und nur als Versehrter überstehe. Aber sie wusste schon damals, dass ihre Tage gezählt sind, ihr Gesundheitszustand hatte sich dramatisch verschlechtert. Einige Zeit später starb Agnes Amberg an Krebs. Ich bin ihr ewig dankbar, dass sie für mich die Türöffnerin gespielt hat.

Ich war paralysiert, als ich nach dem Vorstellungsgespräch leicht schwankend das Lokal verließ, mir standen die Tränen in den Augen. »Ich pack es nicht, ich darf jetzt im weltbesten Restaurant arbeiten«, war mein Gedanke. Ich war überflutet von euphorischen Gefühlen, voll mit Adrenalin. Witzigmann war auch freundlich gewesen, nicht etwa mürrisch. Ich dachte mir nur: Was haben die alle?

Dass die Zeit in der »Aubergine« kein Zuckerschlecken für mich würde, merkte ich rasch. Ich bekam ein Personalzimmer in einer sehr schlechten Wohngegend am Hauptbahnhof, ein kleiner schmutziger Raum, zwei Betten mit einem kaputten Schrank als Raumteiler. Ich musste also, obwohl ich aus dem Schweizer Luxusrestaurant von Agnes Amberg kam, mein Zimmer noch mit jemand anders teilen, Dusche und Toilette waren nicht im

Zimmer, nur auf der Etage. Was das Unternehmen Witzigmann mir wohl damit sagen wollte: Egal, was du glaubst zu können, bei mir musst du bei null anfangen? Ich verdiente gerade mal 900 Mark, für das Zimmer wurden 400 abgezogen. Materiell war ich auf dem Niveau des ersten Lehrjahres angekommen. Ich konnte es drehen und wenden wie ich wollte: Es war ein Loch, in das mich der Zeremonienmeister des Luxus, beziehungsweise seine Angestellten, einquartiert hatte. Ich glaube nicht, dass es Eckart Witzigmann bewusst war, wie wir hausten. Es interessierte den Meisterkoch schlicht nicht, wie seine Köche, die ja freiwillig zu ihm wollten, wohnten. Wir hatten zu arbeiten in einer gut geölten Maschinerie – fertig. Dass der Mensch aus mehr als Funktionieren besteht und auch eine Komfortzone zum Rückzug und zur Regeneration ab und zu mal gerne hätte, war in diesem System nicht angelegt.

Am ersten Arbeitstag stellte ich fest, dass ich unter den Köchen der jüngste war, in der Hierarchie natürlich ganz weit unten. Alle waren Einzelkämpfer, ein Teamgeist war nicht spürbar. Der Umkleideraum war extrem klein, in jedem Spind hatten zwei Personen ihre Sachen zu verstauen.

Ich war als »Poissoneur« zuständig für Fische. Jeden Tag um neun Uhr kam der Fischtransporter, der die fangfrischesten Exemplare an Bord hatte: Steinbutt, Hummer, Langusten, Loup de mer. Wir mussten die Fische prüfen, ob sie die richtige Größe hatten und auch optisch den höchsten Ansprüchen genügten. Bei Minusgraden rannten wir im Winter in unseren Kochjacken raus. Wir hatten die Hände voller Schleim, aber diese Qualitätskontrolle war wichtig. Das Beste war gerade noch gut genug.

Dann ging es los: Fische filetieren, Fonds ansetzen, Hummer vorbereiten, die Rotbarben schuppen, das wollte gelernt sein. Der Leistungsdruck war enorm. Jeder hat um sein Überleben gekämpft. Die Zeit für einen Plausch oder einen Flachs gab es einfach nicht. Getrunken haben wir vom Wasserhahn. Es war eine ungeheuer intensive Gruppendynamik, die jedes persönliche Unwohlsein unterdrückte. Ich bin sicher: Wenn man uns mehr Freiraum gegeben hätte, wären wir noch besser gewesen, niemand hätte das ausgenutzt. Das System war von Angst geprägt. Aber dieses unerbittliche Küchenregime, das auf Einzelschicksale keine Rücksicht nahm, war kein Gefängnis, wie manche in ihren düsteren Momenten meinten. Jeder war ja freiwillig hier und wir hätten in jedem Moment kündigen können. Aber alle hätten das als persönliche Schmach empfunden, hier nicht mithalten zu können.

Wenn der Chef, wie alle Eckart Witzigmann nannten, kam, wurde es immer mucksmäuschenstill. Er stand an der Wärmebrücke, dem Bonbrett, wo er alle Bestellungen übersehen konnte. Er annoncierte die Gerichte, wir hatten zu liefern. Selbst gekocht hat er wenig, aber wo Witzigmann draufstand, musste alles perfekt werden. Das kann man vielleicht nur noch mit Medizinern vergleichen: Auch die dürfen keine Fehler machen, der könnte tödlich enden. Bei uns gab es kein Verzeihen. Wer Fehler machte, war schon so gut wie draußen. Ich zitterte, wenn ich Witzigmann sah. Ich hatte jetzt also doch das Fürchten gelernt. Seine Autorität war so einschüchternd. Mein Selbstwertgefühl wäre in den Keller gerauscht, wenn er mich bei einem Fehler erwischt und bloßgestellt hätte. Auch mein Privatleben war auf null: Ein einziges Mal trank ich nach dem Dienst ein Bier, ansonsten war ich viel zu kaputt dafür. In den ersten drei Wochen hatte ich sechs Kilo abgenommen. Meine Freunde erkannten mich kaum mehr wieder: Ich hatte tiefe Augenringe und sah aus wie der Tod, meine Hände waren wund vom Aufbrechen der Hummer. Es war Ausbeutung und Selbstausbeutung zugleich. Ich hätte es mir nie verziehen, wenn ich diesen Wahnsinn nicht durchgehalten hätte. Einmal wachte ich um vier Uhr früh auf und war in Panik, dass ich den Arbeitsbeginn verschlafen hätte. Ohne auf die Uhr zu schauen rannte ich zur »Aubergine«. Und frage mich dann: Wieso ist es noch so dunkel? Dann sah ich auf die Uhr und atmete auf. Das alles gab mir sehr zu denken, aber zum Denken war eigentlich keine Zeit. Wenn mir in der Küche ein Löffel runterfiel, war es eine Tragödie. Ich dachte, ich muss sterben, ich hatte Angst vor dem strafenden Blick des Meisters. Es war ein unausgesprochener Deal: Ihr seid Witzigmann-Schüler und könnt euren Namen dann zu Gold machen, seid gefälligst dankbar dafür. Dafür darf ich euch wie eine Zitrone auspressen. Wir fühlten uns nicht als selbstbewusste Köche, die einen eigenen Wert haben, unser Wert war von Witzigmanns Gunst abgeleitet. Wir waren alle Witzigmann-Jünger. Obwohl er uns wenig Wertschätzung gab, himmelten wir ihn an und lechzten nach einem Lob, das selten kam. Einen massiven Einlauf von ihm habe ich zwar nie bekommen, aber ich habe mitbekommen, wie er Kollegen angefaucht hat. So etwas möchte keiner erleben. Sie waren danach am Boden zerstört und mussten sich mühsam wieder sortieren, weil er sie zu Zwergen gemacht hatte. Manchmal ging es auch leiser: Witzigmann konnte auch mit Blicken töten. Ich fragte mich manchmal, wie die Gäste reagieren würden, wenn ihnen klar wäre, welches Regiment in der Küche herrscht. Den meisten wäre es wohl Wurst gewesen, aber einige hätten sich sicher daran gestört. Der Meisterkult überschattete alle Kehrseiten des Erfolgs, die bei uns kleinen Köchen abgeladen wurden.

In meiner Allgäuer Heimat war ich natürlich der Star: Es sprach sich schnell herum, dass ich bei Eckart Witzigmann arbeitete. Alle klopften mir auf die Schulter, auch meine Küchenchefs von damals, die es alle schon gewusst haben wollten, dass aus mir ein Großer wird. Ich war plötzlich wer. Es war wie wenn ein Student in Harvard oder Oxford studiert. Ich war an der geilsten Koch-Uni der Welt bei Professor Witzigmann. Der erste Küchenchef vom Hotel Lisl, der mich oft beschimpft hatte, siezte mich jetzt. Ich genoss die Anerkennung. Welche Fronarbeit damit verbunden war, wusste ja nur ich. Ins Detail wollte ich nicht gehen. Denn Mitleid kriegt man geschenkt. Aber solche Geschenke wollte ich nicht.

Meine beste Hummersauce

Eine unfassbare Geschmacksexplosion aus der Meisterküche. So habe ich die Hummersauce gekocht.

500 Gramm Hummerschalen in einem Topf in **etwas Öl** anrösten. **150 Gramm Wurzelgemüse** klein schneiden und in den Topf geben. Alles mit etwas Farbe angehen lassen und mit ca. **5 Esslöffel Cognac** flambieren.

Je **0,2 Liter Tomatensaft, Noilly Prat** und **weißen Portwein** angießen. **1 angedrückte Knoblauchzehe,** etwas **getrockneten Thymian** und ein paar **schwarze Pfefferkörner** zugeben. Den Saucenansatz bei mittlerer Hitze einkochen.

250 Milliliter Fischfond angießen und wiederum etwas einkochen. Zum Schluss **200 Gramm Crème double** einrühren und abermals etwas einkochen.

Die Sauce durch ein Sieb passieren und mit etwas **Salz, schwarzem Pfeffer aus der Mühle, Cayennepfeffer** und **Zitronensaft** abschmecken. **Mit 50 Gramm kalter Butter** montieren. Die Sauce vor dem Servieren mit einem Pürierstab aufmixen.

Gang 6

ALS PRIVATKOCH BEIM PLAYBOY
der Nation – zwei Jahre Reisen mit
dem Weltbürger Gunter Sachs

Fast ein Jahr lang hielt ich meinen Überlebenskampf bei Witzigmann durch, für meinen guten fachlichen Ruf war es ein Segen. Er ist ein Genie am Herd mit einem unglaublichen Wissen, ich sog alles in mich auf. Ich wusste, das kann mir keiner mehr nehmen. Aber mir war auch klar, dass ich diesen unerbittlichen Leistungsdruck nicht viel länger durchhalten würde, dass es ein Anschlag auf meine Gesundheit war. Das war ich mir und meiner Würde schuldig. Und ich nahm mir vor, es bei einem Restaurant, das ich mal führe, ganz anders zu machen. Bei mir wird es Bitte und Danke geben. Ich verlange auch Leistung, aber ich lobe dann auch. Das Prinzip »Nicht geschimpft ist halb gelobt« ist ganz schrecklich.

Aber kündigen? Das traute sich so gut wie keiner, den Meister zu enttäuschen. Und dann kam mir der Zufall zu Hilfe: Ich erhielt ein Angebot von einer Agentur. Ob ich mir vorstellen könnte, der Privatkoch eines sehr prominenten Menschen zu werden. Wer ist es denn, fragte ich treuherzig. Das wollte man mir nicht gleich sagen, es war topsecret. Es sei ein sehr bekannter Industrieunternehmer. Mein Vater tippte auf die Familien Flick oder Sachs. Er hatte einen guten Riecher.

Der Headhunter der Agentur spannte mich auf die Folter. Es war wie eine Schnitzeljagd, wo er mir immer kleine Hinweise gab. Dann kam der Montag aller Montage. Am Ruhetag der »Aubergine« wurde ich aktiv, es war der ideale Tag für den fälligen Vorstellungstermin. Ich fuhr in eine Villa im geldigen Münchner Stadtteil Bogenhausen, das Hausmädchen öffnete mir. Und sagte, Frau Sachs kommt gleich. Schon da waren aber die beiden kleinen Kinder von Rolf Sachs, dem Sohn von Gunter. Ich mag von Natur aus Kinder sehr gerne, weil ich selbst ein großes bin, und fing sofort an, mit ihnen zu spielen. Ich kniete mich hin, wir hatten Spaß, sie waren sehr aufgeweckt. Was ich nicht wusste: Mirja Sachs hatte die Szenerie die ganze Zeit beobachtet. Das brach das Eis, wir hatten sofort einen emotionalen Zugang. Sie hatte mich als Mensch kennengelernt, nicht als Koch. Mirja Sachs gab mir die Adresse vom Fotoatelier ihres Mannes. Er saß im Büro und schaute mich durch seine Brille aufmerksam an: »Sind Sie der Koch? Sie haben ja gar keinen Bauch und sogar Haare auf dem Kopf.« Diese Anrede gefiel mir, der Mann hatte offenbar Humor. »Aber ich kann trotzdem gut kochen«, entgegnete ich. Er sagte nur: »Meine Frau ist ganz begeistert von Ihnen.« Dann macht er eine lange Pause, das war sein Stilmittel, um Menschen zu beeindrucken. Die Kunst, vielsagend zu wirken und nichts zu sagen. Er wollte als Astrologe noch wissen, welches Sternkreiszeichen ich habe: »Krebs«, sagte ich. Er darauf: »Gut, Sie sind eingestellt!«

Ich war geblendet von ihm als Person. Gunter Sachs war ein Universalgenie: Er war Fotograf, Dokumentarfilmer, Kunstsammler, Astrologe und Bobfahrer. Und natürlich als Spross einer Industriellenfamilie (»Fichtel und Sachs«) ein Multimillionär. Seine Aura war sofort spürbar. Es war ein großes Kompliment für mich, dass ich diesem großen Mann, der gerne mit einem roten Schal auftrat, gefalle. Er hatte einfach Klasse, auch beim Thema Gehalt. »Wir müssen nicht über Geld reden. Du wirst zufrieden sein.« Er konnte meine Körpersprache lesen.

Und ich seine. Sechzig Prozent von dem, was wir sagen wollen, kommt nonverbal rüber. Ich habe in Mathe bei Pythagoras Probleme, aber ich kann in einem Gesicht die Regungen lesen. Das ist möglicherweise wertvoller, finde ich. Ich sah ein Lächeln bei Gunter Sachs, der auch Vieles intuitiv entschied. Zeugnisse interessierten ihn nicht, er war sein eigener Zeuge.

Gut, dass ich nicht alles über Gunter Sachs vorher gelesen hatte, sonst wäre ich in Ehrfrucht erstarrt. Er war kein reicher Nichtsnutz, sondern ein Allesnutz, weil er der Welt so viel gab. Was hatte dieser Mann für üppige Talente: Er brillierte auch noch als Mathematiker, Modeschöpfer, Architekt, Regisseur von Dokumentarfilmen, Autor. Ein Alleskönner, der sich selbst ausprobieren wollte und sich nicht größer machen wollte als er war. Dafür sorgten schon die anderen, speziell die weibliche Hälfte der Menschheit. Der Ausdruck »Frauenheld« ist in Deutschland negativ besetzt, weil er Wahllosigkeit und erotischen Vielfraß unterstellt, aber Gunter Sachs war wirklich ein Held der Liebe, die er ganz ausgewählt genoss. Er eroberte Brigitte Bardot, das Sexsymbol der Sechzigerjahre, als Ehefrau mit 1000 Rosen, die er aus dem Hubschrauber auf sie herabregnen ließ, ganz Deutschland war stolz auf ihn, der German Lover hatte endlich einmal den Latin Lover ausgestochen. Das war ungefähr so wahrscheinlich wie dass die Deutschen die ersten auf dem Mond waren. Mit einem zahmen Geparden posierte er mit Brigitte, ein ikonisches Bild. Bei anderen hätte es blöd und angeberisch ausgesehen, bei ihm wurde es zur Kunst. Als Kunstsammler hatte er ein untrügliches Gespür, der große Andy Warhol zeichnete ihn als jungen Gott des Hedonismus, also der überschäumenden Lebenslust. Diesen hochkomplexen Menschen ganz banal als »Playboy« zu bezeichnen, wie es gang und gäbe war, war grob verzerrend. Ja, er betrachtete das Leben auch als Spiel, aber in erster Linie als Kunst. Und ein Künstler wie er braucht weibliche

Inspiration. Es war wie ein Naturgesetz, dass speziell die Frauen Gunter Sachs liebten – und sie lieben beileibe nicht jeden Geldsack. Mit der persischen Ex-Kaiserin Soraya war er sogar verlobt. Aber das wahre Glück fand er in seiner Mirja, mit der er 43 Jahre verheiratet war: »Mirja hat die sanften Wellen eines schönen schwedischen Bergsees, an dessen Gestade ich für immer leben möchte.«

Aber nicht nur wegen seiner legendären Großzügigkeit war er bekannt. Es war die Klasse, die dieser Mann ausstrahlte, er war ein großer Erzähler, Mittelpunkt jeder Party. Man wollte ein Scherflein Klugheit von ihm abhaben. »Sah er nicht aus wie ein Wesen, das Götter besonders lieben? Verströmte er nicht diese charismatische Aura eines Mannes, der in der Antike als Held geboren worden wäre?«, dichtete der große BUNTE-Reporter Paul Sahner über den Weltmann Sachs.

Aber wer so von den Musen besungen und geküsst wird, hat auch Tiefen. Gunter Sachs war nie oberflächlich, was wohl auch daran lag, dass ihm die Schicksalsschläge des Lebens bekannt waren: Seine erste Frau Anne-Marie starb 1968 nach einem Narkosefehler. Sein Bruder Ernst Wilhelm erstickte 1977 in einer Schneelawine. Er veräußerte die Firma seines depressiven Vaters, der sich das Leben genommen hatte, 1986 im genau richtigen Moment, weil er auch von Wirtschaft viel verstand: »Ich verkaufte die Firma zu einer Zeit, als sieben Sonnen am Himmel der deutschen Industrie standen und nur leichte Wölkchen sich am Horizont kräuselten. Doch unsere Produkte und Monopole erlebten unwichtig scheinende Marktveränderungen. Hätte ich damals – sieben Jahre vor dem Verkauf – nicht die Verhandlung eingeleitet, wäre das Unternehmen vielleicht während der großen Rezession an den Abgrund geraten.«

Also, das Charisma des großen Gunter Sachs hatte mich voll erwischt. Ich war fasziniert von ihm. Dann musste ich einen schweren Gang machen: zu Eckart Witzigmann und ihm von Angesicht zu Angesicht mitteilen, dass ich kündige. »Spinnst du«, meinten meine Kollegen, denen ich es verriet. Ich wusste, dass er es als undankbar empfinden würde, möglicherweise sogar als Majestätsbeleidigung. Wie kann ein kleiner Wurm wie ich so etwas wagen? Doch der Wurm war so frei. Ich erklärte ihm, dass ich Leibkoch von Gunter Sachs werde, einem der treuen Gäste der »Aubergine«. Das machte es aber nicht besser. Seine Reaktion war nüchtern und emotionslos: »Ja, dann geh halt.« Ich wusste, dass er meinen neuen Job verachtete und ich für ihn nur ein austauschbares Rädchen im großen Getriebe war. Für ihn war es ein Hintergehen, ein Vertrauensmissbrauch. So etwas war ihm wohl noch nie passiert. Für mich war es ein Ausbruch: Freiheit, ich komme!

Ich zog aus meiner Baracke aus, alles, was ich hatte, passte in eine Tasche. Und ich hatte ein enormes Gefühl der Erleichterung. Meine Lehrjahre waren endgültig vorbei. Ich ging ohne Groll. Die Dankbarkeit überwog deutlich. Der Abschied war sang- und klanglos. Auch der von den Kollegen. Keiner verstand mich, keiner versuchte es. Sie waren hartgesotten und abgestumpft.

Ich bitte, mich nicht misszuverstehen: Eckart Witzigmann war alles andere als ein schlechter Mensch. Er konnte reizend und ungeheuer humorvoll sein. Mit meiner Pia, die mich ab und zu abholte, hat er sich wunderbar offen und sympathisch unterhalten. Außerhalb der Küche ist er ein Gentleman. In der Küche ein Diktator. Dass es auch anders geht, war in seiner Generation nicht vorgesehen. Heute würden solche unhaltbaren Zustände wohl nicht mehr akzeptiert werden. Witzigmann kam mir manchmal vor wie Dr. Jekyll and Mr. Hyde: Es gab zwei Witzigmanns. Mindestens.

Wenn Witzigmann Himmel und Hölle zugleich war, war Gunter Sachs ein Sanatorium. Es war ein Unterschied wie zwischen

T-Bone-Steak und Tofu: Ich fühlte mich wie im Urlaub. Ich kam mir vor wie ein Sportler, der langsam abtrainieren muss. Nur einmal am Tag musste ich für die Familie Sachs kochen. Das war ein Kinderspiel zu dem Stress, den ich in der »Aubergine« hatte. Es war auch eine Regeneration. Ich empfand es wie eine Kur nach der atemlosen Zeit als High Performer im Sternelokal.

Gunter Sachs wohnte an fünf Orten: In Walchsee in Österreich hatten sie ein Chalet im Wald, wegen der Schule seines Sohnes war er dort hingezogen. In München stand die Familienvilla. In Gstaad und Palm Springs waren wir auch mehrere Wochen im Jahr. Und dann natürlich in St. Tropez. Wir waren Luxus-Zigeuner, das fahrende Volk.

Was aß Gunter Sachs gerne? Sein Speiseplan hing davon ab, wo wir jeweils waren. In St. Tropez gab es kein Wiener Schnitzel, in Österreich schon. Hausmannskost war ihm am liebsten in Walchsee. Also Königsberger Klopse, gefüllte Paprikaschoten und Rouladen. Und auf die Kalorien sollte ich achten. Die Familie Sachs wollte schlank bleiben. Ein dicker Gunter Sachs war für ihn als Ästheten undenkbar.

Nach einer Woche erhielt ich ganz überraschend einen Blankoscheck von Mirja Sachs in die Hand gedrückt – falls mir mal was Unvorhergesehenes passiert, was für ein Vertrauensbeweis! Genutzt habe ich ihn nie. Für meine Einkäufe hatten wir bei den Händlern ein Konto, ich durfte nach Herzenslust das Beste auswählen. Es wurde auch nicht kontrolliert, was ich ausgab. Man vertraute mir einfach. Zu Recht.

Beim Feinkostguru Käfer wollte man mir jungem Kerl nicht glauben, dass ich mir das leisten kann. Die Gänseleber mit Trüffel kostete 50 Mark pro 100 Gramm. Packen Sie mir den ganzen Block ein, sagte ich lässig. Und genoss es, zum ersten Mal in meinem Leben nicht aufs Geld schauen zu müssen. Bis dahin hatte ich ja von meiner Kochkunst nur wenig Reichtümer erwerben können. Jetzt durfte ich völlig ungeniert das Beste vom Besten kaufen und damit arbeiten. Die Gänseleber konnten wir dann irgendwann nicht mehr sehen. Das war sicher dekadent bei so einem umstrittenen Lebensmittel. Aber wir lebten im Überfluss.

Ich durfte auch mit allen Autos der Familie fahren – egal ob Jaguar, Mercedes oder Rolls Royce. Manchmal kurvte ich nach Kitzbühel oder Kufstein. Im Winter blieb ich einmal mit dem Jeep auf dem Weg zu unserem Chalet, das weitab vom Dorf war, auf einem Feldweg an einem Baum hängen. Ich wollte für einen romantischen Blick im Mondschein in den Berg fahren, das hätte ich im Schneetreiben besser nicht tun sollen. Ich konnte plötzlich nicht mehr vor und zurück. Ein Baum war im Weg. Ich kam nicht mehr raus, weit und breit kein ADAC um Mitternacht. Eine saublöde Situation nach dem Motto: Hilf dir selbst, dann hilft dir Gott. Ich schlich mich ins Haus und kam mit einem Fuchsschwanz zurück. So schnell habe ich noch nie gesägt. Zwei schweißtreibende Stunden, ich war total nass geschwitzt. Mein Ruf als guter Autofahrer stand auf dem Spiel. Ich wollte nicht, dass Gunter Sachs meinen Fauxpas mitkriegt. Dann fiel der Baum um, ich konnte über den Stummel im Rückwärtsgang drüberfahren. Ich war wahnsinnig erleichtert. Was für eine aufregende Aktion. Ich lache heute noch darüber. »Ein Forstarbeiter hat offenbar über Nacht einen Baum gefällt«, wunderte sich Gunter Sachs am Morgen danach. Ich schwieg und nahm mir vor, die Flotte von Gunter Sachs beim nächsten Mal etwas vorsichtiger zu fahren.

Ein andermal war ich mit dem Jaguar unterwegs und Mirja, die nach München wollte, fuhr in dem Toyota-Kastenwagen vor der Oper in München vor. Jede andere Frau von Welt wäre durchgedreht. Aber sie hatte es nicht nötig, ihren Reichtum zur Schau zu stellen. Es war eben eine andere Liga als bei Herrn und

Frau Neureich. Ich war ein Teil der Familie. Und wurde nicht wie ein Dienstbote behandelt.

Am besten gefiel es mir in St. Tropez. Die Côte d'Azur abseits des Massentourismus ist ein Traum, der liebe Gott muss sie an einem seiner kreativen Tage erfunden haben. Durch Menschen wie Gunter Sachs war die Küste berühmt geworden, das verschlafene Fischerdorf war durch ihn und seine Ehefrau Brigitte Bardot ein Sehnsuchtsort geworden. Wo die Reichen sind, muss es schön sein, das gilt für Sylt und St. Tropez, zwei Orte, deren bester Werbeträger Gunter Sachs war. Einen wie ihn gibt es heute weit und breit nicht mehr auf den Inseln der Schickeria. Heute ist Mallorca bekannt durch eine Figur wie Robert Geiß, dem prolligen Millionär aus der Fernsehserie »Die Geißens«, aber da liegen Welten zwischen ihm, einem Darsteller des Reality-TV, und Gunter Sachs, einem Künstler mit weltweitem Ansehen. Hier stimmt er noch, der Satz von den guten alten Zeiten.

Mit einem Privatflugzeug flogen wir jeden Sommer für drei Monate nach St. Tropez. Das Ressort Capilla lag am Strand, es war nicht einsehbar, ein weitläufiges Areal. Gärtner, Hausmeister und Haushälterin warteten schon. Gunter Sachs war ein leidenschaftlicher Gastgeber, dessen Großzügigkeit berühmt war: Internationale Stars wie Roger Moore, Roman Polanski, Gianni Agnelli und Joan Collins besuchten uns. In Deutschland hatten Menschen eine Hollywoodschaukel im Garten, ich hatte Hollywood live vor mir. Es war das perfekte mediterrane Lebensgefühl. 20 Gäste am Tag waren normal. Und natürlich kamen auch viele Models wie Claudia Schiffer. Ich versprach allen augenzwinkernd, dass sie mit meiner mediterranen Kost noch viel schöner werden würden – und sie langten dann durchaus auch zu, aßen nicht nur Salatblätter. Gunter lud sie ein, bezahlte den Flug, ließ sie bei sich wohnen, gab ihnen Spielgeld für das Casino. Ob jemand reich war, interessierte Gunter Sachs nicht. Es ging nur darum, ob jemand interessant war und seinen ästheti-schen Ansprüchen genügte. Und da war ihm die innere Schön-heit mindestens genauso wichtig wie die äußere.

Klar kann man sagen, dass Gunter Sachs, dessen Vermögen auf vier Milliarden Euro laut Forbes geschätzt wurde, sich das leisten konnte. Aber ich kenne viele reiche Leute, die einige Igel in ihrer Tasche haben. Großzügigkeit und Klasse hat man eben – egal, wie viel man hat. Und Gunter hatte diese Lust an Gesellig-keit, am Gedankenaustausch, an seinem Boot, das teurer war als ein Helikopter, am feinen Essen. Und für das war ich zuständig. Ich fuhr mit dem Roller auf die besten Märkte von St. Tropez und durfte mich bedienen. Auf dem Fischmarkt kaufte ich die frischesten Fische, den Steinbutt bereitete ich im Backofen mit Rosmarin, Knoblauch, getrockneten Tomaten, Olivenöl und Ka-pern zu. Bald kannten mich die Händler, sie wussten, dass sie ihr Geld bekamen. Ich war Stammgast bei den besten Metzgern, Bäckern und Konditoren. Wenn ich zu einem Händler sagte, du lieferst mir jeden Tag 20 Liter frisch gepressten Orangensaft, küsste er mir die Füße. Ich kaufte eine Eismaschine, mit der ich ein wunderbares Zitronensorbet herstellen konnte. Es war ein Leben wie Gott in Frankreich. St. Tropez war unser Schlaraffen-land. Und Gunter Sachs war zufrieden mit mir, wenn ich um 14:30 Uhr das Mittagessen servierte, wir frühstückten ja immer spät, aber das Büfett am Nachmittag war ihm heilig. Er hat nie genörgelt, allerdings auch nicht permanent gelobt. Als Fiat-Chef Gianni Agnelli kam, feuerte er mich in der Küche an: Gib alles! Er wusste einfach, was er an mir hatte. Und dass es gut war, mich nicht zu überanstrengen. Es gab keine feste Arbeitszeit. Ich hatte genug Zeit für das Meer, für die Pools, für die Bars in St. Tropez, für die Clubs, in denen mir zum Beispiel George Michael begegnete. Er sprach mich in der Disco »La Belle« an, der Schmachtsänger war offenbar auf Beutefang. Da ich nicht schwul bin, fühlte ich mich zwar geehrt, aber dann doch etwas fehl am Platz. Ich interessierte mich eher für Isabelle, das französische Unterwäschemodel. Aber ich war ja schon mit meiner Frau Pia zusammen und da passierte nicht viel außer einer freundlichen Bewunderung. Es war wie eine Art gut bezahlter Urlaub mit Promi-Schau. Allerdings geht das nur, wenn man zu den festen Essenszeiten auch Leistung abliefert. Ich war braun gebrannt und musste aufpassen, dass ich keinen Sonnenbrand abbekam. Mirja Sachs war da klüger. Sie ging nie in die Sonne.

In der Idylle lauert auch immer die Gefahr. Unser Kellner Coco verunglückte mit der Vespa, weil er auf einer Sandspur ausrutschte. Natürlich trug er keinen Helm, ich damals auch nicht. Es war nicht vorgeschrieben. Und wir empfanden es als uncoole Freiheitsberaubung. Wir hatten einfach nicht das Bewusstsein für die Gefahr. Der Mensch überschätzt sich gerne. Vor allem wenn er so sorglos in den Tag hineinlebt.

Manchmal konnte ich mit Gunter Sachs auch persönlich reden, dann gerieten wir ins Philosophieren über die Liebe, eine seiner Lieblingsthemen. »Ein Mann muss in seinem Bereich beruflich sehr gut sein. Und eine Frau kann glänzen, wenn sie eine gute Allgemeinbildung hat. Sie ist eine Allrounderin, sie kann so viel. Schau, dass du dir keine doofe Frau anlachst. Eine dumme Frau ist schlimmer als Bauchweh.«

Die nächste Destination, die wir auf unser jährlichen Welttournee besuchten, war Palm Springs. Im Indian Wells Vintage Club, einem der größten Golfclubs der Welt, war Gunter mit seinem Hofstaat regelmäßiger Gast. Es ist ein Resort der Superreichen. Die Straße wird dort zehnmal am Tag gekehrt, die Bordsteine mit der Nagelschere vom Unkraut befreit, eine Privatpolizei achtet auf Ordnung. Gunter hatte drei Häuser hier. Hier residiert mehr Schein als Sein, dachte ich mir beim Anblick dieser feinen Gesellschaft. Irgendwann hört es auf, dass Geld glücklich macht. Mehr Geld macht definitiv nicht mehr glücklich, es sei denn man entwickelt sich zu so einer Karikatur wie Leonardo Di Caprio in »The Wolf of Wallstreet«. Gier ist das Gegenteil von Genuss.

Ich hatte auch Probleme, in diesem Luxus-Amerika gute Zutaten zu kaufen. Die Kohlrabis schmeckten wie Paprika. Alles war erschreckend geschmacklos – in jeder Hinsicht. Sie löffelten Brokkolisuppe aus Eimern – stillos. Die Amerikaner können viel, aber von gutem Essen, wie wir Europäer es uns vorstellen, haben sie keine Ahnung. Ich habe nur sehr fette und sehr dünne Menschen dort gesehen. Eine gesunde Mittelschicht wie bei uns habe ich vermisst. Auch in der Bar bekam ich einen Kulturschock. Wodka Lemon kannten sie nicht. Sie servierten mir eine Zitronenlimonade. Im Auto durfte man nicht mal eine Büchse Bier dabei haben, unser Chauffeur reagierte hysterisch, darauf stand Gefängnis. Kulinarisch war es eine Quälerei für einen ambitionierten Koch wie mich in diesem Reichen-Getto. Es gab keine Marktkultur, dafür tragen dir die Amerikaner im Supermarkt die Tüten ins Auto. Und ich durfte in Mirjas Rolls Royce zum Einkaufen fahren. Aber richtig wohl fühlte ich mich dort nie, Gunter Sachs schon. Wahrscheinlich hat er es genossen, dass er dort keine bekannte Figur war und sich sehr frei bewegen konnte. Das ist sehr entspannend für so eine prominente Person.

Im schweizerischen Gstaad, einem Hotspot der Superreichen, waren wir im Winter und haben Weihnachten und Neujahr verbracht. Gunter Sachs war ja ein begeisterter Skifahrer, dieser Teufelskerl war auch als Bobfahrer erfolgreich. Er hatte dort drei Häuser, die untereinander verbunden waren. In der Eingangshalle hingen Tausende von Bildern von ihm und seinen Freunden. Seine gesammelten Kunstwerke im Wert von mehreren Millionen waren in allen Häusern verteilt. Es war eine riesige Kunstausstellung für Auserlesene. Dazu gab es zur

Entspannung im klirrenden Winter ein Hallenbad mit Grotte. Und natürlich Verpflegung vom Feinsten. Die Küche war riesig, hier hat man sich getroffen, um etwas zu schnabulieren, sich ein Bier zu zapfen oder einfach nur zu reden. Manche schauten mir auch gern beim Kochen über die Schulter – der große Regisseur Roman Polanski war sehr interessiert, dazuzulernen. Ich genoss das Showkochen. Mit Mirja suchte ich den feinsten Beluga-Kaviar aus, der uns in riesigen Dosen angeboten wurde. Wir waren uns einig: Dose Nr. 6 ist besonders gut. So bunkerten wir zwei Kilo davon im Kühlschrank. Sie kosteten ein Vermögen. Aber für die Familie Sachs war es wie einen Hamburger zu kaufen. Dass es etwas besonders Kostbares ist, war ihnen trotzdem bewusst. Ich hatte nicht das Gefühl, dass sie die Maßstäbe völlig verloren hatten. Ihr Vermögen reichte eben für viele Leben. Gunter konnte es sich auch leisten, in seinem Fuhrpark die Schlüssel stecken zu lassen. Weil er sie sonst viel zu oft hätte suchen müssen. Absperren tun nur die Leute, die es nötig haben. So war es wohl gemeint. Es war eine Marotte von ihm.

Nach zwei Jahren hatte ich wieder mal das Gefühl in meinem Leben, dass es gut ist. Alles was ich jetzt noch mit der Familie Sachs erleben würde, wäre eine Wiederholung. Ich war zu jung für so einen gemächlichen Job, der mich als Mensch nicht mehr weiterbrachte. Das Leben als ewige Komfortzone ist mir zu wenig. Der Luxus, der mich täglich umgeben hatte, hatte mich nicht korrumpiert. Ich wollte etwas Eigenes schaffen. Also kündigte ich. Gunter Sachs war nicht begeistert, aber er verstand mich, er war ja auch ein Freigeist. Dieser Luxusnomade hätte es gern gehabt, wenn ich länger geblieben wäre – was ich als Kompliment empfand. Es gab wenig Fluktuation in seinem Hofstaat. Ich war ihm unendlich dankbar für eine unvergessliche Zeit mit tollen Erlebnissen und Bekanntschaften. Aber ich wollte mein eigenes Ding machen. Das Angestelltendasein, so luxuriös und horizonterweiternd es auch in diesem Fall war, befriedigte mich nicht mehr. Mit 25 Jahren wollte ich wissen: Was steckt wirklich in mir?

Über 17 Jahre lang hörte ich kaum etwas von ihm, dem letzten Playboy seiner Art. Bis am 6. Mai 2011 eine erschreckende Nachricht an mein Ohr drang: Gunter Sachs ist tot. Ich weiß es noch wie heute: Ich stand auf einer Terrasse und hörte die Nachricht im Radio. Eine Gänsehaut ergriff mich. Er hatte sich mit einem Jagdgewehr in Gstaad erschossen. An seinem Laptop hatte er einen berührenden Abschiedsbrief geschrieben, der mir heute noch Tränen in die Augen treibt: Er hatte Angst, die geistige Kontrolle über sein Leben zu verlieren, »die ausweglose Krankheit A« hätte ihn zum Freitod veranlasst, er führte die wachsende Vergesslichkeit, die rapide Verschlechterung des Gedächtnisses und des seiner Bildung entsprechenden Sprachschatzes als Gründe an.

In einem Interview ein paar Jahre vorher hatte er noch höchst vergnüglich über den Tod philosophiert. Was sollte auf seinem Grabstein stehen? Natürlich sachs@paradise.all. Und was wäre sein letzter Wunsch gewesen? »Mit Mephisto sprechen, wenn es ihn gibt.« Das war Gunter Sachs, wie er leibte, lebte und lachte. Unerschrocken. Keck. Neugierig.

Es war ein Schock für mich, aber wenn ich meine Zeit mit ihm Revue passieren lasse, wunderte mich so ein dramatisches Ende nicht. Ich war extrem erschrocken, aber ich habe es verstanden. Und wenn ich mir die Rundbögen an meinem Haus anschaue, muss ich immer an Gunter Sachs denken. Die habe ich mir von seinen mediterranen Häusern abgeguckt. Als Inspiration ist er immer in mir.

Rezept-Soundtrack meines Lebens:

Scharfes, angebratenes Tatar

Ein Fünf-Sekunden-Kunstwerk. Etwas Gutes noch besser machen. Zehn Sekunden muss das Tatar angebraten werden. Innen roh, außen knusprig. Ein Kick, der süchtig macht.

1 Bund Rucola putzen, waschen und gut trocken schütteln. Die gröberen Stiele entfernen und die Blätter in einen hohen Mixbecher füllen, dabei einige Blätter zum Anrichten zur Seite legen. **4 Esslöffel Schmand, 1 Esslöffel Sweet Chili Sauce** und etwas **Salz** dazugeben und mit einem Stabmixer fein pürieren. Den Rucolaschmand nochmals abschmecken und bis zur weiteren Verwendung kühl stellen.

2 Scheiben Tramezzini (ersatzweise Toastbrot) halbieren. **3 Esslöffel Olivenöl** in einer beschichteten Pfanne erhitzen und **1 Zweig Rosmarin** dazugeben. Die Brotscheiben auf beiden Seiten gut darin anrösten, anschließend aus der Pfanne nehmen und auf Küchenpapier etwas abtropfen lassen. Die Brotscheiben mit **Salz** und **schwarzem Pfeffer aus der Mühle** würzen.

1 kleine Zwiebel und **2 kleine Cornichons** fein würfeln. **1 Teelöffel Kapern** etwas hacken. Mit **400 Gramm bestem Rindertatar (aus dem Filet oder der Lende), 2 Esslöffel Ketchup, 1 Esslöffel scharfen Senf, 5-8 Spritzern Tabasco, ½ Teelöffel Salz** und etwas **schwarzem Pfeffer aus der Mühle** in eine Schüssel füllen und sehr gut miteinander vermischen.

Aus dem Fleischteig 4 gleichgroße, flache Buletten formen. **3 Esslöffel neutrales Pflanzenöl** in einer Pfanne erhitzen und das Tatar auf jeder Seite ca. 10 Sekunden scharf anbraten. Das angebratene Tatar anschließend sofort servieren. Dazu die knusprigen Tramezzini auf einer Seite jeweils mit einem großen Esslöffel Rucolaschmand bestreichen. Darauf eine Scheibe angebratenes Tatar anrichten. Die Tramezzini auf vier Teller verteilen und mit einigen Blättern Rucola garnieren.

Gang 7

STERNEKOCH IM ALLGÄU AUF DEM DORF –
ein Landhaus-Traum wird wahr

Selbstständigkeit – das Wort hat viele Ebenen. Man ist selbst und ständig dafür verantwortlich, dass etwas gelingt, dass aus Ideen Realität wird. Man hat keinen Chef und kann die Verantwortung für Dinge, die nicht gelingen, auf niemand abwälzen. Es gibt keinen Feierabend im Kopf, weil man ständig nachdenkt, was man besser machen kann. Der Altkanzler Helmut Schmidt sagte mal: »Wer Visionen hat, sollte zum Arzt gehen.« Das war schon bezogen auf Politiker falsch, weil auch Willy Brandt mit seiner Ostpolitik Visionen hatte, aber bei Gastronomen umso mehr. Ohne eine Vision geht nichts. Vor dem geistigen Auge muss eine Sehnsucht in einem wachsen, ein magisches Ziel. Im Angestelltenbereich hatte ich auf der Überholspur des Lebens in wenigen Jahren alles gesehen und erlebt, es löste keine Begeisterung mehr in mir aus, ich begann mich zu langweilen, obwohl mich Millionen von Menschen sicher um die Nähe zu diesen Stars beneidet hätten. Ich wollte, nachdem ich zehn Jahre lang immer auf andere gehört hatte und ihre Wünsche erfüllte, der eigene Regisseur meines Lebensfilms werden. Und erst mal schauen, wie sich das anfühlt. Die beste Zeit meines Lebens liegt nicht hinter, sondern vor mir, davon war ich überzeugt. Aber ich war auch nicht größenwahnsinnig, auch weil ich Sinnsprüche meiner Mutter im Herzen hatte: Glück hat auf Dauer nur der Tüchtige.

Deshalb fing ich klein an. Erst mal mit einem kleinen Gourmet-Stand auf dem Wochenmarkt in Kempten, der größten Stadt des Allgäus. Gerade flog ich noch mit dem Weltmann Gunter Sachs um die Welt. Jetzt wollte ich den Allgäuern ein bisschen Luxus verkaufen: Öle, Essig, Pestos. Ein heftiger Kontrast. »Mal was ganz anderes tun« war mein neues Motto. Aber meine schwäbische Heimat war nicht sofort begeistert von dem Rückkehrer. Schon ein Platz auf dem Wochenmarkt war keine Selbstverständlichkeit. Diese Standplätze waren begehrt. Erst als ich darauf hinwies, dass ich als Witzigmann-Schüler wohl eine Bereicherung wäre, gewährte man mir Einlass. Für 150 Mark Jahresmiete. Ich druckte 2000 Flyer und klemmte sie an Autoscheiben. Das war zwar verboten, aber wirkungsvoll. Was verboten ist, fand ich schon immer doppelt scharf. Die Leute kamen zuhauf. Ich war wieder zuhause. Ich war, um es auf Englisch zu sagen, down to earth. Home, sweet home, das Allgäu ist das wahre Alabama. Und konnte im Bett meiner Liebsten Pia schlafen, die ich so lange vermisst hatte. Zum ersten Mal lebten wir zusammen. Wir hatten lange eine Fernbeziehung, aber nichts konnte uns auseinanderbringen. Vielleicht ist es der höchste Ausdruck von emotionaler Intelligenz, seinen Lebensmenschen zu erkennen. Pia war Bankerin, sie hatte genau die Fähigkeiten, die mir fehlten. Und sie war bereit, mit mir alle möglichen Abenteuer zu bestehen. Eine Gefährtin, die beste, die ich mir vorstellen konnte. Sie wäre mit mir bis ans Ende der Welt gegangen. Aber siehe da, das Glück lag so nah.

Ein hiesiger Bauunternehmer sprach mich an. Er wäre Besitzer eines Restaurants in Probstried, einem Vorort von Kempten im Allgäu, ein idyllisches Dorf, aber ohne große gastronomische Tradition. Er lud meine Frau und mich erst mal ganz privat zu einem Essen ein. Und erläuterte dann seine Pläne. Es ging ihm nicht um den schnellen Euro, sondern darum, dass das Lokal mit angeschlossenem Hotel (neun Zimmer, zwei Suiten) gut geführt wird. Ich war interessiert, das Haus war keine Bruchbude, der Besitzer erschien seriös. Aber es war mir klar, dass ich kein Vermögen investieren konnte – was ja von vielen Wirten erwartet wird. Immerhin war eine 150 Quadratmeter große Wohnung dabei, die Pia und mir gefiel. 50 000 Mark für Besteck und Teller musste ich mitbringen, das war klar. Ich ging zu meinem Bankberater. Der hielt erst mal nicht viel von meinem Plan. Ein Restaurant auf dem Land, das erschien ihm alles andere als erfolgsversprechend zu sein. Davon gab es ja schon einige, die Allgäuer essen und trinken gerne. Ich baute mich vor diesem skeptischen Zahlenmenschen auf: »Ich will nicht irgendein Restaurant eröffnen, ich will ein Gourmet-Restaurant. Geben Sie mir fünf Minuten und ich erläutere Ihnen das Konzept.« Der Banker schaute mich an, als ob er mich für verrückt hielt. Aber dann erzählte ich ihm eindringlich von Witzigmann und Gunter Sachs, die ich als meine Türöffner einsetzte, von meinem absoluten Qualitätsbegriff. Seine Augen begannen immer mehr zu leuchten. Dann schritt er auf mich zu und gab mir die Hand: »Henze, Sie haben das Geld. Und ich bin ihr erster Gast.«

Ich machte einen Luftsprung. Die Redekunst gehörte schon immer zu meinem Grundkapital. Ich kann überzeugend sein. Ich kann Menschen umdrehen, ohne dass sie mich als Nervensäge empfinden. Wahrscheinlich könnte ich auch in der Antarktis Kühlschränke verkaufen. Oder in der Wüste Skianzüge. Dann machten wir Nägel mit Köpfen: Meine Frau, die als Anlageberaterin in der Bank erfolgreich war, kündigte ihren Job und stieg voll ein. Sie ist extrem straight, extrem treu, extrem ehrlich. Und sie glaubt an mich so wie ich an sie. Wir starteten also unser Projekt, in die Prärie ein Gourmetrestaurant hineinzupflanzen. Mit einem weißen Kachelofen, blütenweißen Tischdecken, schönen Wiesenblumen in Vasen, warmem Kerzenlicht.

Da, wo wir selbst gern hingegangen wären, wollten wir andere anlocken. Es ist nicht immer gut, von sich selbst auf den Geschmack anderer zu schließen, aber wenn man gute Instinkte hat, sollte man ihnen vertrauen.

Es gibt Menschen, die sich vor dem Sprung vom 1-Meter-Brett noch einen Fallschirm zulegen. Ich springe gerne ohne Netz und doppelten Boden. Ich weiß zwar, dass ich auch nicht über Wasser gehen kann, es sei denn es ist gefroren, aber ich habe Zutrauen zu mir. Und was kann mir denn schon passieren außer einer sauberen Pleite? Und dann fängt man wieder was Anderes an. Da denke ich amerikanisch: try and error. And try again. Mein ganzes Leben lag ja noch vor mir. Es nicht versucht zu haben, hätte ich mir schwer verzeihen können. Kleinmut ist in der Gastro ebenso wenig angebracht wie Größenwahn.

Von einer Gastro-Auflösung kaufte ich Bleche, Schöpfkellen und Arbeitsbretter. Zwei Tage vor der Eröffnung stellte ich den ersten Koch ein. Gutes Personal ist das Wichtigste, wenn es nicht in deinem Sinne arbeitet, kann ein Lokal kein Erfolg werden. Der Koch war deutlich älter als ich und durchaus von sich überzeugt. Als ich ihn bat, das Karottengemüse anders zu schneiden, erwiderte er: »Herr Henze, ich bin alt genug, ich weiß, wie das geht.« Er war ein durchaus tüchtiger Wald- und Wiesen-Koch, sollte ich um des lieben Friedens willens gleich meine Qualitätsmaßstabe aufgeben? Ich beschloss, hart aufzutreten. Es war das erste Mal, dass ich jemanden feuerte. »Wissen Sie, ich bin bedeutend jünger als Sie, aber auch bedeutend besser. Und jetzt raus aus meiner Küche.« Das Argument, dass ein Älterer immer besser ist als ein Jüngerer, hat mir noch nie eingeleuchtet. Das stimmte nicht mal bei den Indianern. Und schon gar nicht in der Katholischen Kirche. Der Ältestenrat ist nicht immer der Klügstenrat.

Eigentlich war das verrückt, den Koch zu entlassen, wir waren einen Tag vor der Eröffnung. Ich brauchte den Mann. Sonst musste ich mich klonen. Aber wir haben einfach aufgesperrt. Den optimalen Tag dafür gibt es nicht. Einfach mal loslegen, das war mir wichtig. Und einige ehemalige Kollegen, die ich kannte, halfen mit, bevor ich wieder einen neuen Koch einstellte. Wir boten ein spezielles Mittagsmenü an. Und eine übersichtliche Speisekarte am Abend. Es waren sofort Gäste da. Und als die »Allgäuer Zeitung« das erste Interview mit mir machte, sprach sich herum, dass da ein Verrückter etwas Besonderes bot. Nach wenigen Tagen war der Laden immer ausgebucht. Wir galten als Geheimtipp in der kulinarischen Diaspora. Ohne die tolle journalistische Unterstützung hätte ich es deutlich schwerer gehabt. Die Tageszeitung ist so etwas wie das tägliche Brot, das man braucht – auch im Internetzeitalter. Mundpropaganda kam dazu. Es schmeckte den Menschen bei mir, allmählich fuhren auch Autos aus Stuttgart, Augsburg, Karlsruhe und München vor. Das führte zu enormen Parkproblemen im Ort. Aber die Dorfbewohner hatten mich nie als Fremdling betrachtet. Sie waren stolz auf mich. Ich war einer von ihnen, der mit eigenen Händen etwas aufgebaut hatte. Wir waren auch auf Dorffesten, sponserten den Kindergarten und gaben Einiges zurück. Wie man in den Wald hineinruft, so schallt es zurück. Auch meine Mitarbeiter belohnte ich bei Betriebsausflügen und gab ihnen Wertschätzung. Ein Lokal ist immer nur so gut wie der schwächste Mitarbeiter. Alle auf einem Niveau zu halten ist eine große Kunst. Wir hatten in unseren Hochzeiten ja allein zehn Köche, die meine Kochkunst tief verinnerlicht hatten.

Nach einem halben Jahr hatten wir 12 Festangestellte, nach anderthalb Jahren 20. Nach einem Jahr feierte der »Feinschmecker« uns als »Aufsteiger im Voralpenland«. Damit waren wir bundesweit bekannt unter den Gourmets. Unsere Wartezeit für einen Platz im Restaurants betrug am Wochenende drei bis vier Wochen. Vom ersten Tag an verdienten wir Geld. Das war mir wichtig, ich wollte auch wirtschaftlich erfolgreich sein. Aber im Allgäu, wo die Schwaben wohnen, also die mit dem Igel im Geldbeutel, kann man keine Mondpreise verlangen. Deshalb bot ich auch immer noch einfache Gerichte für 30 Mark an. Das große Menu kostete bei uns 130 Mark, in München 200. Die meisten meinten: »Es hat gut geschmeckt – und der Preis war auch in Ordnung.«

Alle Gäste waren mir heilig, ich verabschiedete jeden mit Handschlag. Ich wollte einfach ein persönliches Verhältnis aufbauen. Und gar keine Schwellenangst zulassen. Du kommst als Gast und gehst als Freund – diesen Slogan hätte ich mir am liebsten auf die Stirn tätowiert, wenn das nicht so albern gewesen wäre. Lassen wir zwei Größen der Gastronomie sprechen. Fernand Point, der Lehrer des großen Bocuse und einer der Väter der Nouvelle Cuisine, behauptete: »Man kann nur mit Liebe gut kochen, weil es vor allem darum geht, um einen Tisch herum Atmosphäre von Freundschaft und Brüderlichkeit zwischen Menschen zu schaffen.« Und Paul Bocuse fügte mit viel Pathos hinzu: »Der Tisch ist ein Altar, nur dazu gedeckt, um darauf den Kult der Freundschaft zu zelebrieren.« Also gut, dann lud ich eben zu Gottesdiensten. Denn ich verarbeitete ja auch Gottesgaben.

Schlemmen wie Gott in Frankreich, zumindest ansatzweise, das war mein Traum. Pro Woche verarbeitete ich 60 Kilo Frischfisch. Wir kauften nur gefischte oder geangelte Meeresfische. Und am liebsten regional: Saiblinge oder Lachsforellen aus reinstem Quellwasser – welch eine Delikatesse. Der erste Gedanke muss sein: Mmh, ist das gut, der zweite, wo kriege ich mehr davon? Ein guter Gastronom ist immer auch ein Verführer.

Aber manchmal führt er sich auch selbst in die Irre. Ich wusste ja, dass in Deutschland jeder vierte Wirt im ersten Jahr seinen Laden wieder aufgibt, weil viel zu viele vermeidbare Fehler gemacht werden. Und ein Gourmet-Restaurant im Allgäu war ungefähr so risikoreich wie ein Fischrestaurant in der Wüste zu eröffnen. Kein Selbstläufer für einen Newcomer wie mich, von dem tollen Beginn ließ ich mich nicht beeindrucken, weil ich wusste, dass wir nach der Befriedigung der ersten Neugier täglich Leistung liefern mussten. Und ich wollte auch, dass sich meine Kellnerinnen, die alle Landhausmode trugen, nicht als Dienerinnen empfanden, sondern als Partner und Freunde. Ich wollte keinen elitären und exklusiven Gourmet-Tempel, sondern ein einladendes Haus für jedermann von nah und fern, die nahe Autobahn A7 war sehr wichtig, um zahlungskräftige Gäste mit einem guten Verkehrsanschluss in unser Dorf anzulocken. »Top heißt nicht teuer« hieß einer meiner Slogans, den ich immer wiederholte. Die Melange in Topf, Teller und auf der Zunge musste stimmen. »Kochen ist ein Gefühl und wenn dann noch Leidenschaft dazu kommt, wird es ein Gedicht«, dichtete ich. Aber darum ging es mir. Das Auge isst mit. Den Satz kennt jeder. Aber die Seele auch. Und die muss man anfüttern. »Viele Gäste denken bei Sternegastronomie an befrackstes, steifes Servicepersonal und sind dann ganz überrascht, wie offen und herzlich unser ganzes Team auf die Gäste zugeht«, sagte unser Sommelier ganz richtig.

Über Geld reden die Menschen in Deutschland ungern, es gilt als unanständig und viel zu intim. Ich finde das etwas verklemmt. Ich bekenne gern: Ich liebe Geld, es ist für mich ein wichtiger Antrieb. Ich wollte nicht nur einen Stern an der Fassade haben, sondern auch in der Garage. Wir machten im Jahr 1,5 Millionen Mark Umsatz, das Lokal warf so viel ab, dass ich mir, Achtung Klischee, sogar einen schwarzen Porsche leisten konnte, ein Jugendtraum von mir. Und das mit 29! Ich genoss es, vor dem Durchdrehen schützte mich die tägliche Arbeit. Und meine gute Erziehung. Als mein Opa mir und meinem Bruder als Kinder 10 Mark schenkte, wollte ich lieber zwei Fünfer haben. Es kam mir wertiger vor. Geld war für mich etwas Sinnliches. Aber ein Onkel Dagobert wurde deswegen nicht aus mir. Denn erstens habe ich keinen Geldspeicher – und zweitens ist mir Geiz fremd. Ich habe mir und meinen Lieben immer viel gegönnt. »Geiz ist geil« ist der dümmste Slogan, der je erfunden wurde. In der Gastronomie sowieso. Gönnen statt Geizen ist mein Motto. Und es funktionierte bei mir. Kein Gast kam weniger, nur weil ich einen Porsche fuhr, Sonderlackierung Schiefermetallic. Wer ko, der ko, sagt man in Bayern.

Natürlich habe ich mich in manchen Momenten auch gefragt, wie die Menschen reagieren. Im Dorf. Hielten sie mich für einen Schnösel? Einen Poser? Oder einen, der sich ein Statussymbol hart erarbeitet hat? Ich habe nie einen Zweifel dran gelassen: Erfolg ist mein Motor. Und man darf sich auch belohnen. Ich bin keiner, der seine Edelkarosse im Nachbarort versteckt und nur am Sonntag damit fährt, um keinen Sozialneid zu erregen. Heute fahre ich auch einen schwarzen Ferrari. Mein Gott, ist der schön. Andere hängen sich teure Kunstwerke ins Wohnzimmer. Ich liebe Autos.

Aber Geld ist für mich auch Gerechtigkeitsthema bei meinen Angestellten. Es gab für mich nie einen Grund einer Frau weniger Geld für die gleiche Arbeit zu geben als einem Mann. Frauen treten oft zurückhaltender bei Gehaltsverhandlungen auf. Sie wollen nicht so hoch pokern. Weil sie mehr an sich zweifeln und nicht sofort den Finger heben. Das ist sympathisch, aber grundfalsch. Das alles wollte ich aufbrechen. Mit einem simplen Grundsatz: Eine Frau ist genauso viel wert wie ein Mann. Und verdient keinen Cent weniger. Manchmal sogar mehr. Weil eine patente Frau oft wertvoller als ein Mann ist. Für das Binnenklima und die Außenwirkung auf die Gäste. Von denen immer mehr zu uns strömten. Aber das ist kein Naturgesetz. Das Vertrauen musste jeden Tag neu erarbeitet werden. Mit der Leistung meiner Mitarbeiter. Sie waren Feuer und Flamme für ihren Job, der ihnen etwas Unbezahlbares schenkte: Sinn. Und damit meinte ich nicht Trübsinn. Sie waren hoch motiviert, weil sie den Eindruck hatten, dass es auch auf sie ankam: »Es ist viel besser als in einem Büro zu sitzen und in den Computer zu starren. Wir haben noch nie auf die Uhr geschaut und gehofft, die Zeit verginge schneller. Abends hat man das Gefühl, richtig was geschafft zu haben und kann stolz auf sich sein. Wir haben Spaß mit Christian und kochen auch schon mal mit Hardrock-Musik.« Wow, so ein Zeugnis von seinen Angestellten, das fetzt. Alle waren alle der Überzeugung, dass sie etwas Schöpferisches taten, und damit meine ich nicht die Knödel aus dem Kloßwasser mit der Schöpfkelle herauszufischen.

Ich bin grundsätzlich sehr dafür, Männerdomänen zu öffnen. In meinem Lokal habe ich das praktiziert, Frauen waren ein selbstverständlicher Teil meines Küchenteams. Manche meiner weiblichen Angestellten habe ich weiterempfohlen, sie haben glänzende Karrieren gemacht. Ich finde es toll, wenn es immer mehr Sterneköchinnen gibt. In Deutschland gibt es derzeit 296 Sterneköche und 14 Sterneköchinnen – das Missverhältnis ist schon krass. Aber die wenigen sind Vorbilder in einer Branche, die viel zu lange vorwiegend männlich geprägt war. Damals wurde behauptet, dass die Arbeit in einer Küche körperlich zu schwer und vor allem zu heiß ist – das gilt heute im Zeitalter der modernen Induktionsherde nicht mehr. Nein, die Schwachstelle sind wohl Kinder, Köchinnen brauchen einen modern denkenden Partner, der sich um den Nachwuchs kümmert, das hat nicht jede. Bei den Männern ist das umgekehrt weniger ein Problem, weil es sich mit überlieferten Rollenvorstellungen deckt. Eine Lea Linster und eine Sarah Wiener beweisen, dass Frauen Stars in der Küche sind. Bei der legendären Agnes Amberg habe ich gesehen, dass sie es auch mit Familie vereinbaren konnte.

Ich bin auf jeden Fall gegen den männlichen Geniekult. Frauen können alles – kochen sowieso. Und wenn sie die nötige Autorität ausstrahlen, sind sie wunderbare Küchenchefs. Die ihren Mitarbeitern einen Tick mehr Anerkennung geben. Und meistens kommt das zurück. Wenn der mitunter ruppige Männerton verlorengeht, ist das kein kultureller Verlust. Ich schwöre auf gemischte Teams.

Wir hatten 60 Sitzplätze. Jeder Gast aß fünf bis sieben Gänge. Das waren 400 Tellergerichte von 18 bis 23 Uhr. Der Laden brummte. Und ich war überall präsent, nachdem ich wusste, dass der Laden notfalls auch ohne meine ständige Anwesenheit lief. Sogar ein Autotelefon hatte ich mir geleistet. Das klingelte eines Tages. Der Verkaufsleiter eines Lieferanten war am Telefon. Er brüllte nur drei Worte: »Stern! Stern! Stern!« Ich fragte ungläubig nach: »Was meinst du?« »Christian, du hast einen Stern bekommen«, rief er in den Hörer. Die Lebensmittelbranche weiß oft schon früher als die Journalisten, wer bei Michelin ausgezeichnet wird. Ich fuhr erst mal an den Straßenrand und konnte es kaum fassen. Ich hatte nicht damit gerechnet, dass es so schnell geht. Ich war ja erst 28! Der jüngste Sternekoch Deutschlands im eigenen Restaurant! Ich war im Olymp angekommen. So muss sich wohl ein Olympiasieger fühlen: »Freude schöner Götterfunken«. Ich wollte die ganze Welt anrufen: Kneift mich! Drückt mich! Herzt mich! Sonst glaube ich es nicht.

Dann kamen die Gratulanten, es war eine Karawane. Einen Sternekoch in der Region zu haben ist wie einen Fußballweltmeister zu ehren. Der Bürgermeister, die Lieferanten, die Gäste, die Medien. Ich war von einem Moment der ungekrönte König der Kulinarik. Quasi heiliggesprochen. Von einer Jury, die niemand kannte. Was so ein Stern alles ausmacht. Die Menschen sahen einen mit ganz anderen Augen an. Ich war vorher auch beliebt und als Könner am Herd geschätzt, aber jetzt wurde ich wie ein Halbgott bestaunt. Das war so, wie wenn der FC Kempten in die Fußball-Bundesliga aufgestiegen wäre. Die Leute tuschelten, wenn ich ein Geschäft betrat. Den Umgang damit muss man erst mal lernen. Es ist eine Kunst, seine Natürlichkeit nicht zu verlieren. Und sich eines klar zu machen: Du bringst deswegen morgen auch wieder den Müll raus und besorgst Klopapier, bringst die Kinder in die Kita. Du bleibt ein ganz normaler Mensch und hebst nicht ab – trotz aller Verehrung. Da helfen nur klare Maßstäbe: Fans können manchmal lästig sein, das Schulterklopfen nahm kein Ende. Aber das Schlimmste ist doch, wenn einen keiner erkennt. Deshalb bin ich immer freundlich zu jedem, der mich anspricht. Weil jeder auch ein kleines Universum ist und Respekt verdient.

Aber ich pflückte die Früchte der Genugtuung auch. Ich war am Ziel. Ich wollte immer mehr sein als ein Durchschnittskoch. Ein Sternekoch, das hörte sich ganz anders an. Am meisten freute es mich für mein grandioses Team. Die ganze Küche wurde ja ausgezeichnet – nicht nur ich! Sie waren auch Sternefänger. Es hängt nie nur an einer Lichtgestalt, auch wenn ich der Ideengeber war, der Spiritus Rector. Heute sagen manche noch: Es war die geilste Zeit meines Leben im Landhaus Henze. Das macht mich stolz. Ich hätte alles für sie getan. Und war immer ansprechbar. Wenn nachts um vier ein Mitarbeiter seinen Wagen in den Graben fuhr, holte ich ihn. Weil ich die Menschen um mich herum nicht nur als Arbeitskräfte sah. Sie waren mir nah, sie gingen mir nah.

Aber nach dem Ziel ist vor dem nächsten Ziel. Das Schwierigste ist ja nicht, einen Stern zu erringen, sondern ihn zu behalten, ihn zu verteidigen. Und nicht durchzudrehen und kleine Portionen für hohe Preise anzubieten. Ich wollte die Kirche im Dorf lassen, weil ich auch auf die Gunst der Einheimischen angewiesen war. Ich habe auch nie Druck auf die Gäste ausgeübt, möglichst teuer zu bestellen. Wenn der Gast nur einen Gang bestellt hat und damit zufrieden war, war ich es auch. Und das Landhaus Henze war nun mal nicht das »Tantris« in München, bei dem es in erster Linie auch um Sehen und Gesehen werden ging. Dafür fehlte bei mir das ganz feine internationale Publikum, die ganz große Society. Ich hatte andere Prioritäten: Bei mir sollte niemand hungrig aus dem Lokal gehen. Und der Gast sollte mit der Zunge schnalzen und sagen: »Das war mal was ganz anderes. Ein Erlebnis.« Es sollte alles locker, elegant und ein wenig rustikal bleiben. Und die Gerichte von der übersichtlichen Speisekarte sollten immer »mit einer Prise Liebe« serviert werden. Sie halten das für Unsinn, weil Liebe genau so wenig sichtbar ist wie Strom? Nein, das spürt der Gast, ob die Küche liebevoll agiert oder nur Dienst nach Vorschrift macht. Wir wollten schnörkelloses feines Essen servieren. Aus dem Wohlmutser Weg 2. Unsere Adresse war ein gutes Omen. Wir werkelten wohlgemut vor uns hin. In unserer kleinen heilen Welt. Wir rockten das Lokal im wahrsten Sinn des Wortes. Denn ich kochte liebend gerne mit starker Musikbeschallung, Hardrock von Iron Maiden war völlig normal. Ich hatte das Gefühl, dass wir mit der Musik meiner Lieblingsband noch schneller arbeiten, noch mehr PS auf die Straße zwischen Küche und Tisch bringen. Heavy Metal – so wollten wir ja auch kochen. Wir waren fokussiert, die Energie des Hardrock übertrug sich auf uns, wir arbeiteten wie in Trance. Musik ist eine Droge, mir gibt sie unfassbare Energie. Die Mitarbeiter, die einen etwas anderen Musikgeschmack hatten, mussten da durch. Für Neulinge war das gewöhnungsbedürftig. Der DJ in der Küche war ich. Und manchmal übertrieb ich und es wurde zu laut. Dann klopfte der Service an die Tür und rief »leiser!!!!«. Ich drehte leiser – und nach einiger Zeit wieder lauter. Hardrock kann man nun mal nicht gedämpft hören. Aber nie kam ein Gast, dessen feine Gehörgänge sich dadurch gequält fühlten. Der Musikpsychologe Stefan Kölsch beschreibt das Gänsehaut-Phänomen so: »Rührt uns Musik an, überkommt uns ein angenehmer Schauer. Die Pulsrate steigt, die Schweißproduktion nimmt ab. Solche Erlebnisse werden durch das Spaß- und Schmerzsystem vermittelt. Es regt sich übrigens auch beim Essen, beim Sex und bei anderer Belohnung.«

Einige Jahre später sah ich die Jungs von Iron Maiden dann leibhaftig in einem Fünfsternehotel in Valencia. Ich war so verdattert, meinen Idolen zu begegnen, dass ich ihnen gar nicht sofort anbot, der neue Bandkoch zu werden. Und mit ihnen durch die Welt zu fliegen. Der Sänger Bruce Dickinson flog ja damals eigenhändig eine Boeing 747. Da hätte selbst der Urbayer Franz Josef Strauß, der nach Moskau flog, applaudiert.

Zurück zum Landhaus: Mein Lebensgefühl, wenn ich aufstand, war damals: »Jetzt muss ich gleich loslegen, ich habe ja noch gar nichts erreicht.« Wir waren hungrig wie die Fußballer des FC Bayern auf ihren x-ten Meistertitel. Rasten heißt Rosten und sich regen bringt Segen – so war damals mein Mantra. Ich war unendlich belastbar und hatte Arbeitstage von 12 bis 16 Stunden. »Lorbeer gibt es nur zum Kochen, nicht zum Ausruhen« hatte mir ein Gast einmal gesagt, den Satz habe ich nie vergessen. Aber allzu crazy durfte ich auch nicht auftreten. Kreativ um jeden Preis sein als Selbstzweck lehnte ich ab, weil es am Geschmack der meisten Menschen vorbeiging. Keine überkandidelten Experimente wie Ente in Fanta oder gepiercten Heilbutt in Gummibärchensoße, dafür lieber gebratene Gänseleber mit Quitte, Spargelcreme mit Hummer, Rosmarineis mit Mandelflip.

Zur Freude meiner Gäste verkündete ich nach dem Stern: »Freundlichkeit und Preise bleiben gleich.« Ich wollte auch keinen zweiten Stern. Lieber erst mal das Niveau halten. Das war schwierig genug. Denn den guten Ruf mit feiner Arbeit bestätigen, das ist die größte Kunst. Einen Stern wieder entzogen zu bekommen, also als One-Hit-Wonder zu gelten, gilt als größtmögliche Demütigung in unserer Branche. Und es zieht den ganzen Laden nach unten. Auch in der Gastronomie sind 50 Prozent des Erfolgs Psychologie. Und 50 Prozent ehrliche, harte Arbeit. Dazu gehört auch die Werbung. Tue Gutes und rede darüber. Ich machte zum Beispiel eine Kochshow im Radio, die sehr beliebt war. Wir haben nie real gekocht, aber die Geräusche waren täuschend echt. Ein Riesenspaß. Für mich und die Hörer.

Meine Präsenz im Lokal wurde natürlich von meinen Gästen erwartet. Ich wusste, dass manche sich den Besuch bei mir vom Munde abgespart hatten. Denen wollte ich jede Schwellenangst im Gourmettempel nehmen – nix mit piekfein. Ich wollte ein Koch zum Anfassen sein und war Teil der Show, wenn ich jeden der Gäste an den 16 Tischen begrüßte. Die »Augsburger Allgemeine« schrieb, dass mich jede Mutter als Schwiegersohn gerne akzeptieren würde. Ich wurde als »George Clooney der Küche« bezeichnet – ich untersuchte mich genau im Spiegel und suchte nach einem grauen Haar. Insofern hinkte der Vergleich sehr. Aber es gibt Schlimmeres, was man einem nachsagen kann. Ich war plötzlich ein Sexsymbol in der Kochjacke. Diese Etiketten führten zu noch vermehrtem weiblichem Besuch, obwohl ja bekannt war, dass meine Frau den Service leitete und ich ein glücklicher Familienvater war. Der »Gault Millau« ernannte mich zu »Deutschlands schönstem Koch«. Viel wichtiger, sie schrieben auch: »Henze gehört zu der eher selten anzutreffenden Spezies der intelligenten Wirte.« Und der kochmützenvergebende »Reiseführer für Genießer« vergaß auch nicht meine tüchtige Frau zu erwähnen: »Christian Henze und seine Frau Pia sind nicht auf den Kopf gefallen.« Das ging runter wie feinstes Öl. Das war natürlich ein Ritterschlag in der Gastroszene. Ich selbst hatte immer die Leistungen meiner Frau im Service und in der Weinberatung betont. Jetzt hatten es auch andere gemerkt.

Ich wollte den »Rundumgenuss« in meinem Lokal. Einen wohligen Ausnahmezustand, eine charmante Freundlichkeit, die nicht aufgesetzt war. Mir lag es ja, auf Menschen zuzugehen, als der liebe Gott diese Gabe verteilte, schrie ich: Hierher, bitte, ganz viel. Im Chinesischen heißt es: »Wenn du ein Geschäft aufmachen willst, musst du lächeln können.« Auch wenn es in dem ganzen Trubel manchmal schwerfiel, immer leicht und locker zu wirken. Manchmal konnte ich mir die Gesichter nicht merken und begrüßte die Gäste am gleichen Abend doppelt. Aber sie reagierten mit Humor und nahmen es nicht krumm. Kritik hörte ich selten. Vielleicht einmal im Jahr kam es vor, dass einem Gast die Jakobsmuscheln nicht gemundet hatten. Weil er sie lieber gebraten mochte. Damit konnte ich leben. Aber die Gefahr bei so viel Lob ist natürlich, dass du nicht mehr besser wirst. Dass du auf hohem Niveau stagnierst. Und dich selbst zu wichtig nimmst. Aber dann gilt wieder die alte Weisheit, die Demut empfiehlt: Wer meint etwas zu sein, hat aufgehört etwas zu werden. Das muss man sich immer klar machen. Dauerhaftes Lob kann auch ein süßes Gift sein.

Es war die Zeit, in der mir scheinbar alles gelang, in der ich von den Musen geküsst wurde, wenn sich in mir neue Ideen Bahn brachen. Es hätte mich nicht gewundert, wenn sich der Papst gemeldet hätte, der US-Präsident, Hollywood oder der deutsche Bundeskanzler. Und letzteren lernte ich tatsächlich im kulinarischen Kontext kennen. Ich mochte Gerhard Schröder und bewunderte ihn, weil er frischen Wind in die Politik gebracht hatte nach 16 Jahren Helmut Kohl. Wenn Kohl sinnbildlich für den Saumagen, eine pfälzische Spezialität stand, war Gerhard Schröder eher für seine Liebe zur volkstümlichen Currywurst bekannt, angeblich verließ er Ehefrauen, als die ihm nur noch Gemüse vorsetzten und er heimlich zum Schnitzelessen bei Freunden war. Es war unmöglich ihn zum Vegetarier zu bekehren, eher hätte ein Tiger Gras gefressen oder sich ein Hund einen Wurstvorrat aufgespart. Sein Spruch »Hol mir mal ne Flasche Bier, sonst streik ich hier« «wurde Kult und sogar zum Song. Dass er eine feinere Zunge hatte, erfuhr ich erst als Thomas Steg, der Vizechef des Bundeskanzleramtes, bei mir zufällig im Lokal speiste und ich das mitbekam. Ich gab ihm eines meiner Kochbücher für die Kanzlergattin Doris Schröder-Köpf mit, auch sie eine Schwäbin. Vielleicht war das neben meinem frisch errungenen Stern der Grund, warum sie bald darauf anrief und mich bat, für den Kanzler im neuen Kanzleramt zu kochen. Im Südflügel des achten Stocks, hoch über den Dächern von Berlin. Vorher durfte niemand diesen Trakt betreten, selbst Dienstboten blieb er verschlossen. Der Gastraum umfasste bescheidene 200 Quadratmeter. Dafür war die Küche kleiner. Egal. Ich machte einen Luftsprung: Für den Kanzler privat zu kochen, diese Ehre war noch keinem Koch zuteil geworden. Ich war der erste im neuen Kanzleramt, was für ein Geschenk! Natürlich nahm ich das Angebot sofort an, mit meiner schwangeren Frau Pia und zwei Köchen ging es auf nach Berlin. Wir hatten alle Zutaten dabei, bei der Einfahrt ins Kanzleramt wurden wir penibel kontrolliert. Das Allgäu eroberte Berlin im Zentrum der Macht – wie verrückt war das denn?

Es wurde einer dieser Abende, die nicht unbeschreiblich waren, aber unvergesslich. In der Hauptstadt wartete eine illustre Runde: Rockstar Marius Müller-Westernhagen war mit seiner Frau dabei, seine Hymne »Freiheit« hatte mir immer gefallen. Der damalige Ministerpräsident von Nordrhein-Westfalen Wolfgang Clement und der Berliner Bürgermeister Klaus Wowereit bereicherten die Runde auch mit ihrem schnörkellosen Humor. Die Botschaft, die sie ausstrahlten, war klar: Nur weil man Sozi ist und immer noch den Anspruch der traditionellen Arbeiterpartei vor sich her trug, muss man nicht schlecht essen.

Ich servierte ihnen sieben Gänge: Es begann mit Variationen sommerlicher Salate mit Pfifferlingen, Spargelsuppe mit Balik-Lachs, souffliertem Zander auf Hummer-Ragout, mit Champagner und Himbeer-Sorbet mit Mandel-Flip ging es dann zum Hauptgericht: Rehrücken in Knusperhülle mit Preiselbeer-Trüffel-Sauce und Sellerie-Püree. Am Ende des Mahles kredenzte ich noch eine Parmesan-Kreation und geflämmtes Sauerrahmtörtchen mit Karamelleis und marinierten Erdbeeren. Es mundete allen hervorragend und der Kanzler bat mich nach dem Dessert noch dazu. »Mensch, Henze, komm doch auch auf die Terrasse.« Ich ließ mich bereitwillig von ihm duzen, weil es kein Duzen von oben herab war. Ich war für ihn nicht nur ein nützlicher Dienstleister, ich war ein Mensch, den er interessant fand. Wir tranken Champagner, Schröder integrierte mich sofort in seine bunte Runde. Er war neugierig und genussfreudig – kann man etwas Besseres über einen Gast sagen? Alle erzählten Witze, die durchaus nicht ganz jugendfrei waren. Und als die Gäste dann nach Mitternacht gingen, lud er mich und meine Frau Pia noch zu einer Flasche Wein ein. Das musste er nicht tun, wir hatten unsere Mission erfüllt, aber ihm war danach. Wir sprachen über Cohiba-Zigarren, die er so sehr liebte, und ich war seit meiner Reise nach Kuba da auch ein bisschen Experte. Es war eine launige Fachsimpelei auf hohem Niveau. Ein guter Politiker hat immer seine Antennen und ist lernfähig. Heute sehe ich auf Instagram Videos von Gerhard Schröder, wie er mit Pfannen hantiert und seiner koreanischen Ehefrau etwas kocht. Vielleicht habe ich ihn doch etwa inspiriert.

Für mich war der Abend ein voller Erfolg, denn ich war jetzt Kanzlerkoch – zumindest für einen Abend. In der SPD waren Köche hoch angesehen. Schon Oskar Lafontaine hatte als Ministerpräsident des Saarlandes einen Spitzenkoch eingestellt, was zu wütenden Reaktionen führte und ihm den Vorwurf der

Steuergeldverschwendung einbrachte. Aber Lafontaine konterte alle aus, als er meinte, dass so ein Koch mehr leiste als so mancher »Sesselfurzer« im Beamtenapparat. Wo er recht hat, hat der Saar-Napoleon, der Gerhard Schröder später schnöde verließ und als Finanzminister hinwarf, recht.

Beim Altkanzler ging es jedenfalls oft um die Wurst – und wir wissen ja: Alles hat ein Ende, nur die Wurst hat zwei. Dass Gerhard Schröder sich im August 2021 als Verteidiger der Currywurst in die Schlacht warf, berührte mich. Als VW entschied, dass die Werkskantine die Currywurst vom Speiseplan streichen sollte, weil das Betriebsrestaurant fleischfrei werden sollte, griff Schröder ein: »Currywurst mit Pommes ist einer der Kraftriegel der Facharbeiterin und des Facharbeiters in der Produktion. Wenn ich noch im Aufsichtsrat von VW säße, hätte es so etwas nie gegeben. Vegetarische Ernährung ist gut, ich selbst mache das phasenweise auch. Aber grundsätzlich keine Currywurst? Nein!« Und Schröder schilderte, wie sehr ihn die Curryurst in seinem Leben angezogen hat: »Wenn ich in Berlin bin, führt mich mein erster Weg meist zu einer der hervorragenden Currywurstbuden. Darauf will ich nicht verzichten. Und Ich denke: Viele andere wollen das in ihren Betriebskantinen auch nicht.« Zweierlei kann man daraus lernen: Die Currywurst ist ein Heiligtum, das schon von Herbert Grönemeyer besungen wurde: »Gehst de inne Stadt/Wat macht dich da satt? Ne Currywurst/ Kommste vonne Schicht/Wat schönret gibt et nich/Als wie Currywurst.« Nicht umsonst hatte die SPD früher »Currywurst ist SPD« plakatiert. Und es gibt Currywurst-Buden wie Curry 36 in Berlin, in denen die Wurst zelebriert wird. Sie ist nicht banal, es gibt erhebliche Qualitätsunterschiede. Und auch ich liebe ab und zu Currywurst. Sie ist das Glück des Augenblicks. Aber sie ist eher kein Kantinenessen. Sondern klassisches Streetfood, wie auch Bestsellerautor Uwe Timm (»Die Entdeckung der Currywurst«) als Vermittler zwischen den Fronten feststellte. Insofern bekommt VW von mir mildernde Umstände.

Wieder zuhause ging der Alltag weiter. Pia war die Königin im Lokal, ohne sich als eine solche aufzuspielen, sie hatte den Service voll im Griff. Ich hatte charmante Bedienungen, die in Landhausmode an die Tische traten und Allgäuer Charme versprühten. Nach einigen Jahren des Erfolgs stellte ich einen großartigen Küchenchef ein: Frank Aldinger, mein Freund und Vertrauter. Er sorgte mit dafür, dass wir den Stern auch die nächsten Jahre verteidigten. Aber die Angst vor den anonymen Testessern war immer da. Wir waren ja in der Formel 1 des Geschmacks und da kann ein falscher Boxenstopp schon entscheidend sein. Wenn sich jemand Notizen machte, war er verdächtig. Manchmal war es aber auch nur der Friseur, der ein Hobbykoch war – falscher Alarm. Wenn jemand allein und früh kam, waren wir auch alarmiert. Denn ein zweites Essen für eine Begleitung ist im Budget eines Testessers nicht vorgesehen. Das große Menü und exklusive Weine sind ihm zu teuer. Er bestellt Vorspeisen, ein Zwischengericht und ein Hauptgericht. Das Dessert lässt er oft fallen. Aber letztlich blieben die Testesser trotz aller Indizien Phantome. Wir wussten, es gibt sie, konnten sie aber nicht sehen und es war ein Tabu, sie anzusprechen: Sind Sie vielleicht? Nein, wie peinlich!

Wir versuchten immer über dem Sterne-Niveau zu kochen, damit wir auch an schwachen Tagen Kochkunst ablieferten. Um sicherzugehen, dass wir den Stern wiederkriegen. Und um den schrecklichen Satz nicht zu hören: »Er hat nachgelassen. Und ist abgehoben. Kein Wunder, er fährt Porsche.« Alle Lobredner, die mir vorher um den Hals gefallen waren, hätten dann wohl wie bei Jesus gesagt: »Kreuzigt ihn!« Der Satz kommt immer nach dem Hosianna, so weit reichte meine religiöse Bildung. Der Vorrat an Heuchlern auf dieser Welt ist unerschöpflich, er geht nie zur Neige. Und man darf die Schadenfreude einiger Menschen, die es nie zu etwas Großem gebracht haben, nie unterschätzen: Nichts ist so unterhaltsam wie das Leid der Anderen. Der Spaß, jemanden fallen zu sehen, der wie Ikarus zu hoch gestiegen ist, ist bei manchen durchaus vorhanden. Das war mir immer klar, und das einzige, was dagegen hilft, ist: gute ehrliche Arbeit. Geistesgegenwart. Und Glück.

So ein Stern ist lukrativ. Der Laden brummte. Pharmafirmen wedelten mit Geld vor der Nase und waren betrübt, dass ich nur 60 Gäste bewirten konnte. Gehen nicht 75? Sie waren bereit, wie Ölsardinen bei mir zu sitzen. Wir mieteten ein Zelt dazu, der Champagner floss in Strömen. Ich verlangte 140 Euro für das Menu pro Nase, sie fragten: Geht es nicht noch ein bisschen exklusiver? Können wir nicht 200 zahlen? Manchmal konnte ich gar nicht so viel edlen Rotwein für 400 Euro die Flasche beschaffen wie es gewünscht war. Ein Catering-Gast, dem 60 Sitzplätze für seine Feier viel zu wenig waren, kaufte sogar das Nachbargrundstück, um ein Zelt darauf aufstellen zu können, nachdem er es begradigt hatte. Kulinarisch kostete ihn der Abend 180 000 Euro. Kempten ist ja eine alte Römerstadt, was bei mir stattfand, war eine Art spätrömischer Dekadenz. Die heute so nicht mehr vorstellbar ist. Aber ich blicke gern auf diese Zeit zurück. Es war Wahnsinn – so was muss man erlebt haben.

Erfolg ruft natürlich auch immer Neider hervor. Weil ich so oft in der Zeitung stand, wurden andere Gastronomen eifersüchtig, sie empfanden es als kostenlose Werbung, was es ja auch effektiv war. Sie drohten mit einem Anzeigenboykott. Meine Aufwertung kam für sie einer Abwertung gleich, sie waren gekränkt. Ich war schick, sie galten als langweilig, das war unerträglich für ihr Ego. Das lag nie in meiner Absicht, denn wie schrecklich wäre eine Welt, in der es nur Henze-Lokale gäbe.

Jedes gastronomische Konzept hat seine Berechtigung, wenn die Menschen es annehmen. Aber ich verstand jetzt das alte deutsche Sprichwort besser: Mitleid kriegt man geschenkt, Neid muss man sich erarbeiten. Und wie sagte Hollywoodstar Paul Newman so schön: »Hast du keine Feinde, hast du keinen Charakter.« Oder um es mit Franz Josef Strauß zu sagen: »Everybody's darling is everybody's Depp.«

Auch die Tatsache, dass wir eine kleine, feine Hauszeitung herausgaben, war völlig neu für die etablierte Gastronomie. Ich genoss es, ein bisschen den Herausgeber zu spielen und meine Gedanken an meine Gäste zu bringen. Es sollte immer eine Wundertüte sein. Manchmal geriet ich ins Schwelgen und Schwärmen und zitierte große Dichter wie Rainer Maria Rilke: »Will dir den Frühling zeigen, der hundert Wunder hat. Der Frühling ist waldeigen und kommt nicht in die Stadt.« Aber in Probstried, da war er immer. Die Gäste durften ein bisschen hinter die Kulissen eines Edelrestaurants blicken: Zum Beispiel unsere Freude zu sehen, wenn die Trüffellieferung kommt und 30 Kilo der duftenden Knollen in der Küche verarbeitet werden, eingekocht halten sie mehrere Monate und sorgen für Aroma und Würze. Das Blatt kam in einer Ausgabe von 7000 Exemplaren heraus und war beste Werbung für das Lokal. Einige Überschriften kündigten programmatisch an, worum es ging: »Gastfreundschaft – mehr als nur ein Wort.« In dem Artikel »Liebling, das Essen steht im Kochbuch« spießte ich den Wahn auf, dass ein Rezept genau eingehalten werden muss. Das ist wirklich wahre Spießigkeit. Nein, in der Küche der Sterblichen geht es immer um Improvisation. Wichtig ist nur, dass man ungefähr weiß, dass Nutella in einer Grillmarinade nichts zu suchen hat und Bratkartoffeln nicht mit Risotto harmonieren oder zu einer Lasagne passen. Aber wir widmeten uns auch der psychologischen Seite des Kochens, uralten Ritualen. Im Artikel »Fast jeder

Mann hat Glut im Blut« ging es um das merkwürdige Phänomen, dass Frauen kaum am Grill stehen. Für Männer ist es offenbar eine kultische Handlung, Feuer ist seit Urzeiten ihr Ding, auch in Polarjacken grillen sie ihre Beute, die sie im Supermarkt erlegt haben. Was keiner Frau einfallen würde. Nur komisch, dass die Feuerstelle in der Küche dazu nicht zählt und das Putzen des Grills schon nicht mehr als Männerdomäne gilt, wie meine Chefredakteurin spitz anmerkte. Sie stellte auch die große Glaubensfrage zur Diskussion: Welcher Brei macht glücklich? Der mit Gries, Hafer oder Kartoffeln? Letzterer soll den Serotoninstoffwechsel genauso günstig beeinflussen wie Nudeln, man muss nur daran glauben. Und dann die noch wichtigere Glaubensfrage: Kartoffelsalat mit oder ohne Majo? Der beste Kartoffelsalat ist natürlich immer der von Mama, danach kommt lange nichts. Die Chefredakteurin der Henze-News schwor auf die köstliche Sieglinde mit Essig, Öl, Zwiebel, Salz und Pfeffer – und natürlich lauwarmer Brühe. Glauben Sie mir, es wird mehr über Kartoffelsalat diskutiert als über die neueste Rentenreform. So sind wir Menschen. Wir schnabulieren lieber Köstlichkeiten als uns mit sehr komplexen Zusammenhängen, die irgendwann mal auf uns zukommen, zu beschäftigen. Wir reden lieber über rote und grüne Salatherzen als uns mit der Schlaganfall-Vorbeugung oder den Feinheiten der Pflegeversicherung auseinanderzusetzen. Wir diskutieren lieber über die Vorzüge von weißem und grünem Spargel als uns über die wahren Risiken des Lebens in einer Überflussgesellschaft zu unterhalten: Zu viel! Zu fett! Zu süß! Zu salzig! Der Tod durch Überfressen oder konsequent falsche Ernährung ist kein lustiges Thema. Als Missionar, der Menschen von gefährlichem Genuss abhält, habe ich mich aber nie gesehen. Ich bin eher in der Rolle des Übersetzer des ganzen Küchenlateins und erkläre, warum sich Erdbeeren und Rhabarber perfekt als Traumpaar ergänzen – eine Sinfonie in süß und sauer. Beides mit einem Schuss Prosecco in einem kühlen Süppchen – göttlich. Ich lehrte, dass beim Champagner der Korken nicht knallen, sondern nur seufzen soll, die Aromen fliegen sonst davon. Dass Bier keineswegs nur zum Trinken da ist, sondern dem bayerischen Schweinebraten eine herrlich krosse Kruste verpasst und der gebratene Zander mit einer Weißbier-Soße noch besser mundet. Ich plauderte darüber, dass Parmesan der Methusalem der Käse ist mit seiner Reifezeit von 12 bis 36 Monaten. Ich vermittelte die verblüffende Erkenntnis, dass der Kürbis eine Art Riesenbeere ist – zumindest botanisch gesehen. Ich begründete, warum der Ingwer durch seine scharfe Sinnlichkeit als Aphrodisiakum gilt und im Alter die Liebe und die Triebe im Mann neu erwecken kann. Warum Safran, ohne den eine gute Paella und eine Bouillabaisse nicht auskommen, als König aller Pflanzen gilt und Gelb früher eine heilige Farbe der Herrschenden war. Ich ergründete, warum die roh nicht essbare Quitte, die man wunderbar zu Gelee kochen kann, Venus- oder Adonisapfel heißt und als Symbol für Liebe, Glück und Fruchtbarkeit gilt; die Römer benutzten sie als Opfergabe an die Nachtgöttinnen. Ich warnte vor ungekochten Speisemorcheln, die in ungekochtem Zustand zu delikaten Giftzwergen werden, weil sie einen extrem hohen Anteil an Phosphorsäure und Helvellasäure haben. Beim Putzen verlieren sie drei Viertel ihres Gifts. Beim Kochen geht der Rest an schädlichen Substanzen verloren. Ich lobte die scharfe Vitaminbombe Meerrettich. »Er muss in die Zung' beißen, wenn er dies nicht tut und der Zunge gelind und gut tut, so ist er nicht gut«, zitierte ich aus einem alten Kräuterbuch. Ich informierte über die Hexenzwiebel Bärlauch, den Knoblauch des Waldes. Dazu gab es in jeder Ausgabe der Hauszeitung viele Haushaltstipps: Was tun, wenn der Herd zum Unfallort wird? Wie man Angebranntes und Zerkochtes noch retten kann. Einfrieren – wie gut ist das Essen aus dem Eis? Gefrieren ist der Untergang der Gans, behauptete ich, um gegen billige Tiefkühl-Gänse zu wettern und den Gang zum Bauern zu empfehlen. »Alles Kruste oder was« lautete eine philosophische Frage. Ich erklärte sogar, wie die Löcher in den Emmentaler Käste kommen und schwärmte von würzigen Blütenknospen, die bei uns als Kapern bekannt sind. Ich verriet, dass die beiden japanischen Automarken Toyota und Honda »reiches Reisfeld« und »Hauptreisfeld« heißen. Am Anfang war das Korn. Und Liebe geht durch die Nase. Das predigte ich, wenn ich über Gewürze wie Kardamom sprach oder die Vanille als Königin der Gewürze ausrief. Dazwischen streute ich Rezepte ein wie Kartoffelschaumsüppchen mit Steinpilzen. Und sparte auch das Kapitel Essen und Erotik nicht aus, das meine Kollegin Doris in ihrer Kolumne so bedichtete: »Es ist eines der höchstens Komplimente, wenn einem etwas auf der Zunge zergeht.« Es ging dann um das Knacken reifer Kirschen im Mund, das betörende Aroma lauwarmer Kokosraspel, die Splitter eines Karamellnetzes über Granatapfel-Parfait.

Auch meine Mitarbeiter durften in der Landhauszeitung zu Wort kommen. Jedes Jahr stellte ich zwei Azubis ein. Und erläuterte ihnen meine Philosophie: »Man kann mit dem Käfer oder mit dem Porsche ein Ziel erreichen. Nur im Porsche macht es halt mehr Spaß.« Die Ausbildung bei mir war rasant und fordernd: Ich habe meine Azubis nie zum stupiden Kartoffelschälen oder zum Brotzeitholen verdonnert. Sie waren genauso wichtig wie der Küchenchef und arbeiteten von Anfang an voll mit, mussten Verantwortung übernehmen, was sie auch gerne taten. Der Mensch will sich einfach gebraucht fühlen – ganz einfach. Auch unsere Dekorateurin Hanni, die für die Blumenarrangements zuständig war, wurde vorgestellt. Jeden Ast, jedes Drahtgeflecht, jede Glasflasche bestückte sie mit Blumen. Alles ganz harmonisch aufeinander abgestimmt. So entsteht Wohlfühlatmosphäre. Der Song von Joan Baez »Sag mir, wo die Blumen sind, wo sind sie geblieben?« wurde bei mir nie gespielt.

Warum waren wir so erfolgreich? Weil wir ein Bombenteam hatten, weil mir ein gutes Betriebsklima extrem wichtig war. Nicht nur aus Gründen des menschlichen Anstandes, sondern auch weil es sich letztlich in Form besserer Leistung auszahlt. Ein Gast spürt, ob er von einem gut gelaunten oder einem unwirschen Kellner bedient wird. Ein guter Chef muss lachen und loben können und seine Mannschaft, die ja oft auch eine Frauschaft ist, wertschätzen. Nur wer streicheln kann, darf auch kritisieren. Wer brüllt, hat schon wegen der Lautstärke Unrecht. Der wichtigste Mensch an meiner Seite, der mich als Chef voll unterstützte, war mein Küchenchef Frank Aldinger. Ein Vollprofi durch und durch. Ich konnte mich blind auf ihn verlassen. Wenn ich nicht da war, und das kam durch meine vielfältigen Aktivitäten öfter vor, war er die gute Seele unseres Betriebes in der Küche, im Service hatte ja meine Frau Pia alles im Griff. Frank, mit dem ich bis heute gut befreundet bin, erinnert sich gerne an unsere große gemeinsame Zeit: »Christian hat viel gelobt und da getadelt, wo es angebracht war, aber nicht, um seine Autorität zu beweisen. So muss es sein. Ich war eine Art Seelsorger und achtete darauf, dass jeder auch seine kreative Seite zeigen durfte. Wir hatten keinen Quertreiber und keinen Stinkstiefel in unserem Team. Es gab keinen faulen Apfel im Korb. Die Köche und das Servicepersonal arbeiteten nicht gegeneinander, wie man es aus vielen Lokalen kennt, auch das Trinkgeld wurde gerecht verteilt. Es ging alles Hand in Hand. Der gute Teamgeist war unser Erfolgsgeheimnis. Alle für einen, einer für alle – das berühmte Motto der Musketiere, wir haben es gelebt. Das geht nur, wenn der Chef auch ein Menschenfreund ist und nicht der Fisch vom Kopf her stinkt. In unserer Küche wurde auch nicht gebrüllt. Christian war ein bisschen strenger als ich, ganz selten wurde er mal lauter, wenn ihm die Pferd durchgingen. Um sich dann zu entschuldigen. Ich blieb die ruhige Seele. Es war auch gut, dass zwei Frauen dort gearbeitet haben, das macht den Ton sofort ziviler und menschenfreundlicher, die pure Anwesenheit von Frauen hebt in einer Männergruppe, die oft derb daherredet, das Niveau. Deshalb mag ich gemischte Teams: Mann und Frau, Jung und Alt, Einheimische und Zugereiste. Es war die Zeit, als wir das Gastro-Personal noch aussuchen konnten und nach einer Probearbeit entschieden, ob wir zusammenpassen. Heute will kaum mehr jemand in die Gastronomie und man muss Leute nehmen, die überfordert sind und die Leistung gar nicht bringen können.«

Besonders stolz bin ich auch darauf, dass das Landhaus Henze nicht nur ein Job war, wir haben es gelebt. Und es sind viele Freundschaften daraus entstanden, wie Frank Aldinger auch bezeugen kann: »Am Donnerstag hatten wir Ruhetag. Am Mittwoch sind wir dann gern in die Dorfkneipe gegangen, das Deutsche Haus, und haben Darts gespielt. Wir waren ja keine Fremdkörper im Dorf, sondern absolut integriert. Das jährliche Dorffest war ein Riesenerlebnis für uns, da sind wir oft versumpft und heimgetorkelt. Wir waren die coole Henze-Gang, jeder wusste, dass das Dorf ihm viel zu verdanken hat. Auch in die Disco nach Kempten sind wir manchmal gefahren, wenn man sich nicht bestens versteht, macht man das nicht in seiner Freizeit. Christian hat auch gerne spektakuläre Betriebsausflüge gemacht, zum Beispiele Konzerte von AC/DC, da ließen wir es krachen. Auch das war für das Teambuilding wichtig. Es geht einfach nicht darum, seine Leute wie eine Zitrone auszupressen, man muss sie auch mit Erlebnissen belohnen.«

Was Frank im Rückblick besonders hervorhebt: »Wir hatten nicht die modernste Küche, der Raum war sehr klein. Und trotzdem haben wir es geschafft, so viele Gerichte rauszuballern. Wir hatten zwei Menüs, ein regionales und ein Feinschmecker-Menü mit bis zu acht Gängen. Dazu 20 Gerichte, die man à la carte bestellen konnte. Das bedurfte einer intensiven Vorbereitung. Wir begannen um 12 Uhr, um 18 Ihr öffnete dann das Restaurant. Die Bedienungen waren auch sehr professionell und immer freundlich. Und auch da habe ich viel von Christian gelernt: Er sagte mir, dass der Gast auch Fehler verzeiht, wenn er das Gefühl hat, dass er eine charmante, persönliche und freundliche Bedienung vor sich hat.«

Frank hat sehr gerne mit mir zusammengearbeitet, auch weil die Atmosphäre im Landhaus abwechslungsreich war: »Wir haben neben dem Restaurantbetrieb Caterings bei unterschiedlichen Firmen deutschlandweit und über die Grenzen hinaus angeboten, Kochkurse kamen dazu. Christian war ja ein Hansdampf in allen Gassen. Sogar André Rieu hat er bekocht, meine Frau war da auch dabei, ich musste leider den Chef vertreten und die Stellung halten. So blieb es immer spannend.«

Frank hat heute ein Bäuchlein, das er liebevoll »Kochbauch« nennt. »Das Gefährliche an einem Kochleben ist das Naschen zwischendurch. Wir stehen ja an der Quelle und probieren ständig. Aber früher habe ich mir zwei Esslöffel von der Nachspeise genommen, heute einen Teelöffel.« Er leitet jetzt ein Hotelrestaurant Exquisit in Oberstdorf, dem Ort, an dem im Winter immer die Vierschanzentournee der Skispringer beginnt. Frank ist mit sich total fein. Zwischen uns gab es nie eine Art von Eifersucht. Er hat alles erreicht und sich in der Silberdistel, seinem nachfolgenden Restaurant, auch einen Stern erkocht und dann sogar verteidigt – was will ein Koch mehr? Würde er heute noch mal Koch werden? »Ja und nein«, sagt er. »Der Beruf ist familienfeindlich, man ist nie vor zehn Uhr zuhause. Und wenn man Pech hat, sieht man seine Kinder nicht aufwachsen. Gastronomie ist zeitraubend. Auch wenn sie wahnsinnig Spaß machen kann und es sehr befriedigend ist, Menschen mit einem wunderbaren Mahl glücklich zu machen.«

Ich hätte noch ewig dieses Lokal führen können. Aber nach 14 Jahren fühlten sich meine Frau und ich etwas ausgebrannt. Auch Frank Aldinger hatte bemerkt, dass ich wegen meiner vielen anderen Aktivitäten immer seltener im Lokal war. »Und wenn Christian kam und seine Gäste begrüßte, hat er sich schnell noch ein paar Soßenspritzer auf die Kochjacke getan. Wir haben gelacht, aber er wollte eben authentisch wirken. Die Gäste haben das einfach erwartet, dass sie ihm die Hand drücken können und dem Meister persönlich begegnen. Das konnte ich nicht ersetzen, ich war auch lange nicht so extrovertiert wie Christian.«

Der Erfolg frisst seine Kinder, eine alte Weisheit. Irgendwann kippt es und wird ungesund. Ich ertappte mich nach vielen Jahren Landhaus dabei, dass ich am Abend nicht mehr ein Glas Champagner zur Belohnung trank, sondern fünf oder sechs. Der Gedanke, im Moment des größten Erfolges aufzuhören, plötzlich war er da und gewann täglich an Verführungskraft. Andere Köche leben nur für ihre Sterne, sie wollen den zweiten und dritten, sie sind getrieben, sie beten den Stern an, es ist ihr Fetisch. Ich habe Köche erlebt, die zu Alkoholikern wurden, manche haben sich auch umgebracht. Für mich war der Stern immer nur ein Mittel zum Zweck für ein gutes Leben. Ich wollte mich nicht selbst versklaven. Und irgendwann ist jede Erfolgsgeschichte auserzählt.

Es gibt eine gute Gier. Das ist der gesunde Ehrgeiz. Und eine schlechte Gier. Das ist, wenn man nie genug bekommt. Wer sich nicht wehrt, endet am Herd. Ich wollte raus aus der Küche. Aus dem täglichen Stress. Unsere Umdrehungszahl war zu hoch. Mit 35 hatte ich mehr gearbeitet als manche mit 65. Das Maß an Selbstausbeutung ist hoch in der Spitzengastronomie. Arbeitstage mit 15 Stunden waren keine Seltenheit. Ich stellte mir die berühmte Frage: Wer bin ich – und wenn ja, wie viele? Wie oft bin ich schon halb gestorben? Bin ich Unternehmer? Oder Koch? Ich habe mir bewiesen, dass ich ein Restaurant auf höchstem Niveau leiten kann. Der Chef von Mercedes steht auch nicht täglich am Band.

Der Allgäuer Unternehmer Feneberg setzte mich dann aufs richtige Gleis. Der Besitzer von rund 100 Lebensmittelgeschäften und Bäckereien fragte mich: »Christian, was willst du noch erreichen? Einen zweiten Stern?« Ich konnte ihm keine Antwort darauf geben. Er sagte: »Entweder hast du noch Ziele. Oder du verkaufst deinen Laden.« Ich setzte mich mit meiner Frau zusammen. Wir waren auf dem Zenit unseres Erfolges. Die Frage, die sich stellte war: Sollen wir aufhören, wenn wir müssen? Oder wenn wir können? Die zweite Lösung erschien uns erheblich eleganter. Auch wenn es natürlich nicht ganz einfach fiel, unser Baby loszulassen. Es war unser Lebenswerk. Aber wir waren ja noch lange nicht fertig und wollten Einiges hinzufügen. Wir haben es nie bereut. Das Kapitel Sternerestaurant war 2009 nach 14 intensiven Jahren beendet. In mir war so ein Gefühl aus Wehmut und Befreiung: Der König ist tot! Es lebe der König! Zum Abschied kochten wir noch mal die Highlights der letzten Jahre. Und gaben eine rauschende Abschiedsparty für die Mitarbeiter. Die Stimmung war sentimental. Aber die Dankbarkeit für das, was wir gemeinsam erlebt hatten, überwog die Trauer, dass es zu Ende ging.

Der Beruf des Kochs gibt einem so viel Glücksmomente. Es ist Hochleistungssport, bei dem diejenigen, die das Tempo nicht mitgehen können, aussteigen müssen. Es ist Kunst mal Schnelligkeit, geteilt durch Präzision, am Ende werden dann Medaillen und Urkunden verliehen, die bei mir im Eingangsbereich des Restaurants hingen. Eine Werbung, die sich auszahlte, die harte Währung der Gastronomie. Auf höchstem Niveau zu kochen und die Bewunderung der Gäste zu spüren ist manchmal besser als Sex, wie ein intensiver Orgasmus. Wir stellen vergängliche Kunstwerke her und sind verliebt in das Gelingen, es kann nicht jeder, was wir können, wir sind ein erlauchter Kreis. Aber dieser Beruf kann einen auch auffressen. Ich war kein ganz einfacher Chef, weil mir Qualität extrem wichtig war. Eines Abends kam ich in die Küche und sah, wie auf dem Herdblock an die 20 kleine Töpfchen mit Soßen und Pürees standen. Ganz normal, ein gewohntes Bild. Aber dann fiel mir ein Mitarbeiter auf, der gerade ein Löffelchen vom Selleriepüree auf den Teller mit dem Hummer drapierte. Mit dem Püree ist es eine Wissenschaft für sich: Es muss heiß serviert werden, aber es ist schwer erwärmbar. Da hilft nur Geduld. Ich sah aus fünf Metern Entfernung, dass das Püree nur lauwarm war. Mein Koch stritt das ab: »Es ist heiß, Chef.« Dann machte ich einen spektakulären Test: Ich griff mit beiden Händen in das Püree und schmierte es mir ins Gesicht. Wäre es heiß gewesen, hätte ich mir meine Gesichtshaut abziehen können. »Na, ist es heiß?«, fragte ich ihn dann. »Nein, Chef«, sagte er kleinlaut. Aber wir lachten alle. Es war kein Tribunal. Es war ein Spaß mit ernsthaftem Hintergrund. Wer den Details keine Liebe schenkt, verliert irgendwann das Große und Ganze aus dem Blickfeld. Aber Bilder prägten sich viel mehr ein als Worte. Und die Gäste bekamen dann ein neues, richtig warmes Püree.

In der Küche ist es heiß und hektisch. Auch ich hatte Ausraster, die mir leid taten. Es flog auch mal ein Teller durch die Küche und meine Ansage war: So geht das nicht raus. Aber das war die Ausnahme, nicht die Regel. Wenn es mal einen emotionalen Ausbruch gab, habe ich mich bei meinen Mitarbeitern sehr zeitnah entschuldigt, nach einem Versöhnungsbier war alles wieder gut. Da blieb nichts zurück. Wir saßen nach getaner Arbeit auf der Gartenbank vor dem Kücheneingang und lachten. Weil wir unseren besonderen Beruf mal wieder bis zum Anschlag ausgekostet hatten. Und meine Mitarbeiter waren mir auch nicht böse: Sie spürten, dass es mir nicht um Macht ging, sondern um Qualität. Mit der Empfehlung, im Sternerestaurant gearbeitet zu haben, bekamen sie alle gute neue Jobs. Die meisten Köche blieben sowieso nur ein Jahr und zogen dann auf ihrer Wanderschaft weiter. Wir hatten damals zehn Bewerbungen im Monat. Würde ich heute das Landhaus Henze eröffnen, müsste ich oft zwischen Not und Elend bei den Köchen wählen. Der Personalmangel ist dramatisch, weil in der Gastronomie weder der Verdienst noch die Arbeitszeiten verlockend sind. Solche Kochtriebtäter wie ich, die eine brennende Leidenschaft in sich spüren und ihren Beruf zur Berufung machen, sind selten geworden, die meisten jungen Leute wollen Influencer werden oder ins Marketing. Ohne fleißige Migranten, die sich dafür nicht zu schade sind, müssten viele Lokale längst schließen. Deshalb bin ich der erste, der gegen dumpfe Ausländerfeindlichkeit vorgeht. Mich interessiert nicht der Pass, nur die Tüchtigkeit. Und da sind viele Menschen aus anderen Ländern hungriger und motivierter als manche Deutsche.

Und dann gibt es noch das Klischee vom dummen Koch. Das ist nicht ganz totzukriegen. Ich sage dazu nur: Jeder Koch, der außerordentlich gut ist, muss auch außerordentlich intelligent sein. Er muss auch ein guter Kaufmann sein, denn was nützen die besten Zutaten, wenn es sich nicht rechnet? Es müssen hundert Faktoren und viele Zufälle und Standortfaktoren zusammenkommen, um ein Lokal zu einer Goldgrube zu machen. Es braucht die richtige Zeit, den richtigen Ort und die richtigen Mitarbeiter, sonst fällt das schönste Konzept wie ein Kartenhaus in sich zusammen. Ich legte immer Wert auf kluge Köche, die über den Tellerrand hinausschauen und nicht nur Befehlsempfänger sind. Und natürlich auch auf kluge Gäste. Aber die kann man sich nicht backen. Es gab schon einige kuriose Begegnungen: Das gilt auch für einen Zahnarzt, der an einem Samstag anrief und für den gleichen Abend zwei Plätze reservieren wollte. Der Mann hatte Riesenglück, dass kurz zuvor ein Paar abgesagt hatte. Als er hereinspazierte und nicht die zwei besten Plätze bekam, wurde er pampig und machte schon im Lokal eine Riesenwelle. Dabei war mein Prinzip immer: Jeder Gast wird gleich behandelt, egal, was er auf dem Konto hat oder wie berühmt er ist. Dieser unangenehme Zeitgenosse schrieb mir dann eine Mail auf zwei Seiten, indem er sich darüber aufregte, wie so ein dahergelaufener Suppenkasper so viel mehr Aufmerksamkeit bekommt als ein Akademiker, der Medizin studiert hat? Koch bleibt eben doch Koch, so versuchte er mich zu schmähen. Ich lachte herzlich darüber. Jeder hat ja die Möglichkeit selbst zu entscheiden, wer ihn beleidigen kann. Dieser Herr konnte es nicht bei mir. Ich dachte mir nur: Jeder blamiert sich so gut wie er kann. Gottseidank sind diese anmaßenden Gäste nicht repräsentativ, aber es gibt sie. Wir können sie uns als Wirte nicht aussuchen. Ich halte mich da an eine ewig gültige Weisheit unseres ersten Bundeskanzlers Konrad Adenauer: »Nehmen Sie die Menschen, wie sie sind, andere gibt's nicht.« Ich finde aber, wir sollten unsere Aufmerksamkeit nicht auf die Unangenehmen richten. Denn sonst werden wir auch vergiftet und kriegen schlechte Laune.

Ich koche auf jeden Fall lieber für Wärmestuben, alleinerziehende Mütter, arme Rentner, Menschen, die in Hospizen vor dem Tod stehen, Behinderte und Menschen in Not als für solche, mit Verlaub gesagt, Schnösel. Sie wissen gar nicht, dass sie in der besten aller bisherigen Welten leben. Und glauben, sie haben ein Anrecht darauf und können meine gute Miene zum bösen Spiel kaufen. Wie dumm, wie kindisch. Wie anmaßend.

Milder beurteile ich, wenn vermögende Gäste ein bisschen Geschirr aus dem Lokal als Souvenir klauen. Oder die ganze Flasche Chanel aus der Damentoilette. Da schüttelten wir nur den Kopf. Einmal hatten wir nur noch ein Paar im Lokal, es war klar, dass es die feine Dame war, die mit ihren Langfingern das teure Parfüm geklaut hatte. Aber wir sprachen sie nie darauf an. Sonst hätten wir sie als Kundin verloren. Sie wäre erbleicht. Offenbar macht es auch Millionären Spaß, verbotene Beute zu machen. Oder sie glaubten, sie haben das schon mit dem Mahl bezahlt. Schnäppchen-Mentalität auf Sterne-Niveau. Am Ende sind die Menschen doch gleich.

Die Entscheidung, das Sternerestaurant zu schließen, war auf jeden Fall goldrichtig. Ich habe sie nie bereut. »Zeit, dass sich was dreht«, hörte ich Herbert Grönemeyer später singen. Ich habe die goldenen Jahre erlebt, jeder andere Zeitpunkt wäre wohl blechern geworden. Da wo sich die Tür des geliebten Restaurants schloss, taten sich viele neue Türen auf. So fiel ich nie in ein Loch und konnte ich endlich ohne schlechtes Gewissen die vielen Angebote sondieren: Kochbücher, Fernsehsendungen, Showkochen, Werbung für Supermarktketten, Küchenstudios und Kochgeschirr, Produktentwicklung, meine Kochschule, die 2009 den 1.Platz beim »Starcookers Gourmet Award« erhielt und 2015 zur besten Kochschule in ganz Deutschland gewählt wurde. Viele Bräute wurden mir auf vielen Hochzeiten zum Tanz angeboten, ich durfte Werbung für große internationale Firmen machen. Man vertraute mir geschäftlich. Und sogar die Heimat meldete sich mit einem Angebot, das zwar nicht lukrativ war, aber mich an den durchwachsenen Anfang meiner Karriere erinnerte: Ich sollte als Prüfer von Kochlehrlingen bei einer Berufsschule auftreten. Ich lehnte ab. Ich war befangen und wäre immer auf der Seite der Schüler gewesen. Denen ich das Leben nicht verbauen wollte. So wie es mir fast geschehen wäre, wenn ich nicht so hartnäckig mein »Jetzt erst recht« gelebt hätte. Wenn ich sehe, dass jemand kochen kann, aber es aufgrund von Nervosität in diesem Moment nicht zeigen kann, hätte ich ihn nie durchfallen lassen.

Vorher war ich ja immer peinlich darauf bedacht gewesen, als Koch im Restaurant zu erscheinen – und wenn es nur für fünf Minuten war. Die Gäste erwarteten ein Kommen des Maestro sehnsüchtig. Ein Gast sagte mir: »Herr Henze, ich war jetzt zweimal da und zweimal habe ich sie nicht angetroffen. Ich komm jetzt noch einmal und wenn Sie dann wieder nicht da sind nie mehr.« Das gab mir zu denken. Das Essen wurde durch mein Erscheinen ja nicht besser, aber wer so rational denkt, hat nichts von der Gastronomie verstanden. Ein nicht ganz billiger Restaurantbesuch ist ja keine banale Sättigung, sondern ein emotionales Erlebnis, von dem die Gäste erzählen wollen – möglichst in schwärmerischem Ton. Sie wollen etwas von dem Sternenstaub abhaben, der mich scheinbar umgab. Aber die Pflicht, am Tisch zu erscheinen, hatte sehr an mir genagt. Ich wurde irgendwann zu meiner eigenen Karikatur und hatte Angst, dass ich meinem Double begegne. Und ich war kein Jamie Oliver, der einmal im Jahr in einem seiner vielen Restaurants erscheint. Ich war geistig schon in anderen Sphären unterwegs: Kunden wie McDonalds, Edeka, Netto, Siemens warben um mich. Auf zu neuen Ufern, sagte ich mir. Essen war dabei, zu einem Lifestyle-Thema zu werden. Und das Reden über Essen war wohl immer schon eines der deutschen Lieblingsthemen am Tisch. Dass das meine größte Fähigkeit ist, habe ich wohl erst nach der Zeit im Sternerestaurant vollends begriffen. Es gibt ein Bedürfnis nach unterhaltsamer Information, nach verständlicher Erklärung in volkstümlicher Sprache, nach vergnüglichem Plaudern über die Kunst des Kochens und die Geheimnisse der Lebensmittel: Das habe ich schon begriffen, als ich im Münchner Kaufhaus

Karstadt Oberpollinger in der Haushaltswarenabteilung für die Firma WMF eine Kochshow veranstaltete und das Stockwerk voller Menschen war. Es musste wegen Überfüllung geschlossen werden. Keine Sau kannte mich damals, ich hatte noch keinen Stern. Das Thema Livekochen war damals noch neu, heute gibt es einige Restaurants, in denen die Gäste den Köchen zuschauen können. Kochen ist ein Event – diese Idee habe ich damals begriffen. Und dass ich den Auftritt auch genieße und nicht verstohlen auf die Uhr schaue, dass es bald vorbei ist. Wer auf eine Bühne geht, sollte frei reden können und Menschen mögen. Und das Raffinierte in einfachen Worten schildern können. Köche sind die neuen Rockstars – das habe ich instinktiv verstanden. Nicht alle Köche mögen das Bad in der Menge. Ich liebe es. Ich glaube heute, dass ich ein Entertainer bin, der auch Koch geworden ist. Aber wie heißt es so schön, die Wahrheit ist auch auf dem Konto ablesbar: Ich verdiente nach der Befreiung vom Sternerestaurant mehr mit meinen anderen Projekten als vorher. Und musste keine kleineren Brötchen backen, sie wurden sogar knuspriger.

Aber Geld ist nicht alles. Menschliche Verbundenheit ist wichtiger. Meine größte Freude ist, wenn ich ehemalige Mitarbeiter des Landhauses treffe und die zu mir sagen: »Chef, das war die geilste Zeit meines Lebens.« Das zeigt mir, dass ich doch nicht ganz falsch lag: Wie man in die Küche hineinruft, so schallt es heraus.

Rinderfilet mit Trüffel, Pecorino und Artischocken

Das beliebteste Gericht meines Sternelokals, nicht das raffinier-teste. Ein Hit aus der Anfangszeit für 35 Mark. Wow, schmeckt das gut. Einstiegsdroge für Feinschmecker.

Den Backofen auf 180 Grad vorheizen. **4 Rinderfilets à 180–200 Gramm** mit Küchengarn in Form bringen und mit **Meersalz** und **weißem Pfeffer aus der Mühle** würzen. **2 Esslöffel Olivenöl** in einer Pfanne erhitzen und die Rinderfilets von beiden Seiten jeweils 4 Minuten anbraten. Danach im heißen Backofen etwa 30 Minuten nachgaren.

Für die Kruste **4 Esslöffel gewürfelte Trüffel** mit **4 Esslöffel frisch geriebenem Pecorino** und **2 Esslöffel frischen Semmelbröseln** vermischen. **1 Esslöffel weiche Butter** und **1 Esslöffel Trüffelöl** unterkneten, mit **schwarzem Pfeffer aus der Mühle** würzen. Kurz vor Ende der Nachgarzeit die Paste auf den Steaks verteilen und zu einer goldgelben Kruste gratinieren lassen.

20 Mini-Artischockenböden waschen, den Stiel an der Tischkante abbrechen, die äußeren Blätter mit der Hand entfernen, die mittleren direkt über dem Boden mit einem Sägemesser abschneiden, das Heu mit einem Löffel sorgfältig aus den Böden kratzen.

1 Zitrone auspressen. In einem Topf Wasser zum Kochen bringen, den Zitronensaft, **1 Prise Zucker** und etwas **Salz** hineingeben und die Artischocken darin blanchieren. 10 Artischockenböden mit **10 Esslöffel Trüffelsaft**, **3 Esslöffel Crème fraîche** und

2 Esslöffel frisch geriebenem Pecorino sehr fein pürieren. Mit **Salz** und **weißem Pfeffer aus der Mühle** abschmecken. Eventuell etwas eindämpfen lassen, sodass es die Konsistenz von Kartoffelbrei hat.

Für die Sauce **2 Schalotten** abziehen, fein hacken und in einer Pfanne in ½ Esslöffel Butter glasig dünsten. **2 Esslöffel eingelegten grünen Pfeffer** hinzufügen und mit **100 Milliliter Noilly Prat, 100 Milliliter weißem Portwein** und **100 Gramm Sahne** ablöschen. Die Sauce einkochen und durch ein feines Haarsieb passieren. Die Hälfte der Sauce mit **2 Esslöffel Balsamicosirup** verfeinern. Beide Saucen mit **Salz** und **weißem Pfeffer** abschmecken.

Die noch ganzen Artischockenböden mit der Artischockenpaste füllen und mit je **1 Trüffelscheibe** garnieren. Mit den Rinderfilets und den beiden Saucen auf vier Tellern anrichten.

Gang 8

DIE KUNST DER FREUNDSCHAFT –
meine wichtigsten Gefährten

Was macht das Leben wirklich lebenswert, was gibt uns Halt und Sinn? Klar, wir wollen uns in unseren Kindern wiedererkennen und ihnen gleichzeitig die Möglichkeit zu einer ganz eigenen Entwicklung geben. Wir wollen lieben und geliebt werden. Wir wollen unsere ganz persönliche Version von Familie gründen und dieses herrlich behagliche Gefühl von Geborgenheit, Intimität und Verantwortung erleben. Aber neben der Familie mit Kindersegen und im Idealfall freundlicher Blutsverwandtschaft gibt es noch eine zweite Familie, die wir komplett frei wählen können: unsere Freunde und Freundinnen, unsere Herzensmenschen, unsere Vertrauten, die sich von flüchtigen Bekannten oder reinen Geschäftsbeziehungen deutlich unterscheiden. »Freunde verdoppeln die Freude und halbieren das Leid«, wusste schon der englische Philosoph Francis Bacon im 17. Jahrhundert. Ins kollektive Gedächnis haben sich große Freundschaften eingebrannt: Die zwischen Winnetou und Old Shatterhand, die zwischen Goethe und Schiller. Die zwischen Lafer und Lichter. Ach nein, die beiden Kochpromis, die im Fernsehen (»Lafer. Lichter. Lecker«) lange Jahre so unzertrennlich schienen und sich liebevoll geneckt haben, haben sich ja getrennt und nicht mehr viel zu sagen. Aber das ist der Lauf der Dinge: Auch Freundschaften müssen gepflegt werden und leben von einem gut dosierten Verhältnis zwischen Geben und Nehmen. Echte Freundschaften fürs ganze Leben sind selten. Und dafür umso kostbarer.

Ich habe das große Glück, eine Handvoll Freundschaften zu besitzen. Mehr braucht kein Mensch, aber weniger auch nicht. Darunter sind auch Frauen, mit denen mich einfach nur höchste Wertschätzung verbindet und kein Gedanke an erotische Eroberung, wir Männer sind ja nicht unseren Instinkten wehrlos ausgeliefert. Und ich pflege die Kunst der Männerfreundschaft. Nein, ich meine nicht die schenkelklopfende Kumpanei, die oft in sinnloses Sich-Betrinken übergeht und sich einmal jährlich am Vatertag oder im Urlaub am Ballermann in primitivster Form zeigt. Eine Testosteron-Freundschaft, die sich nur in gefälliger Selbstbespiegelung und oberflächlicher Bestätigung ergeht, taugt wenig. Männer können mehr als grölen, nämlich tiefe Gespräche führen, das ist mein Anspruch. Und das sind oft Gespräche, die nicht in Form eines Ausrufezeichens ablaufen, sondern als Fragezeichen: Wer bin ich – und wie werde ich der, der als Idee in mir steckt?

Mark ist der Glücksfall in meinem Leben. Mit ihm gehe ich durch dick und dünn und notfalls auch durch doof. Er ist ein erfolgreicher Manager, der bei der Nordsee Österreich als Geschäftsführer gearbeitet hat und jetzt bei einem Caterer in Frankfurt einen guten Job hat. Aber die Distanz hat uns nie abgehalten, unsere Freundschaft zu festigen. Ich habe ihn bei der Allgäuer Supermarktkette Feneberg kennengelernt, die edle Fertigprodukte mit meinem Namen und meinem Know-how verkaufen wollte: Gourmella hieß das Produkt, das ich mitentwickelt hatte. Ein Experiment, ob Qualität beim Essen, Bequemlichkeit beim Einkauf und der Zubereitung und Wertschöpfung beim Unternehmer zu vereinbaren waren.

Mark und mir war sofort klar, dass wir nicht nur über Nudeln und Kohle sprechen wollten. Bei uns ging es gleich ans Ein-

1969 WEIHNACHTEN
MIT MAMA

1971 MIT EIS

1977 ERSTE GRILL-/KOCH-
VERSUCHE IM GARTEN

1978 DORFFEST
LENGENWANG MIT DEM
GEWINN (SCHWEIN)

1987 BODYBUILDING-
MEISTERSCHAFT

1989 ERSTER FLUG-
URLAUB MENORCA

1994 KÜCHE
LANDHAUS HENZE

1997 MIT HUND WILLI

1994 MIT GUNTER SACHS
USA/LAKE POWELL

1996 GEBURTSTAGSFEIER
MIT BESTEN FREUNDEN

1997 2-JÄHRIGES
JUBILÄUM LANDHAUS
HENZE

**2001 KOCHEN IM NEU ERÖFF-
NETEN BUNDESKANZLERAMT
MIT GERHARD SCHRÖDER**

**2009 FAMILIENBILD FÜR
„ENJOY YOUR LIFE"**

**2013 TOUGH GUY RACE
WOLVERHAMPTON/ENGLAND**

2010 WODKA-PARTY
KOCHSCHULE

2016 WERBUNG FÜR
MC DONALD'S

2013 WERBEFILM-DREH IN
BARDOLINO/GARDASEE/ITALIEN

2014 ROTER TEPPICH
GOLDENE HENNE BERLIN

2013 EIGENER CHRISTIAN-
HENZE-FOODKALENDER

2016 PLAKAT ERSTE
KOCHSHOW-TOUR

BÜHNENEINDRUCK
KOCHSHOW-TOUR 2017

BÜHNENEINDRUCK
KOCHSHOW-TOUR 2017

2013 „LACHSFISCHEN" 😉 LAKE HENZE

2013 WEIHNACHTEN FAMILIENURLAUB IM ROBINSON CLUB SOMA BAY/ÄGYPTEN

2015 SINGAPUR URLAUB MARINA BAY SANDS HOTEL

2016 AC/DC-KONZERT WEMBLEY STADION

2016 MIT ECKART WITZIGMANN

2018 ERÖFFNUNG NEUES RESTAURANT

2021 ALS HOBBYMODEL 😉

gemachte, an die vielen Geheimnisse, die in einem schlummern und die man nur wenigen Menschen offenbaren kann. Er ist der totale Kontrast zu mir – und genau das ist der Beginn einer wunderbaren Freundschaft. Wo ich laut bin, ist er leise – aber ich verstehe alles, weil ich auch das Gras wachsen höre. Mark ist kein Hoppla-jetzt-komm-ich-Typ, keiner, der sofort aufdreht und auf andere zugeht, was mir ja große Freude bereitet. Mark ist erstmal ein stiller Beobachter. Und es irritierte mich nur kurz, dass er mich bei unserem Treffen gar nicht als Starkoch kannte und würdigte. Er war ja auch ein Zugereister aus Hamburg, ein echter Fischkopf. Insofern hatte er mildernde Umstände. Aber das ganze Brimborium um den vermeintlichen Starkoch, der im Porsche vorgefahren war und von allen im Allgäu angehimmelt wurde, fiel bei ihm weg. Viel Sein, wenig Schein, so ist Mark. Er ist unscheinbar – im wahrsten Sinn des Wortes. Wir freundeten uns schnell an. Ich bin der Patenonkel seiner Kinder. Und einmal im Jahr machen wir einen reinen Männerurlaub. Natürlich verreise ich mit meiner Frau und meinen Kindern viel häufiger. Aber dieser Männerurlaub ist eine wunderbare Ergänzung. Den lassen wir uns nicht nehmen.

Mark ist mein Korrektiv. Und das braucht jeder. Wo ich manchmal zu spontan und ungestüm bin, ist er viel überlegter. Was meint er über mich? Es klingt auf jeden Fall differenziert: »Christian hat ein sehr gesundes Selbstbewusstsein, um es mal vorsichtig zu formulieren. Manchmal wirkt er wie auf Koks, aber Drogen würde Christian nie nehmen, er hat so viele körpereigene Energie. Man muss da schon was entgegensetzen können, sonst geht man unter. Was machen wir jetzt? Und danach? Was geht noch in den Tag rein? Solche Fragen treiben ihn um. Er ist immer einen Schritt weiter, dieses Tempo kann ich nicht mitgehen. Die Frauen schauen ihn auch interessierter an als mich und ich glaube, das liegt nicht nur daran, dass sein Körper Bodybuilding-gestählt ist. Er hat eine spezielle Aura, ich glaube, es ist die Leichtigkeit, die er ausstrahlt, die unverkopfte Fröhlichkeit, die unbändige Lebenslust, das Schlitzohrige. Er ist ein Raumaufheller und ein Hingucker, aber kein Angeber, keine Kuriosität, kein Freak. Er braucht keinen Porscheschlüssel, um auf sich aufmerksam zu machen. Das ansteckende Lächeln ist viel wirkungsvoller. Er ist sehr maskulin, aber nicht auf eine protzige Art. Aber er will auch bemerkt werden. Ohne Bewunderung geht er ein wie eine Primel. Er möchte erkannt und gesehen werden, das ist für ihn immer eine große Motivation gewesen. Christian kann exzessiv feiern, aber freut sich auch über Kleinigkeiten, die ihm am Wegrand auffallen.« Wie schön, dass er auch solche Randerscheinungen meiner Persönlichkeit wahrnimmt.

Mark, so erklärt er es, ist gerne der Sidekick: »Es geht nicht um eine Konkurrenz: Wer ist größer, schneller, klüger? Es gibt nichts, was ich nicht von ihm weiß. Zwischen uns herrscht eine hundertprozentige Wahrhaftigkeit, wir müssen uns nicht vorspielen, wie großartig wir sind. Wir haben nicht die Energie, uns zu belügen. Ich habe Christian nüchtern und betrunken erlebt. Er spricht manchmal ironisch von sich als dem doofen Koch, aber das ist natürlich Koketterie. Er nimmt sich nicht so ernst, wie er weiß, dass das Leben letztlich doch ein großes Spiel ist, bei dem jeder mal verliert und gewinnt. Und Christian kann Emotionen lesen bei anderen Menschen, er ist emotional hochintelligent und hat ein sehr verlässliches Bauchgefühl. Christian ist auch großzügig. Als ich mir den Urlaub nicht so leisten konnte wie er, hat er angeboten, mich einzuladen. Ich habe abgelehnt. Und Christian hat das sofort akzeptiert. Denn das hätte eine Unwucht in unsere Herzensfreundschaft gebracht. Christian spielt finanziell in einer anderen Liga, aber das hat unsere Freundschaft nie belastet. Unabhängigkeit ist die Basis von Nähe.«

Mark ist mein Blutsbruder – und wir sind keine Soßenbrüder, die immer im gleichen Saft schmoren. Mark ist mein Komplize. Mein Kakao-Hinsteller. Er darf mich durch den Kakao ziehen und ich trinke ihn dann noch gern. Mit ihm könnte man eine Bank überfallen, weil er immer cool bleibt und ein durchdachtes Konzept hat. Ich kann ihn mitten in der Nacht anrufen, wenn mir ein Missgeschick passiert ist. Seine Ruhe tut einem Workaholic wie mir, der ständig unter Strom steht, weil ihm 100 Ideenfetzen durchs Gehirn zucken, gut. Innehalten, hinterfragen, analysieren – das habe ich auch von ihm gelernt, auch wenn ich da immer noch kein Meister bin. Mark ist dafür ein genialer Kopf- und Zahlenmensch. Wir befruchten uns gegenseitig, als Mann der Wirtschaft ist er Inspiration pur für mich. Denn neue Geschäftsideen, die nicht im Wolkenkuckucksheim enden, interessieren mich mindestens so sehr wie neue Rezepte. Ich bin Unternehmer, kein Unterlasser. Das Leben ist nun mal dynamisch und ein großes Experiment.

Manchmal spielen wir das Spiel: »Was wäre gewesen, wenn…«. Man könnte es auch »Hätte, hätte, Fahrradkette« nennen. Es ist müßig, aber auch gedanklich reizvoll. Leider haben wir Menschen nicht die Möglichkeit, zwei Lebensentwürfe parallel zu leben. Wir müssen uns irgendwann entscheiden. Mark wirft mir manchmal vor, dass ich nicht größer gedacht habe: »Christian hätte es auch in New York geschafft. Oder Monte Carlo. Aber er blieb auch immer im Allgäu verwurzelt. Das ist seine Identität. Und das ist wertvoller als noch ein paar Nullen mehr auf dem Konto zu haben und zu einem Global Player zu werden. Selbst im Erfolgsfall kann man sich da verlieren. Auch Christian kann nur ein Schnitzel am Tag essen. Er ist ehrgeizig, aber nicht gierig. Denn die Gier kann einen ja verschlingen. Und manchmal sogar töten, wenn man sich überfordert und ein zu großes Rad drehen will.«

Da hat er recht. Zuviel des Guten ist nicht gut. Und Fleiß und Hingabe sind wunderbare Tugenden, aber wenn man darüber den Überblick verliert, steht alles auf dem Spiel: Wie gewonnen, so zerronnen. Und es kann die Besten erwischen, der große Name nutzt dann nichts mehr. Deshalb tut mir der Fall von Alfons Schuhbeck so leid: Der Münchner Starkoch, ein echtes Original in unserer Szene, bei dem ich selbst öfter mit meiner Familie essen war, musste im Sommer 2021 für einige seiner Firmen Insolvenz anmelden. Jegliche Schadenfreude verbietet sich da, ich leide mit ihm. Der Urbayer Alfons, der als Geburtsname »Karg« hieß, was sich für einen so leidenschaftlichen Freund der Üppigkeit wirklich nicht eignet, lebt wirklich 24 Stunden täglich für seinen Beruf, bei ihm kann ich mir nicht vorstellen, dass er zwischen seinen vielen Verpflichtungen jemals in Urlaub ging und die Seele baumeln ließ, das Handy ausstellte, in sich ging. Kein Alkohol, keine Frauengeschichten, keine Drogen, keine Exzesse – das ist die Grundlage seiner sagenhaften Schaffenskraft. Ich fragte ihn einmal, ob er nicht mit 72 Jahren etwas kürzer treten will. Aber Alfons, der ja nach wie vor auch den FC Bayern bekocht und im Fernsehen Dauergast ist, ist ein Getriebener, ein leidenschaftlicher Gründer, dem jeden Tag viele Ideen durch den Kopf flattern: Genug ist für ihn nie genug. Man muss ihn so lassen wie er ist.

Mir ist mein Privatleben genauso wichtig. Ich gönne mir lieber was: Wer immer nur arbeitet und keinen Ausgleich hat, um runterzukommen, verbrennt irgendwann. Auch wenn die Arbeit die größte Leidenschaft ist und deshalb nicht als unangenehme sinnentleerte Schufterei erlebt wird: Wir brauchen Pausen. Erbauung. Ruhe. Innehalten. Selbstkasteiung ist nicht der Sinn des Lebens, und Selbstausbeutung erst recht nicht. Wir können nicht ständig im roten Bereich des Lebenstachos fahre. Ohne einen guten Wein oder einen Gin Tonic im richtigen Moment ist das Leben für mich armselig. Wenn ich meinem Grasroboter zuschaue, wie er um unseren kleinen Pool mit Seerosen seine Runden macht, bin ich gechillt. Und wenn ich dann noch meinen Katzen Coco und Chantal zusehe, wie sie sich putzen und in die Sonne legen, wie sie die Ruhe selbst sind und dann doch sofort hellwach, wenn etwas Spannendes passiert. Das ist für mich ein Minutenurlaub. Katzen sind große Entspannungskünstler. Und stolze Tiere. Von ihnen kann man Lässigkeit lernen. Und Präsenz auf den Punkt, in dem Moment, wo es darauf ankommt.

Aber zurück zu meinem Freund: Mark himmelt mich nicht an, das genieße ich, und er sieht sehr genau den enormen Anteil meiner Frau an meinem Erfolg: »Pia ist das Hirn, Christian das Herz. Ohne sie wäre er nie da, wo er ist. Christian ist neben seiner beruflichen Umtriebigkeit auch ein absoluter Familienmensch. Dafür lässt er alles liegen und stehen. Er ist ein guter Vater, der seine Kinder nicht nur vom Hörensagen kennt. Da verliert er das Toughe, das ihn sonst auszeichnet, da wird er ganz zärtlich und schmilzt manchmal dahin. Wir haben viele Silvester miteinander verbracht, deshalb kann ich mir dieses Urteil erlauben. Bei den meisten Erfolgsmenschen stimmt ja die Balance zwischen beruflichem Erfolg und privatem Lebensglück nicht. Da ist meistens ein großes Gefälle, bei Christian sehe ich das nicht. Family first, Karriere second – so empfinde ich es bei ihm. Nicht jeden Tag, aber grundsätzlich.«

Ich liebe den Gedanken von Familie. Ich mag viel lieber Annäherung als Abgrenzung. Und deshalb versuche ich auch meine Firma wie eine Familie zu führen, wir sind über 50 Persönlichkeiten. Alle tragen ihre besten Talente bei, damit am Ende ein gewinnträchtiges Kunstwerk herauskommt, das ist meine Grundidee. Ich bin nicht der Übervater, eine patriarchalische Führung erscheint mir völlig aus der Zeit gefallen. Ich bin nur der Mann, der das Beste aus allen Bereichen bündeln will und mit meinen

Ideen seine Mitarbeiter, es sind vor allem Mitarbeiterinnen, inspirieren will. Ich delegiere gern und ich bin keiner, der die Weisheit mit Löffeln gefressen hat. Ich liebe es, wenn Ideen an mich herangetragen werden. Und mir auch kritisch gespiegelt wird, wenn ich falsch liege. Der größte Fehler, den man als Chef machen kann, ist sich mit Speichelleckern zu umgeben. Mein Motto ist: Sag mir nicht, wie gut ich bin, sag mir, was ich besser machen kann. Und ich weiß genau, dass ich auch auf den Schultern von vielen Frauen stehe: allen voran meiner Mutter, meiner Frau Pia, meiner Assistentin Nadja. Und dann schnurrt noch meine anmutige Katze Chanel, die mir auf die Schultern springt. Ohne sie alle wäre ich eine arme Socke, ein eingebranntes Sößlein, eine verkochte Nudel. Der Star bin nicht ich, ich bin nur der Frontmann, der Star ist auch die Mannschaft, pardon Frauschaft.

Und genau da sind wir bei meiner wichtigsten Mitarbeiterin Nadja. Wenn ich sage, sie ist meine rechte Hand, ist meine linke Hand beleidigt. Nadja ist die Seele der verschiedenen Geschäftsfelder bei Christian Henze, seit 15 Jahren ist sie bei mir in der Firma nach einer Kinderpause, im Frühstücksservice des Hotelbetriebs im Landhaus fing sie an. »Christian ist der Kreative, wir sind nur die ausführende Instanz, die Tatumsetzer«, sagt Nadja, aber da ist sie viel zu bescheiden. Sie bremst mich, wenn ich zu sehr sprudele. Sie ist Macherin, Nothelferin, Seelsorgerin, Kalkulatorin, knallharte Verhandlerin. Wenn ich sie sehe, läuft mein Hirn auf erhöhter Betriebstemperatur. Ich spucke dann Ideen aus und spinne vor mich so hin. Dabei muss ich immer hin- und herlaufen, im Sitzen läuft nichts bei mir. Ich bin ein Bewegungsdenker, so als ob die Ideen von den Beinen ins Gehirn kommen.

Sie ist nicht nur die Seele des Betriebs, noch wichtiger: Sie ist auch meine Freundin. Unsere Familien wohnen im gleichen Ort, ihr Mann Ronny Scholder war der Souschef im Landhaus Henze, ein ganz erfahrener Klassekoch, der bei der Traube Tonbach war, bei der Ulrichshöhe in Nürtingen, bei der MS Deutschland. Seine Grundüberzeugung ähnelt der seiner Frau, beide geben gerne Vollgas und brennen für ihren Beruf: »Natürlich ist das kein Job, den man einfach absitzen kann. Entweder lebt man dafür oder man ist am falschen Platz.«

Unsere Kinder kennen sich gut und sind der Kitt, aus dem Freundschaften für das ganze Leben sind. Nadja kommt als gelernte Hotelfachfrau aus der Branche Dienstleistung, und ihr ist nichts Menschliches fremd, sie ist unfassbar gescheit. »Ich war in meiner Ausbildung in einem Fünfsternehaus in der Küche, im Einkauf, im Service, an der Bar, im Housekeeping, in der Patisserie.« Nadjas Grundüberzeugung: »Die erste Reaktion im Kontakt mit dem Kunden muss zügig kommen, damit er sich wahrgenommen fühlt. Der Gast muss das Gefühl haben: Ich habe dich gesehen. Freundlichkeit ist der Schlüssel zum Erfolg.«

Sie hilft mir immer wieder aus der Patsche. Wenn ich aus Versehen an der Tankstelle nicht bezahlte, weil ich in Gedanken versunken war, bügelt sie das wieder aus. Und manchmal glaube ich, sie kennt mich besser als ich mich manchmal selbst. Nadja ist immer am Telefon, bei ihr kommen die Fragen nach meiner Schuhgröße und auch die Heiratsanträge an, ja so etwas gibt es noch. Nach den Sendungen im MDR standen immer wieder Damen vor meinem Taxi und steckten mir Nummern zu, die ich nie anrufe. »Fahren wir durch?«, fragt der Taxifahrer dann, es ist immer der gleiche und das gleiche. Es gibt tatsächlich Koch-Groupies. Aber sie werden nicht zudringlich oder unangenehm. Verehrung ist grundsätzlich etwas Schönes, aber es gibt Grenzen, und die setzt auch Nadja. Sie kann allerdings nicht immer neben mir sein. Ich erinnere mich an eine Szene im Flugzeug, als ich schlafend angetippt wurde. »Du bist doch der Christian!« Sagte eine Frau mit eindringlichem Blick. Ich bejahte und sie brüllte durch das ganze Flugzeug: »Ja, er ist es. Der Henze.« Das war so peinlich, so grotesk. Aber es ist nicht typisch für Fans. Wenn sie mich am Gardasee sehen, fragen die meisten nur: »Sind Sie es wirklich?« Im Prinzip ist es ein gutes Zeichen, einen hohen Wiedererkennungswert zu haben.

Nadja versucht die nervigsten Begegnungen von mir fernzuhalten. Sie ist smart und sicher und seriös, verbindlich und gewandt. Sie hat Verständnis, wenn ich ins Fitness-Studio gehe und zwei Stunden nicht im Büro sitze. Sie kann genau unterscheiden, wen sie zu mir durchstellt, wer wesentlich ist, wer ein Wichtigtuer ist oder wer nur ein ernsthaftes Anliegen hat, das sie auch erledigen kann.

Nadja organisiert es auch, wenn ich verlost werde, zum Beispiel bei der »Kartei der Not« von der »Augsburger Allgemeinen«. Dann besuche ich Menschen und koche für sie. Es sind Gewinne, die man nicht bezahlen kann, wenn ich für eine sechsköpfige Familie ein Viergang-Menü koche. Die Begleitumstände sind manchmal sehr lustig: Zwei große Hunde umhechelten mich, als ich im Rahmen einer anderen bundesweiten Aktion bei einer Familie klingelte, die nie in mein Sternerestaurant kommen würde. Aber für mich gibt es keine kleinen Leute, denn die kleinen Leute haben Deutschland nach dem Krieg mit Fleiß und Tatkraft groß und reich gemacht. Die kleinen Leute sind eigentlich die großen Leute. Als das Essen fertig war, stellte die Mutter fest, dass sie für meine flambierte Crêpe Suzette nicht genug Löffel habe und fragte ganz frei, ob ich auch den Löffel aus dem Hundefutter zum Vorkosten nehmen würde. Klar, abgewaschen schon. Es war ein Bild für Götter. Ich kam aus dem Lachen nicht mehr heraus. Der Pedrigree-Löffel tat es ja auch. Nachher spülte ich vorsichtshalber den Mund mit Alkohol aus. Aber ich war dankbar für diese Erfahrung. Familie Flodder werde ich nie vergessen. Sie hatten das Herz an der richtigen Stelle.

Ein andermal öffnete mir ein Mann mit Feinripp-Unterhemd die Tür und fragte drohend, ob ich der Liebhaber seiner Frau sei. Dabei wollte ich nur für sie kochen, sie hatte es gewonnen. Ich konnte das Missverständnis mit Mühe aufklären. Und es wurde noch ein launiger Abend. Ich war froh, mit dem Leben davongekommen zu sein. Seine Frau hatte ihm offenbar nichts von meinem Besuch erzählt. Auch solche Besuche bilden. Ich bin gerne in Milieus, in die ich sonst nie hineingeraten würde.

Am schönsten ist es, wenn ich mit mehreren Frauen koche. Wenn dann noch Prosecco dazukommt, ist ein lustiger Abend sicher. Den machen wir uns aber auch in meiner Firma. Einmal habe ich meine wichtigsten Mitarbeiter überrascht, als ich sie in einer Stretchlimousine abholen ließ und wir uns im Luxushotel einen wunderbaren Abend machten. Ein unvergessliches Erlebnis, auch weil wir von der Polizei angehalten wurden, sie wollten das vermeintliche Gangsterauto mal kontrollieren. Natürlich hatten wir einen Chauffeur, der nicht getrunken hatte, alle konnten sich ausweisen, nur ich nicht. Als Ausweis hatte ich nur mein Kochbuch dabei, aber das reichte. Die Kontrolle endete in einem großen Gelächter. Meine Crew empfand den Auftritt der Uniformierten nicht als Störung, sondern als Teil der Inszenierung. Ich liebe es, mich zu bedanken. Ohne Dankbarkeit ist das Leben nur ein fader, berechnender Austausch von Nutzen und Kosten. Viel zu wenig, wenn man sich täglich sieht. Großzügigkeit ist eine Währung. Davon bin ich überzeugt. Und wer nicht feiern kann, arbeitet auch nicht gut.

Nadja ist mein Blitzableiter und mein Frühwarnsystem. Sie ist auch bei den Verhandlungen mit Werbeträgern dabei, sie kennt meinen Marktwert. Sie verkauft mich gut, wie es so unschön heißt. Bei ihr würde ich sofort die Augen schließen und mich von ihr auf das Geländer einer Brücke führen lassen. Wir haben das absolute Vertrauen. Und das ist selten in unserer Branche.

Wir wollen wachsen – aber nicht um jeden Preis. Wir wollen Spaß haben bei der Arbeit. Und wir wollen die Marke Christian Henze pflegen. Und nicht für den schnellen Euro verschleudern. Ein guter Ruf braucht lange, um aufgebaut zu werden, aber er kann sehr schnell verspielt werden. Ein gutes Image ist wichtig – und ich glaube, die Menschen erkennen es instinktiv, wenn ihnen da nur was Unechtes vorgespielt wird. Playback statt live, künstlich statt authentisch – das wird durchschaut. Die einfachen Leute wissen nicht alles, aber sie spüren alles, hat Kurt Tucholsky mal über Politiker gesagt. Ich glaube, das trifft auf Kochkünstler auf offener Bühne auch zu.

Ich wollte einen eigenen Weg gehen, möglichst einen Pfad, der noch nicht ausgelatscht ist. Nach anderen Fußstapfen habe ich nie geschaut. Aber nach unterhaltsamen und loyalen Gefährten schon. Das WIR ist mir immer sehr wichtig. Ich brauche Bestätigung, aber auch ehrliche Kritik. Ich bin kein Ichling.

Der dritte Mensch, den ich als prägenden Freund für mein Leben empfinde, ist mein Freund Andreas. Auf ihn trifft das alte bayerische Sprichwort zu, das als höchstes Lob im Freistaat gilt: »A Hund is er scho.« Andreas fing drei Monate nach mir als Lehrling im Hotel Lisl in Hohenschwangau an, es war eine Liebe auf den zweiten Blick, wie er erzählt: »Christian und ich mochten uns beide anfangs überhaupt nicht, weil wir zwei kleine Alphamännchen waren, die sich für die Schönsten und Klügsten hielten. Erst bei einem Betriebsausflug fiel es uns wie Schuppen vor den Augen. Wir hatten ja gemeinsame Leidenschaften, die damals überschaubar waren: Mädels und Partys. Von dem Tag an waren wir beste Freunde. Zu zweit machten unsere Eroberungen viel mehr Spaß. Christian war ein Seelenverwandter. Wir waren wie Alain Delon und Jean-Paul Belmondo. Oder Til Schweiger und Matthias Schweighöfer. Zwei Sahneschnittchen auf der Jagd nach dem intensivem Leben.«

Stimmt, es ist eine Lebensfreundschaft daraus geworden, die immer noch auf dem Fundament unserer Jugendstreiche steht. Andreas erinnert sich: »Wir gingen am Wochenende gern in die Disco, das Taxi kostete acht Mark. Dann gab es immer ein Wettrennen. Wer zuerst am Taxi war, durfte hinten einsteigen und musste nicht zahlen. Wir verdienten damals gerade mal 280 Mark und gingen im Lokal meiner Eltern schon vorglühen, nahmen Wodka mit, den wir im damals sehr angesagten Club Foedipus im Toilettenkasten versteckten. Heimlich füllten wir den dann immer wieder in unsere Gläser nach. Wir waren einfach begabte Schmuggler, weil wir uns die Longdrinks nicht leisten konnten. Not macht erfinderisch. Die Disco verließen wir dann um vier Uhr früh immer als letzte. Und standen aber am nächsten Tag pünktlich wieder um neun Uhr in der Küche. Um es zusammenzufassen: Wir waren jung und brauchten den Rausch. Und manchmal, wenn wir kein Taxi mehr fanden, liefen wir dann bei Wind und Wetter die vier Kilometer zurück. Das war im wahrsten Sinn des Wortes ernüchternd, es härtete ab.«

Wir zwei einfachen Kochlehrlinge fühlten uns als Helden der Nacht. Andreas hat viele Anekdoten einer abenteuerlichen Jugend zu erzählen: »Wir waren wirklich findig und frech wie Oskar. Und so wie Bastian Schweinsteiger einmal in der Nacht in das Hallenbad des FC Bayern einbrach und seine Freundin für eine nächtliche Badesause mitnahm, so stiegen wir nachts in das Freibad in Schwangau ein und feierten am Pool rauschende Feste mit unseren aktuellen Bekanntschaften. Es war abenteuerlich, wir hatten das ganze Bad für uns und unsere übermütigen Vergnügungen. Bis die Besitzer das irgendwie mitkriegten und sich dann einen Hund anschafften, der uns verjagte. Ich kann mich noch gut erinnern, dass Christian wie ein begossener Pudel in der Unterhose dastand und gerade noch über den Zaun klettern konnte.« Ich erinnere mich auch lebhaft. Es war ein Sprung über den Zaun in allerletzter Sekunde. Und das sind die besten.

Andreas und ich hatten ständig Herausforderungen und Wettkämpfe. Wir führten ganz ernsthaft eine Strichliste, wer die meisten jungen Damen abschleppt. Bitte nicht nachmachen – aber damals war es eine Art Sport zwischen uns. Wir hatten nur eine eiserne Regel: Keiner durfte dem anderen eine Frau ausspannen, auch keine Ex-Frau. Von heute aus gesehen war das natürlich ein absurder Wettbewerb zweier junger Kerle, aber wir konnten uns die Hörner abstoßen. Und der einen oder anderen Frau, die sich bereitwillig unseren Liebeskünsten aussetzte, hat es sicher auch gefallen. Und mal ehrlich: Kann den Küssen Sünde sein? Wir waren einfach in einer Ausprobierphase.

Aber Andi und ich hatten auch eine Neigung zum Ungehorsam und einen Heidenspaß an Streichen in der Küche und im Hotel. Es gab Streiche von einem bis zehn Punkten, idiotische Mutproben wie das Essen von einem Teelöffel Pfeffer, mein Freund Andreas wäre fast daran gestorben. Wir hatten Spaß daran, ein wenig Sand im Getriebe zu sein, weil uns die humorlose Art des Direktors, der uns sogar zerbrochene Teller vom Gehalt abziehen ließ, missfiel. Der Küchenchef pflegte auch ab und zu mit Pfannen nach uns zu werfen. Die Höchstpunktzahl auf der nach oben offenen Streiche-Richterskala bekam Andi, weil er aus Übermut den Stecker beim Kassensystem zog. Wir wollten einfach mal sehen, was passierte, die Bestürzung, das Chaos. Die ganzen Tagesumsätze waren weg, das System war abgestürzt. Der Hoteldirektor unterzog uns einer strengen Befragung. Und wollte unbedingt wissen, wer es war. Jeder wusste, dass wir die Schuldigen waren, aber alle hielten dicht. Auch gegen die Drohung einer Kollektivstrafe. Es war eine Lektion in Zivilcourage. Ich war begeistert, dass niemand uns hängen ließ. Es hätte das Ende unserer Lehrzeit sein können, wenn uns jemand verpfiffen hätte. Und mein Leben wäre möglicherweise ganz anders verlaufen.

Andreas hat auf mich aufgepasst, wenn es eng wurde, das bilde ich mir zumindest ein. Er hat mich immer gut beraten. Wir beiden Abenteurer wollten nach der Lehre eigentlich auf ein Kreuzfahrtschiff, das war unser Plan. Wir hatten ihn immer im Hinterkopf und hätten die Gelegenheit gehabt, die Verträge waren unterschriftsreif. Aber mein Drang zur Spitzenküche war stärker.

Jahre später kam das Angebot von Gunter Sachs und ich fragte auch Andreas: »Soll ich das machen?« Er war glasklar in diesem Moment: »Unbedingt, überleg nicht lange, du bist wahnsinnig, wenn du es nicht tust. So ein Angebot kommt nicht wieder.«

Ich kam nie in meinem Leben als Koch auf ein Kreuzfahrtschiff. Aber der Rat von Andreas war entscheidend. Hätte er die Freundschaftskarte damals gezogen und mich bedrängt, mit ihm als Schiffskoch aufs Meer zu gehen, wäre ich vielleicht umgefallen. Ich bin ihm so dankbar, dass er sein Ego nicht nach vorn gestellt hatte. Vielleicht war er schon erwachsener als ich.

Andreas hatte nie meine absolute Leidenschaft für das Kochen, er war ein Tausendsassa und Lebenskünstler mit vielen Talenten. Er war Profifußballer in der Schweiz beim FC Luzern, wurde Chef einer Firma für Gebäudereinigung, machte da seinen Meister. Er eröffnete in einem alten Postamt ein Hotel für Backpacker. Er wurde Kunsthändler für alte ägyptische Kunstwerke. Er betrieb eine Imbissbude am Parkplatz vom Schloss Neuschwanstein, in der er seine Frau, eine amerikanische Managerin für Wärmebildkameras und Drohnen (fliegende Hornissen), zwischen Pommes und Bratwurst kennenlernte. Er sprach sie an, und sie reagierte auf ihn. Das ist das große Geheimnis des Glücks: Warte nicht, bis es anklopft, klopfe selbst bei ihm an. Andreas beherzigt das. Das ist für mich die schönste

Form der Globalisierung, solche Liebesgeschichten. Und heute macht er das Catering für den Tennisverein und ist finanziell unabhängig. Ich bewundere ihn, weil sein Lebensweg so viele Kurven genommen hat. Aber genau das verbindet uns: Wir können uns immer wieder neu erfinden. »Kinder schafft Neues«, sagte selbst das Musikgenie Richard Wagner zu seinen Nachkommen bei den weltberühmten Bayreuther Festspielen. Seine Neugier war größer als der Hang zur Selbstbeweihräucherung. Wir in Füssen haben auch ein Festspielhaus in dem das König-Ludwig-Musical gespielt wird. Oder »Zeppelin« von Ralf Siegel. Ich kann nur jedem den Besuch empfehlen, der herrliche Blick auf Neuschwanstein ist im Preis inbegriffen. Man kann mich dort treffen. Und meinen Freund Andreas. Unsere Freundschaft hält ewig, weil wir immer noch in uns das Lachen der Jugend hören.

Freundschaft will gelebt werden, aber auch gedacht. Und da helfen auch große Denker. »Das Leben trennt uns oft von den Kameraden, es hindert uns sogar, viel an sie zu denken. Aber sie sind da, wenn man auch nicht recht weiß, wo. Sie lassen nichts von sich hören und wir denken kaum an sie. Und doch sind sie so treu! Wenn sich dann die Wege kreuzen, packen sie uns bei den Schultern und schütteln uns leuchtenden Augen die Hand«, schreibt Antoine de Saint-Exupéry in seinem Roman »Wind, Sand und Sterne«. Der Franzose ist Autor des »Kleinen Prinzen«, eines meiner Lieblingsbücher. Der kleine Prinz muss auf einem winzigen Planeten einen Freund suchen. »Ich muss Freunde finden und viele Dinge kennenlernen.« Das ist der Kernsatz, der auch für mein Leben gilt, neben dem berühmten Satz: »Man sieht nur mit dem Herzen gut. Das Wichtigste ist für die Augen unsichtbar.« Wer anderen in die Seele blicken kann und selbst kein verkniffener und betonierter Typ ist, ist auf der Sonnenseite.

Ich hätte am liebsten die Fortsetzung geschrieben: Der kleine Prinz eröffnet ein Restaurant. Der Dichter Antoine de Saint-Exupéry beschreibt so wunderbar das Wesen der Freundschaft: »Nichts wiegt den Schatz so vieler gemeinsamer Erinnerungen auf, gemeinsam durchgemachter schlimmer Stunden, Zerwürfnisse, Versöhnungen und die Augenblicke, in denen das Herz warm wurde. Solche Freundschaften lassen sich nicht anfertigen.« Ich kann nur hinzufügen: Wohl dem, der Freunde hat. Denn Einsamkeit ist einer der schlimmsten Krankheiten unserer Zeit, in England gibt es sogar ein Ministerium dafür, pardon, dagegen. Und was ist das, was Menschen zusammenbringt? Natürlich Essen und Trinken. Es gibt kaum etwas Schöneres als eine murmelnde Tafelrunde im Freien, die das Zirpen der Grillen übertönt. Und es gibt kaum etwas Traurigeres als einen Menschen, der sich jeden Tag zuhause mit Pizza beliefern lässt, nie unter Menschen ist und sich nie etwas selbst kochen kann. Das bricht mir fast das Herz.

Deftige Kohlrouladen

Ein Schmorgericht aus meiner Militärzeit für die Kameraden in Oliv-grün – und für die Kameraden meiner Lebenszeit außerhalb der Kaserne. Damit übersteht man jeden gebrauchten Tag – und jeden Gewaltmarsch. Jeden Cent wert. Und jede Minute, denn die Kohlroulade braucht zwei Stunden Geduld. Bei einer Demo gegen das Aussterben der Kohlroulade würde ich mitlaufen. Schlicht ist schmackhaft.

Die Blätter von **1 nicht zu kleinem Weißkohlkopf** im Ganzen behutsam ablösen und etwa 3 Minuten in einen großen Topf mit kochendem Salzwasser legen. Herausnehmen und unter kaltem Wasser abschrecken. Die dicken Mittelrippen der Blätter flach schneiden und die Blätter trockentupfen.

1 Zwiebel abziehen und würfeln. **80 Gramm geräucherten Bauchspeck** ebenfalls würfeln. **1 Esslöffel Öl** in einem Bräter erhitzen und Speck- und Zwiebelwürfel darin anbraten. Den Bräter vom Herd ziehen und die Mischung erkalten lassen. Den Backofen auf 180 Grad vorheizen.

Die Speck-Zwiebel-Mischung mit **100 Gramm Semmelbröseln, 1 Ei, 400 Gramm gemischtem Hackfleisch, 2 Esslöffel gehackter glatter Petersilie, ½ Teelöffel gerebeltem Majoran** und **2 Messerspitzen Zitronenschale** vermengen. Mit **Salz** und **schwarzem Pfeffer aus der Mühle** würzen.

Die Kohlblätter auf der Arbeitsfläche flach ausbreiten. Jeweils 1 bis 2 Esslöffel der Hackfleischmischung auf einem Kohlblatt länglich in der Mitte verteilen. Die Blätter rechts und links einschlagen, aufrollen und mit Küchengarn zusammenbinden.

2 Esslöffel Öl im Bräter erhitzen und die Kohlrouladen darin von allen Seiten kräftig anbraten. **1 Esslöffel Tomatenmark** zufügen und kurz mitschmoren. ½ Liter Fleischbrühe angießen und aufkochen lassen. Den Bräter ohne Deckel für etwa 1 Stunde in den vorgeheizten Backofen schieben.

Die Kohlrouladen aus dem Bräter nehmen und warm stellen. Die Sauce etwas einkochen lassen, **300 Gramm Sauerrahm** mit einem Schneebesen einrühren und mit **Salz** und **schwarzem Pfeffer aus der Mühle** abschmecken. Die Rouladen auf vier Teller verteilen und mit der Sauce servieren.

Gang 9

DER KLEINE KOCH SCHREIBT EIN BUCH –
mit 35 Fortsetzungen!

Im Leben gibt es eigentlich zwei Tragödien: Einen großen Traum zu haben und ihn nie erreichen zu können – weil man zu feige ist, zu bequem, zu träge. Oder den großen Traum nach vielen Mühen zu verwirklichen und dann zu merken, dass es doch nicht so großartig war, wie es sich die Phantasie ausgemalt hat. Gottseidank ist diese Entzauberung bei mir nicht so gelaufen: Meine Träume, und davon hatte ich einige, erwiesen sich als gerade noch machbar. Und wenn ich am Ziel war, durchzuckten mich die Glücksgefühle wie kleine Blitzschläge.

Ich bin ein Tagträumer, ich lebe von meiner Vorstellungskraft, ich brauche Ziele und Sehnsüchte, die ich visualisieren kann und mit mir herumtrage. Darf ich Ihnen einen kleinen Auszug aus meiner Liste der Wunschträume präsentieren, die ich mit Ende 20 hatte? Ich wollte mich selbstständig machen – abgehakt. Ich wollte ein Haus bauen – abgehakt. Ich wollte heiraten – abgehakt. Ich wollte Kinder haben – abgehakt. Ich wollte einen Baum pflanzen – abgehakt. Ich wollte einen Marathon laufen – abgehakt. Und ich wollte ein Buch schreiben – mein schwierigstes Herzensprojekt.

Eines Morgens wachte ich auf mit dem klaren Gedanken: Ich, der kleine Christian Henze, der ganz hoch hinaus will, möchte ein Kochbuch schreiben. Ausgerechnet ich. Ich lese zwar leidenschaftlich gerne Zeitung und bin immer am Puls der Zeit, aber mit Büchern hatte ich es, wenn ich ehrlich bin, nicht so sehr. Mich eine Leseratte zu nennen wäre vermessen. Bücher fordern Konzentration, Eintauchen, Versenkung und ganz viel Zeit – dafür war ich zu schnelllebig, zu sehr mit der Außenwelt und den Rezepten des guten Lebens beschäftigt. Dabei war Robinson Crusoe der Held meiner Jugend, diesen Roman von Daniel Dafoe aus dem Jahr 1719 (!) hatte ich verschlungen, die Geschichte eines Schiffbrüchigen, der 28 Jahre auf einer unbewohnten Insel gestrandet war. Die Story faszinierte mich, vielleicht weil da immer auch ein Kochtopf über den Hauptfiguren schwebte und Robinson und sein Freund Freitag von den Kannibalen, die auf der Insel lebten, bedroht waren. Ich kann mich an einige Albträume beim Lesen erinnern, es war ein herrliches Gruseln, mein Bangen mit den Helden war groß. Aber ich mochte auch Karl Mays Geschichten: Die geräucherten Bärentatzen, die Leibspeise von Winnetou und Old Shatterhand auf ihren Ritten durch die Prärie, waren mir ein Begriff. Im Wilden Westen durfte man Bären und Büffel jagen, in der Fantasie des kleinen Christian auch. Und dann hatte ich natürlich als junger Koch schon eine stattliche Sammlung von Kochbüchern. Und dachte mir: Was die können, kannst du doch auch! Ich hatte ein Mitteilungsbedürfnis, ein Sendungsbewusstsein. Koche Gutes und schreibe darüber – das war mein Ding.

Ein Koch, der Bedeutung beansprucht, muss unbedingt ein Kochbuch schreiben – so weit war es in den Neunziger Jahren noch nicht. Sicher, es gab die Großmeister Johann Lafer und Alfons Schuhbeck, aber die große Kochbuchwelle war noch lange nicht über mich hinweggeschwappt. So fühlte ich mich also als Pionier, als ich meiner Umwelt mit einem unverschämten Strahlen mitteilte: Ich schreibe ein Kochbuch, was haltet ihr davon? Ich erzählte das nicht einmal, sondern mehrmals, ungefähr alle zehn Minuten. Es war wie eine sich selbsterfüllende Prophezeiung. Ich war beseelt. Und wählte am nächsten Morgen die Nummer des größten deutschen Kochbuchverlags – Gräfe und Unzer in München. Think big – darunter wollte ich es nicht machen, ich dachte groß, ein Regionalverlag wäre mir zu popelig erschienen.

Ich ließ mich sofort mit der zuständigen Verlagsfrau verbinden: Sie hieß Rademacker. Und ich stellte mich vor: »Grüß Gott, mein Name ist Christian Henze und ich möchte gern ein Kochbuch veröffentlichen.« Ich kam nicht weit. Sie sagte höflich, aber bestimmt: »Danke für das nette Angebot. Aber erstens sind Sie gänzlich unbekannt und zweitens machen wir keine Bücher mit Einzelköchen.« Peng, das saß, das war sehr ernüchternd. Aber ich war noch lange nicht k. o. gegangen. Am nächsten Tag rief ich wieder an, ich war immer noch on fire, Frau Rademacker war wieder am Telefon. »Erinnern Sie sich an mich?«, fragte ich sie ganz vorsichtig. Aber ja, konterte sie lachend. Dann spielte ich meinen nächsten Trumpf aus: »Ich habe noch etwas vergessen zu sagen: Mein Restaurant geht gerade durch die Decke, ich werde ein Großer.« Aber sie blieb hart: »Das glaube ich Ihnen, aber ich muss Ihnen trotzdem eine Absage erteilen.« Ich wusch mir geistig den Mund ab und richtete mich auf.

Am nächsten Tag rief ich wieder an und wurde wieder durchgestellt. »Ich habe noch was vergessen: Ich habe die Rezepte schon, ich muss sie gar nicht mehr schreiben«, sagte ich freudestrahlend und treuherzig zu ihr. Ich merkte, dass ich sie auf einer gewissen Humorebene packen konnte. Sie redete sich auf eine höfliche Art noch mal raus: »Herr Henze, Sie sind mir sehr sympathisch, aber langer Rede kurzer Sinn: Wir machen es nicht.« Aus. Äpfel. Amen. Ihre Stimme klang trotzdem amüsiert. Jeder andere hätte da aufgehört und sich seinem Schicksal gefügt. Es sollte eben nicht sein.

Aber ich versuchte am nächsten Morgen noch einmal eine Charmeoffensive: Ich rief wieder an, ich hörte sie am Telefon auflachen. Ich ging gleich in die Vollen: »Liebe Frau Rademacker, ich habe nur eine Bitte: Können Sie einmal Ja zu mir sagen?« Sie lachte laut und sagte dann, dass das grundsätzlich schon möglich sei. Dann trumpfte ich auf: »Ich setze mich jetzt ins Auto und bringe Ihnen die Rezepte persönlich vorbei.« Sie entgegnete mit einem Schmunzeln: »Machen Sie das, ich freue mich auf Sie.« Ich kam mir vor wie ein Verehrer, der von seiner Angebeteten endlich, endlich beim Fensterln erhöht wird. Für Nicht-Bayern: Fensterln heißt nachts zu einem Mädchen gehen und durchs Fenster zu ihr ins Zimmer klettern. In meinem Fall nicht aus amourösen Gründen, sondern um einen Buchvertrag zu unterschreiben.

Als ich zwei Stunden später ankam, wurde ich in ein Besprechungszimmer geleitet, wo Frau Rademacker schon mit drei anderen Kolleginnen saß. Die Verlagsfrau empfing mich mit einem Strahlen und einem originellen Vorschlag: »Herr Henze, wir machen einen Deal: Sie rufen mich nie mehr an – und wir machen ein Kochbuch mit Ihnen.« Ich hätte sie umarmen können und auf Händen tragen, so glücklich war ich. Es war eine der größten Momente meines Lebens. Der Mr. Noname, der noch keinen Stern hatte, hatte sich durchgesetzt. Frechheit siegt also doch. Und dass wir nie mehr miteinander sprachen war natürlich nicht durchzuhalten. Frau Rademacker hatte sich schlau über mich gemacht und meine Energie gespürt. Das Buch wurde ein großer Erfolg und bekam die Silbermedaille des Buchhandels auf der Buchmesse. Ich war also doch mehr als ein Aufschneider, der den Büchermenschen das Blaue vom Himmel erzählt und keinen Bezug zur Realität hat. Mein Himmel war wirklich blau, und auch der Himmel des Verlags hing voller Geigen. Ich hatte die manchmal etwas betuliche Verlagsbranche verblüfft – auch mit meinem Appetit auf Büchern. Eine Verlagsfrau rief mich an und fragte, wie viele Bücher ich zum Autorenpreis haben wollte. 10? 50? 100? Ich sagte 1000. Sie war überwältigt: »So viele Bücher hat noch kein Autor abgenommen.« Ein paar Tage später fuhr ein LKW vor und auf einer Palette, die auf der Hebebühne herunterschwebte, waren die Objekte meiner Begierde. Den Geruch der ausgepackten Bücher werde ich nie mehr vergessen. Ein wohliges Herzklopfen erfasste mich. Es roch für mich besser als Trüffel. Ich sagte zu meiner Familie: Bitte lasst mich einen Moment allein sein. Diesen Augenblick muss ich genießen, den muss ich in mir speichern. Es war, wie wenn ein Bergsteiger das Matterhorn erklimmt. Ich war gerührt, dass ich Größenwahnsinniger mein eigenes Buch in den Händen hatte. Mit einem Buch in der Hand war ich Wer, gefühlt wuchs ich um zwei Meter. Heute kann jeder Bücher in Selbstverlagen herausbringen, damals war es noch eine echte Auszeichnung, einen guten Verlag zu finden, der einen für würdig erachtete. Und die Augen meiner Mutter, der ich das Buch in den Schoß legte, werde ich nie vergessen. Sie freut sich nicht nur eine halbe Minute, sie freute sich über Stunden. Ihr Lob war mir besonders wichtig.

Ich war stolz auf meine Hartnäckigkeit, die eine meiner wichtigsten Eigenschaften ist: Geht nicht gibt's nicht. Schon als Jugendlicher hatte ich unbedingt das Leistungsschwimmerabzeichen machen wollen, das mein Bruder, die Sportskanone, so locker erschwommen hatte, dafür muss man lange und schnell schwimmen und tief tauchen. Ich wäre fast ersoffen dabei, aber ich schaffte es mit letzter Kraft. Was für mich dabei erhellend war: Auch wenn du kein Supertalent bist, dem Vieles in den Schoss fällt, kann man sich alles erkämpfen.

Aber einmal ist keinmal für einen Autor. Mit dem Essen kommt der Appetit. Ich war ja noch lange nicht auserzählt. Ich hatte viele Rezepte in meinem Kopf – so wie ein Komponist eine Symphonie in sich klingen lässt. Erstmal baute ich diese Ideen im Kopf zusammen, dann probierte ich aus, ob sie auch alltagstauglich sind. Später half mir auch ein Pool von Hausfrauen beim Alltagstauglichkeitstest. Rezepte ersinnen war für mich wie wenn ein Musiker Lieder schreibt. Am Tag arbeitete ich im Restaurant, nachts kamen mir dann die Ideen für Neues. Schon bei Agnes Amberg in Zürich kam ich an meinen freien Tagen zum wilden Experimentieren in die Küche. Ich war besessen davon, das Lukullische immer neu zu kombinieren. Es gibt Leute, die behaupten, dass in der Musik alle guten Songs schon geschrieben sind. Das ist ein Schmarrn. Es gibt immer tolle Lieder. Und so ist es auch in der Küche. Die Kreativität der Köche ist unendlich. Auch wenn die Klassiker natürlich immer die Klassiker bleiben. Ein gut gemachter Kartoffelsalat wird zum Beispiel immer ein Weltklassegericht bleiben. Aber man kann ihn immer anreichern und zum neuen Geschmackserlebnis machen. Standard ist gut – Fantasie ist besser.

Was muss ein gutes Kochbuch haben? Erstens müssen die Rezepte funktionieren und nicht im Wolkenkuckucksheim eines Sternekochs entstehen. Er muss sich also auf ein für jedermann verständliches Niveau begeben, wenn er nicht nur seinesgleichen erreichen will. Es braucht eine Gelinggarantie auch für Amateure. Zweitens müssen die Rezepte verständlich sein und nicht in einer Art Kochchinesisch formuliert werden. Und der dritte Grundsatz: Je weniger Zutaten, umso besser. Am Anfang erklärte ich noch jeden Handgriff, das Blanchieren einer Tomate wurde zum Staatsakt: Die Tomate waschen, den Strunk keilförmig herausschneiden, mit einer Schaumkelle die Tomate 15 Sekunden in heißes Wasser tauchen, dann im Eiswasser eine Minute abschrecken. Jedes Zweiglein Thymian wurde erklärt, jedes Trocknen auf Krepppapier.

Heute spreche ich nur noch vom Abziehen der Tomatenhaut und dem Würfeln – das reicht. Meine Leser, die oft Leserinnen sind, bringen eine gewisse Vorbildung mit und werden ungern unterfordert. Otto und Ottilie Normalverbraucher sind schon lange keine kulinarischen Analphabeten mehr. Wenn das Rezept zu lange ist, fangen manche gar nicht an zu lesen. Ich verstehe das. Lange Zeitungsartikel sprechen mich auch nicht so an wie kurze. Der Mensch will auch beim Servieren von Buchstaben eine gute Verdaulichkeit. Ich schreibe ja nicht für Freaks und Sterneköche. Ich will nur die Freunde des guten Geschmacks erreichen, die im nächsten Supermarkt alle nötigen Zutaten finden sollen. Rote Paprika mit Vanille zum Beispiel. Doch, das kann man kombinieren. Kochen ist immer Kultur, nicht nur Sättigung. Sich das in einer Welt, in der die Grundbedürfnisse so was von gesättigt sind, klarzumachen, ist wichtig. Es geht vielen oft um Verfeinerung. Um das gewisse Etwas. Um den Extrakick, den Extratrick. Die prickelnde Idee. Wenn man sieht, wie viele Menschen ihr liebevoll zubereitetes Essen posten, kann man ahnen, welche Bedeutung Essen hat. Es ist ein wichtiger Teil des Lifestyles geworden. Man kann damit Menschen verzücken – und imponieren. Ein Mann, der gut kochen und vielleicht auch noch tanzen kann, hat bei den Frauen fast schon gewonnen.

Meine Kochbücher waren für mich Gold wert. Nicht nur, weil ich gut daran verdient habe und die Verlage immer neue wollten. Mit einem aktuellem Buch stand ich sogar kurz auf der Bestsellerliste aller verkauften Bücher auf Platz 2 vor Obama und Sebastian Fitzek, Auftritte in diversen Talkshows hatten den Absatz angekurbelt. So viel Endorphine kann der Körper gar nicht produzieren wie ich sie fühlte. Eine Fernsehsendung kann einen enormen Push liefern. Aber am wichtigsten ist die Mundpropaganda. Bücher zu signieren und in die Augen der Leserinnen zu blicken schafft Nähe. Es ist so als ob man ein Stück Lebensfreude und Appetit auf das gute Leben teilt. Und ich schrieb gerne Widmungen wie »Für den besten Koch der Welt – meinen Mann«. Wer die Bücher bei mir persönlich bestellt, kriegt immer persönliche Sätze als Zugabe. Das ist für mich nur ein kleiner Akt der Freundlichkeit. Für meine Leser, es sind vor allem Leserinnen, gewinnt das Buch dadurch enorm an Wert. Es ist der emotionale Klecks – für mich ein Klacks.

Ich bin kein Schriftsteller, das wäre vermessen, aber offenbar schmeckt die Buchstabensuppe, die ich meinem Publikum anbiete, gut. Heute kann ich mir die Verlage, bei denen ich meine Bücher machen will, heraussuchen. Die Wahrscheinlichkeit, dass es bei mir ein Flop wird, ist gering. Ich habe ungefähr eine Million Bücher verkauft, das ist meine liebste Definition von Millionär. Mein Buch »Feierabend-Blitzrezepte« ging durch die Decke. Mein Buch »Schlank geht auch anders« hat bei der Frankfurter Buchmesse 2021 die Goldmedaille erhalten, mein Lieblings-Laudator wäre der wohlbeleibte Literaturkritiker Denis Scheck, dem ich Genusskompetenz ansehe. Und vielleicht schätzt er es, dass ich keine Ambition habe, einen Roman mit Küchenlatein zu schreiben. Kochbuchautor – das reicht völlig. Aber wenn der Erfolg mal da ist, will er Kinder haben. Und die sollen in einer schönen Umgebung aufwachsen. Mein Verlage sind für mich mehr als Dienstleister. Ich muss mich geborgen wie in einer großen Familie fühlen. Respekt ist das gegenseitige Zauberwort. Ich bin mehr als eine Cashcow. Und ich brauche Harmonie.

Meine Kochbücher stehen übrigens in meiner Küche. Ab und zu ziehe ich eines heraus. Oder unsere Haushälterin Melanie kocht uns etwas Schönes. 2021 kam das 36. Werk in der unendlichen Henze-Reihe raus, es geht wieder um Blitzrezepte am Feierabend. Wie man mit wenig Aufwand sehr viel Freude bereiten kann. Meine Ideen sind auf jeden Fall noch nicht ausgeschöpft. Der Schöpflöffel, der in meiner Küche hängt, heißt ja Schöpflöffel, weil mit ihm schöpferische Ideen entstehen. Manchmal ist es mir klar wie Kloßbrühe, was in eine Sauce hineingehört, die ich zum Unikat mache. Und manchmal hoffe ich auf den Kuss der Musen, die hoffentlich auch Gourmets sind.

Rezept-Soundtrack meines Lebens:

Kaiserschmarrn mit Rhabarberkompott

Unwiderstehlich. Wenn es um Süßes geht, ist es DAS Rezept: urig, zünftig, knusprig. Macht jeden glücklich, wenn der Teig mit Butter und Zucker karamellisiert. Besänftigt jeden Bösewicht. Ideal, wenn ein Säurehit wie Rhabarber den Kontrast herstellt.

Für das Kompott **500 Gramm Rhabarber** putzen, waschen, in fingerdicke Stücke schneiden und mit **100 Gramm Zucker** in einen Topf geben. **1 Vanilleschote** längs aufschlitzen, das Mark herauskratzen und beides mit der dünn und breit abgeschälten **Schale von ½ Biozitrone** zum Rhabarber geben. **50 Milliliter trockenen Weißwein** zugießen, umrühren und abgedeckt etwa 5 Minuten köcheln lassen, bis der Rhabarber weich ist. Das Kompott in eine Servierschüssel geben und abkühlen lassen.

Für den Kaiserschmarrn **4 Eier** trennen. Das Eiweiß mit **1 Prise Salz** steif schlagen. **300 Milliliter Milch, 150 Gramm Weizen-mehl (Type 405)** und **2 Esslöffel Zucker** in eine Schüssel geben und mit dem Schneebesen zu einem glatten Teig verrühren. Die Eigelbe einarbeiten und zum Schluss den Eischnee behutsam unterheben.

Je **1 Esslöffel Butter** in zwei beschichteten Pfannen aufschäu-men lassen und je die Hälfte des Teigs hineingeben. Die Hitze auf niedrigste Stufe reduzieren, die Deckel aufsetzen und etwa 6 Minuten backen, bis die Unterseiten goldbraun sind. Mit einem Pfannenwender wenden und backen, bis die anderen Seiten ebenfalls goldbraun sind. Mithilfe von zwei Holzkochlöffeln in grobe Stücke zerteilen und aus den Pfannen nehmen.

Die Hitze hochschalten, je **1 Esslöffel Butter** in den Pfannen aufschäumen und je **1 Esslöffel Zucker** hineinstreuen. Den Kaiserschmarrn zurück in die Pfannen geben und unter mehrmaligem
Wenden karamellisieren lassen.

Den Kaiserschmarrn auf vier Teller verteilen, mit etwas **Puder-**
zucker bestäuben und sofort servieren. Dazu das Rhabarber-
kompott reichen.

Gang 10

DER ENTERTAINER: VOM FERNSEHKOCH zum Liveact – warum Klappern zum Handwerk Kochen gehört

Ein Buch zu schreiben ist oft eine einsame Angelegenheit, zumindest in der Anfangsphase. Eine Halle zu rocken ist etwas ganz anders. Ich mag beides. Und deshalb startete ich von 2016 bis 2018 auf Tournee: »Das Fleisch ist heiß«, »Eine Portion Glück« und »So kocht man heute« hießen die Abende, die ich auf der Pfanne hatte. Mit meiner Kochshow reiste ich durch Ostdeutschland, das eigentlich Mitteldeutschland ist. Ich fühlte mich wie ein Rockstar, der zwei Köche und vier Techniker dabei hatte und seinen Traum lebte. Wir waren on the road mit einem riesigen Sattelschlepper unterwegs, in dem unsere gesamte Technik enthalten war. Ich fühlte mich megacool, bestellte Champagner in den Backstagebereich, dazu 20 Dosen Redbull und kam mir ein bisschen vor wie Mick Jagger: sympathy for the devil of kitchen. Wir füllten Hallen mit rund 500 Zuschauern, sogar in der wunderbaren Alten Oper in Erfurt durfte ich aufkochen. Unter den Klängen von Linkin Park marschierte ich ein, der Countdown wurde eingezählt: 10, 9, 8... Ich genoss es so sehr, mit Nebelmaschinen, Flammenwerfern und einem Wortgewitter meine Show zu performen, die zweimal 45 Minuten dauerte. Ich hatte nur ein ganz grobes Konzept, die Sprüche kamen spontan aus meinem Herzen. Es war mal wieder eine Herausforderung, eine neue Ebene, die ich bespielen wollte. Christian, der Entertainer am Topf, wollte beweisen, dass moderne Köche nicht maulfaul und sehr unterhaltsam sind. Weil ich mich selbst nicht zu ernst nehme. Und mir die Seele aus dem Leib koche, alles gebe, was in mir ist. There's no business like showbusiness – zum ersten Mal verstand ich, was damit gemeint war. Ich war wie in Trance und fühlte mich wie ein Circuskünstler ohne Netz und doppelten Boden. Ich hob ab, aber fiel nicht. Es war eine rasante Weltreise durch den Genuss, ein kulinarischer Tag im Eiltempo, wie er à la Henze sein kann.

Klar, dass ich mein Publikum auf die Bühne einlud, ich zeigte ihnen ein Granola-Müsli mit gerösteten Nüssen und kochte in zehn Minuten ein Rinderfilet-Gulasch, das ich ausgewählten Zuschauern an der Theke servierte, meistens Pärchen, die ich befragte, wer das Frühstück ans Bett bringt, wer die Hosen und die Schürze anhat. Ich zeigte meinen Fans, wie ein Kuchen in fünf Minuten entsteht, der weiße Schokokuchen wurde in einer Tasse serviert. Ich schleuderte virtuos meine Bratpfanne herum und zeigte meinem Publikum wie es geht, einen Kaiserschmarrn in der Luft herumzuwirbeln. Eine Frau durfte das auch mal ausprobieren, aber ihr Kaiserschmarrn landete nicht mehr wohlbehalten in der Pfanne, sondern auf dem Herd. Ich spachtelte ihn wieder in die Pfanne. Aber genau von solchen Momenten lebt eine Show. Die Leute wollen keine Perfektion, sondern das echte Liveerlebnis. Mit Pannenpotenzial. Als ich meine rote Bratensoße mit Portwein verpeilt hatte, gab es eine starke Rauchentwicklung. Die Leute haben gebrüllt vor Lachen. Ich weiß auch noch, wie in einer anderen Show ein Standmixer explodiert ist, weil er nicht richtig geschlossen war. Ich war überall grün besprenkelt, ein Hulk der Küche. Aber alle lachten. Ebenso als ich bei einem Kirschragout im Eifer des Gefechts Zucker und Salz verwechselte und der Teller schon im Publikum kreiste. Das sind alles Humortests, in denen man seine Schlagfertigkeit zeigen kann.

Niemand muss perfekt sein, Fehler kommen vor. Und machen einen Künstler erst so richtig menschlich. Die dampfende Show war ein einziger Appell der Lebenslust: Leute, genießt den Tag. Carpe diem. Es gab viel Ah und Oh, viele Lacher. Genau das wollte ich: keine Volkshochschule, sondern eine heiße Show, die man einige Zeit nicht vergisst.

Nach der Show stand ich immer noch gewaltig unter Adrenalin. Ein paar Dosen Whisky-Cola waren da genau das Richtige. Zum Teufel mit der feinen Trinkkultur. Nach so einer Show wird man zum Tier, zum wilden Mustang, den es an die Tränke drängt. Das war meine Belohnung, auch der Exzess kann gesund sein – solange er nicht täglich ist. Ich war im Ausnahmezustand. Ins Bett konnte da sowieso keiner aus unserer Crew gehen.

Warum kam mein Publikum zu mir? Das hatte ich dem Fernsehen zu verdanken. Wie wird man als Koch bekannt? Man kann sich einen Stern erkochen und wird dann in der Fachpresse und auf der lokalen Ebene gelobt. Davon kann man sehr gut leben. Wer aber höher hinaus will, muss ins Fernsehen. Der Titel »Fernsehkoch« ist fast schon so viel wert wie »Sternekoch«. »Bekannt aus Film und Fernsehen« ist ein Gütesiegel für viele Menschen, das kann man berechtigt finden oder völlig übertrieben. Aber es bedeutet bares Geld. Wer im Fernsehen seine Kochkünste zeigen darf, muss originell sein und etwas draufhaben. Die Auswahl, wer vor die Kameras darf, kann sehr brutal sein. Nicht jeder Koch ist telegen und unterhaltsam, nicht jeder kriegt den Mund auf und ist amüsant. Nicht jeder Koch hat den besten Kontakt zu seiner Redaktion. Die Redakteure haben die Kochmützen an. Wir Köche sind eher die Kellner und von ihrer Gunst abhängig. Das ist die Geschäftsgrundlage.

Das Kochen unter Fernsehbedingungen ist eine eigene Welt. Ich habe beim Bayerischen Rundfunk gekocht, oft wurde bei mir im Sternerestaurant aufgezeichnet. Wenn der Bus mit dem

BR-Logo vorfuhr, wurden alle nervös. Natürlich geht es um Inszenierung – das aber bitte authentisch, kleine Schummeleien inbegriffen. Beim Außendreh sollte ich Bärlauch pflücken für ein Gericht, aber ich fand im Wald keinen. Gottseidank hatte der Redakteur einen mitgebracht, den gruben wir dann in den Waldboden ein und ernteten ihn dann im Film. Keiner merkte etwas. Man muss improvisieren können. Aber dem Gericht, um das es eigentlich ging, war es egal, ob der Bärlauch frisch gepflückt oder gekauft war.

Ich trete seit über 20 Jahren in TV-Sendungen auf und tanzte auf vielen Hochzeiten: MDR, ARD, Kabel 1, ZDF, n-tv, BR, Vox. Kamerascheu war ich wahrlich nicht, ich flirtete mit ihr wie einer Frau, die mich aufforderte, doch näherzutreten. Beim MDR bin ich seit 17 Jahren, so lange sind viele Paare nicht verheiratet. Ich mag die Menschen in den neuen Bundesländern – und sie mögen mich. Es ist toll, was sie in den Jahren in der DDR in der Mangelwirtschaft für eine gute Küche hinbekommen haben. Bei einer feinen Soljanka dreh ich vor Begeisterung durch. Und für eine Thüringer Bratwurst auf Holzkohle stell ich mich sofort an. Aber meine Aufgabe war es natürlich nicht, die nostalgischen Genüsse der DDR zu loben, sondern die Zuschauer in neue Geschmackswelten zu führen. Ich liebe mein Publikum in den neuen Bundesländern. Und ich bewundere die ungeheuren Leistungen der Sachsen, Thüringer, Mecklenburger, Sachsen-Anhaltiner und Brandenburger: 1989 die Mauer mit Massenprotesten zum Einsturz zu bringen ohne einen einzigen Schuss ist die Meisterleistung der deutschen Geschichte. Und dann die vielen Umstellungen in ihrem Leben einigermaßen ordentlich hinzukriegen, fast jeder Zweite musste ja seinen Job wechseln, ist eine Megaleistung. Die wir im Westen nie ausreichend gewürdigt haben. Wir sollten uns einfach unsere Geschichten erzählen. Gegenseitig. Und uns besuchen. Die Lebensleistungen würdigen.

Mit wachen, offenen Augen und Ohren. Das Sein bestimmt das Bewusstsein, da hatte der alte Karl Marx schon recht.

Das Leben eines Fernsehkochs kann hart sein. Viele seiner Beiträge sind nicht live, sondern aufgezeichnet. Und dann kann es anstrengend werden. Bei »Volle Kanne Susanne« im ZDF zeichnete ich an einem Tag zehn bis 12 Sendungen auf. Die Zuschauer haben das nicht bemerkt, dass es nicht live war. Ich funktionierte brav und sagte meine Texte auf. Nur einmal fiel ich aus, als ich aufwachte und im rechten Auge massive Schmerzen hatte. Der erste Augenarzt, dem ich mich anvertraute, meinte nur: »Es schaut nicht gut aus, aber ich habe keine Ahnung, was es ist.« Dann fuhr ich zu Professor Lang ins Bundeswehrkrankenhaus nach Ulm, ich wusste, dass er eine Kapazität war, er war auch schon Gast in meinem Restaurant. Der berühmte Augenarzt, der ein bisschen wie Hannibal Lecter aussieht, begrüßte mich sehr aufmunternd: »Hallo, Herr Henze, meine Mutter ist ihr größter Fan, sie hat alle Bücher.« Das ließ in mir die Hoffnung aufkommen, dass er mich wie seinen besten Freund behandelt – jeder Patient wünscht sich das ja. Ich musste eine CT in der Radiologie über mich ergehen lassen, ein Arzt murmelte hinterher, ohne etwas Konkretes zu verraten: »Kopf hoch, Herr Henze, das wird schon wieder.« Ich hörte den Professor lange mit seiner Frau reden und dachte natürlich, es ginge um meine Rettung. Mir wurde schummrig, es zog mir die Füße weg, ich musste mich auf eine Trage legen. Dann teilte mir der Professor die Diagnose mit: Es war eine seltene Erkrankung des Augenmuskels, offenbar als Folge einer Überanstrengung. Man könne das gut mit Cortison behandeln, in einer Woche wäre es erledigt. Der Dreh hatte sich auch erledigt, ich war erst mal raus. Die Gesundheit hatte mir Grenzen aufgezeigt. Auch ich war also verwundbar, wie ein Blitz aus heiterem Himmel hatte es bei mir eingeschlagen. Dieser Break brachte mich zum Nachdenken: Was wäre von mir übrig geblieben, wenn ich das Augenlicht verloren hätte? Welcher Sinn ist der Wichtigste für mich als Koch? Das Sehen? Das Hören? Das Riechen? Der Tastsinn? Das Schmecken?

Professor Lang war mein Retter. Bei ihm schauen keine Kameras zu, er arbeitet im Verborgenen. Aber er war mit seiner beruhigenden Aura eine Lichtgestalt für mich. Gute Ärzte sind ein Segen, noch wichtiger als gute Köche. Ein Essen kann misslingen, eine Operation darf nie schief gehen.

Die anderen Helden sind die Unfallärzte, die Notfallsanitäter, die Retter in höchster Not. In eine solche Situation geriet ich, als ich von einer Reise mit Gunter Sachs aus Los Angeles zurückkehrte. Ich hatte deutlichen Jetlag, aber wollte unbedingt noch ins Allgäu zu meiner Frau fahren. Auf der Autobahn nach Garmisch-Partenkirchen nickte ich einen Moment ein – der klassische Sekundenschlaf. Ich hatte wahnsinniges Glück im Pech: Ich nahm ein großes Autobahnschild mit, das mich hätte köpfen können. Es schlug in der Windschutzscheibe auf der Fahrerseite ein. Ein paar Zentimeter weiter und es hätte mich wohl getötet. Ich war auf einen Moment hellwach und stand natürlich unter einem gewaltigen Schock. Sofort rief ich Pia an, sie holte mich dann ab, das Auto war nur noch ein Schrotthaufen. »Sie haben unverschämtes Glück gehabt«, sagte der Polizist zu mir. Gottseidank war ich angeschnallt, selbst wenn ich nur zehn Meter fahre, schnalle ich mich an. Ich habe Respekt vor dem Schicksal – und möchte meine Schutzengel nicht überstrapazieren. Und wenn ich merke, dass ich müde werde, fahre ich jetzt ran und übernachte in einem Motel. Ich kann mich jetzt einschätzen. Übermut tut in diesem Fall selten gut.

Auch in der Vox-Kocharena hatte ich drei Auftritte. Es machte einen Riesenspaß, gegen verschiedene Prominente zu kochen und das Publikum zu begeistern, wir hatten sehr gute Quoten. Und ich lernte Größen wie Steffen Henssler oder Tim Mälzer kennen.

Beide sind großartige Kollegen, denen ich jeden Erfolg gönne. Es gibt natürlich einen heimlichen und manchmal unheimlichen Wettbewerb unter den Köchen, aber die Ellenbogen habe ich dabei nie ausgefahren. Ich komme mit allen gut aus – na ja, sagen wir mit fast allen. Als ich einmal bei »Kerners Köche« auftrat, verweigerte mir der große Johann Lafer den Handschlag beim ersten Treffen. Vielleicht hatte ich ihm nicht genug Ehrerbietung erwiesen, auch bei uns Fernsehköchen gibt es Platzhirsche und Jungtiere. In der Show drehte er mir den Rücken zu und sprach mich kaum an. Ich war verblüfft, um nicht zu sagen geschockt. Nach der Sendung erhielt ich einen Anruf der Redaktion, dass »eine gewisse Person« nicht mehr neben mir auftreten wollte. Wenn ich noch mal eingeladen werde, kommt er nicht mehr. Ich konnte mir zusammenreimen, wer das war, die Körpersprache der Abneigung war deutlich. Ob es damit zusammenhing, dass ich beim Kochtopfhersteller WMF neben Johann Lafer auch zum Werbegesicht geworden war und eine Veranstaltung moderiert hatte, bei der er im Publikum saß? Ich weiß es nicht, es kam nie zu einem klärenden Gespräch. Ich bin Johann Lafer noch einmal in einer Buchhandlung begegnet. Unser Verhältnis ist neutral. Wir haben keines. Ich hege keinen Groll. Nicht ärgern, nur wundern – das ist mein Lebensmotto. Aber ich achte ihn als Koch sehr. Was er erreicht hat, ist Wahnsinn. Er hat große Verdienste – nicht nur auf seinem Konto. Für die Freude am fröhlichen Kochen, die er so lange auf hohem Niveau vermittelt, ist er ein großartiger Botschafter. Ich bewunderte ihn vielleicht nicht ausreichend und dachte in meiner Naivität, es ist Gras genug für alle da, Jung und Alt können gut nebeneinander existieren und sich befruchten. Da war ich wohl ein bisschen blauäugig: Es gibt auch eben Revierkämpfe und einen Hauch von Futterneid. Und diesmal war ich, der Springinsfeld aus dem Allgäu, der Verlierer. Meine Karriere im Abendprogramm des ZDF war frühzeitig beendet. Aber ich bin kein Typ, der verschütteter Milch nachweint. Und allzu sehr grübelt über Absagen oder Projekte, die sich nicht realisieren lassen. Mal mag es an einem selbst liegen, dann an Umständen, die man nicht beeinflussen kann. Fest steht nur Eines: Es gibt keinen Menschen bei dem alles klappt. Sonst wäre das Leben ja lange nicht so spannend, wenn alles berechenbar und geradlinig ist, gibt es keinen Thrill.

Und es gibt ja auch Sender, mit denen ich schon sehr lange vertrauensvoll zusammenarbeite. Im MDR läuft meine Kochshow am Freitagnachmittag, in 17 Jahren fehlte ich nur zweimal. Einmal war ich krank. Ein andermal stand ich im Stau. Und die Polizei holte mich raus, damit ich an der Sendung »MDR um vier« teilnehmen konnte. Selten fühle ich mich so bedeutend. Ich schenkte dem Polizisten mein Kochbuch – es war ein großes Dankeschön und nicht als Bestechung gemeint. Aber der MDR hat eine große Nähe zu den Menschen im Sendegebiet, und das merkt man. Man kennt sich, man hilft sich.

Wir kochen live beim MDR, da bin ich in meinem Element. Ich liebe diesen kleinen Nervenkitzel. Und mein Redakteur Jens Trocha ist froh über die guten Quoten, die wir erzielen. Warum bin ich so ein Dauerbrenner bei diesem Sender? »Christian schafft es, in genau 20 Minuten das Gericht auf den Teller zu bringen, er hat eine eingebaute innere Uhr. Die Rezepte sind alle von ihm, aber er verblüfft uns immer wieder mit neuen Ideen. Bei einer Tomaten-Variation mit gebratenem Feta und Couscous kam Christian auf die Idee, eine Harissapaste noch hinzuzufügen. Er hat immer eine Extra-Idee im Kopf, das Tüpfelchen auf dem I. Genau für diese Kreativität schätze ich ihn. Bei uns wird nicht getrickst und nichts aufgezeichnet. Es ist alles pur und echt.«

Ich habe, das man muss man auch sagen, einen wunderbaren Vorkoch, Jörg Färber hat in Sternerestaurants gearbeitet, heute ist er hauptberuflicher Feuerwehrmann. Mit Jens Trocha und ihm bilden wir ein Trio infernale. Und wenn wir in einem Mitropa-Waggon kochen und die falsche Sahne dabei hatten, die in der Suppe geronnen war, stieg Jörg aus, besorgte die richtige Sahne und stieg zwei Stationen später wieder ein. Einmal brannte auch ein Brot an, das ich im Backofen rösten wollte. Meinem Moderator stieg der Geruch in die Nase. Auch so etwas passiert einem Sternekoch. Ich bin nicht immer perfekt. Aber meine gute Laune ist echt. Und vielleicht ist es das, was der MDR neben meinem Können als Koch an mir schätzt.

Aber ich bin auch gern bei anderen Sendern zu Gast. Die Sendung »Abenteuer Leben« bei Kabel 1 passt zum Beispiel wunderbar zu mir, ich habe da gleich zwei Sendeteile: »Henze unaufhaltsam« und »Frag den Henze«. Auch in der Sendung »ARD-Buffet« koche ich regelmäßig. Die Kochredaktion mag mich, ich bin einer von mehreren Köchen und komme zweimal im Monat zum Einsatz, wenn ich im Studio in Baden-Baden bin. Was muss ein guter Fernsehkoch haben? Meine Redakteurin, mit der ich oft bei Wein und Pizza zusammensaß, drückt es so aus: »Er muss authentisch sein. Und mit der Kamera spielen können. Mit dem Moderator in einem guten Dialog sein. Der Funke muss überspringen. Wir haben 45 Minuten. Christian hat die Zeit noch nie überzogen. Er ist ein Vollprofi. Und auch privat kein Kostverächter. Seine Lust am guten Essen überträgt sich auf sein Publikum. Und unsere Pizzaabende sind legendär. Mit Christian kann man richtig gut abhängen.«

Papaya-Reis-Salat mit BBQ-Chicken

Streetfood aus Asien ist weltberühmt. Aber man kann es auch zuhause wunderbar zubereiten: Die Küche ist global. Und schon entsteht eine exotische Hausmannskost, für die Sie bewundert werden. Trauen Sie sich ran und lassen Sie es sich munden!

Den Backofen auf 100 °C Ober-/Unterhitze vorheizen. **300 Gramm Basmatireis** mit **450 Milliliter Wasser** in einem ofenfesten Topf mit Deckel aufkochen, vom Herd nehmen und im Ofen 15 Minuten ziehen lassen. Den Reis aus dem Ofen nehmen und den Backofen auf 200 °C Ober-/Unterhitze heizen.

4 kleine Hähnchenbrüste in mundgerechte Stücke schneiden. **6 Esslöffel BBQ-Sauce, 2 Teelöffel geriebenen Ingwer, 4 Esslöffel indonesische Sojasauce, 2 Teelöffel Kartoffelstärke, 2 Teelöffel helle Sesamsamen** und **2 Teelöffel Honig** miteinander verrühren. Mit **Salz** und **schwarzem Pfeffer aus der Mühle** abschmecken. Die Hähnchenstücke mit der Sauce bestreichen und auf ein mit Backpapier ausgelegtes Backblech legen. Im Ofen ca. 15 Minuten backen.

4 Esslöffel hellen Aceto balsamico, 6 Esslöffel süße Chilisauce und **4 Esslöffel Olivenöl** zu einem Dressing rühren, mit **Salz, Zucker** und **schwarzem Pfeffer aus der Mühle** abschmecken.

2 Frühlingszwiebeln in feine Streifen schneiden. ½ reife Papaya schälen, das Fruchtfleisch fein würfeln. Reis, Papaya und das Dressing vermengen. Das BBQ-Hähnchen auf dem Reis anrichten und mit den Frühlingszwiebelstreifen garnieren.

Gang 11

KOCHEN IST DIE SCHULE DES LEBENS –
warum es jeder lernen kann und
ich gerne Erfinder bin

Ist Ihnen schon aufgefallen, dass die deutsche Sprache voll ist mit Bildern, die aus der Welt des Kochens kommen? Da muss der Deckel auf den Topf passen in der Liebe, die Möchtegern-Verführer wollen nichts anbrennen lassen, sauer macht angeblich lustig, wir suchen das Salz in der Suppe und sind alle auf der Suche nach dem Gelben vom Ei. Die Kirsche auf der Torte steht immer für das Besondere. Jeder kennt eine Frau mit Schnittlauch-Haaren oder einen Spargel-Tarzan, der sich dünne machen kann. Und wenn alles in schönster Harmonie ist, heißt es: Alles in Butter. Oder wie es der ehemalige Bundeslandwirtschaftsminister Karl-Heinz Funke im Kabinett Schröder einmal eindeutig zweideutig ausgedrückt hat: »Oldenburger Butter hilft dir auf die Mutter.« Hauptsache gereimt, wenn auch etwas holprig. Minister Funke musste sich wegen dieser Schlüpfrigkeit wegen Sexismus verantworten, aber auf dem Land spricht man eben so. Und er war Bauer.

Die Kochsprache ist überall, wahrscheinlich ist Kochen die älteste Kulturtechnik der Menschheit. Das Erhitzen, Würzen und Zusammenrühren ist eine Form von Kultur. Und Essen ist die Erotik des Alltags. Und was macht einen besonders heiß? Etwas, das einen anflirtet und anlächelt. Nimm. Mich. In. Den. Mund. Wir sind umgeben von solchen Appellen. Die manchmal einfach nur absurd sind. Weil diese Lebensmittel mit einer gesunden oder gar sportlichen Ernährung gar nichts zu tun haben. Sie machen nur dick und krank, wenn man sie im Übermaß verdrückt. Und sie machen die Testimonials reich. Auch Sporthelden verkaufen ihr Image, um für ungesunde Produkte zu werben. Es ist davon auszugehen, dass sie privat diese Essgewohnheiten eher weniger teilen. Sonst würden sie unförmiger aussehen. Da lobe ich mir einen Cristiano Ronaldo, der bei der Europameisterschaft angeekelt zwei Colaflaschen bei der Pressekonferenz weggestellt hat. Der Börsenwert von Coca-Cola fiel dann dramatisch. Ronaldo empfahl Wasser, schlichtes Wasser. Ich hätte ihn küssen können für diese Aktion. Aber vielleicht lag es auch nur daran, dass Coca-Cola ihm keinen hochdotierten Vertrag angeboten hatte.

Wie gesund ernährt sich eigentlich ein Koch? Was nehme ich während eines Tages zu mir? Wie schaffe ich es, schlank zu bleiben? Eine kleine Vorbemerkung: Ich habe ein Faible für die Leberkäs-Etage und esse ein knuspriges Leberkäsbrötchen fast so gern wie der berühmte tapsige Polizist Franz Eberhofer aus den Bayern-Krimis von Rita Falk (»Kaiserschmarrndrama«). Aber auch die Champagneretage besuche ich gerne – nicht nur aus beruflichen Gründen. Aber ansonsten bin ich erschreckend normal. Am Wochenende gibt es ein großes Frühstück mit Omelett, allen möglichen Aufstrichen und leckeren Brötchen. An Werktagen frühstücke ich nicht bei mir zuhause, ich lasse es einfach ausfallen: Breakfast Cancelling auf neudeutsch. Vor acht Uhr etwas zu essen, widerstrebt mir, ich will leicht in den Tag federn. Ich nehme höchstens unterwegs einen Espresso doppio bei Coffee & Friends bei mir um die Ecke. Dazu gerne eine Zeitung zum geistigen Wachwerden. Ich beginne den Tag langsam, aufreizend gemächlich. Das habe ich mir von den lässigen Franzosen an der Côte d'Azur abgeschaut. Sie trinken erst mal gemütlich einen

Kaffee oder ein Glas Rotwein, bevor sie produktiv werden. Das schwäbische »Schaffe, schaffe, Häusle baue«, also das Prinzip »Erst die Arbeit, dann das Vergnügen« ist ihnen fremd. Wie die urdeutsche Angewohnheit, eine Sache nur um ihrer selbst willen zu tun. Ich gestehe, ich bin ein halber Franzose.

Ich gönne mir dann ab und zu noch ein Croissant, aber eben nur eines. Und kein Stück Kuchen dazu. Damit ist meine Lust auf Süßes befriedigt. Sonst würde sich das auf Dauer auch bei mir ruinös auswirken. Die Dosis macht den Genuss. Und auch das Gift.

Ich bin ein Kaffee-Experte geworden, weil ich so viel unterwegs bin. Leider ist die Qualität in Deutschland sehr unterschiedlich. Von dem Niveau der Italiener sind wir oft meilenweit entfernt. Und ich kenne fast alle Raststätten, als Testtrinker bin ich sehr erfahren. Es kann passieren, dass der Kaffee an einem Tag klasse ist. Am anderem im gleichen Lokal ungenießbar. Das darf nicht sein. Aber ich nehme es hin. Weil es eine vorübergehende Erfahrung ist. Eine flüchtige. Aber ich finde, das Leben ist zu kostbar, um es mit schlechtem, lieblos zubereitetem Kaffee zu verbringen. Let's schlürf. Kaffee ist die einzige Fee, die zuverlässig ist.

Die erste größere Mahlzeit leiste ich mir dann Mittags: eine Avocado, ein Salat, ein gebratener Fisch. Dazu Wasser ohne Gas und ein Gläschen Weißwein. Wirklich nur ein Gläschen, 0,1 Liter.

Das Abendessen ist dann mein Festessen. Da habe ich Zeit, da nehme ich mir Zeit und esse gern etwas mehr. Egal wie spät es ist – da erwacht der Südländer in mir. Ein gebratener Fisch oder ein leckeres Gemüse ist auch da für mich eine Versuchung. Und als Dessert gönne ich mir eine Kugel Eis. Eine reicht mir. So nehme ich ungefähr 2000 Kalorien am Tag zu mir. Ich muss mich nicht quälen. Und natürlich gibt es Ausnahmetage, an denen ich exzessiv lebe: Beim Oktoberfest trinke ich schon mal ein paar Maß und esse Hendl und Brezen dazu. Am nächsten Tag ist dann wieder Schmalhans bei mir Küchenmeister. So behalte ich die Übersicht. Und bin in Balance. Ein Sternekoch sollte sich leichter tun, die Wirkung von Essen einzuschätzen. Das heißt aber nicht, dass alle schlank und rank sind. Müssen sie auch nicht sein. Die Qualität des Kochens hat nichts mit der Leibesfülle zu tun. Aber wie sagt man so schön: Ab 30 ist man für sein Gesicht verantwortlich und für seine Figur. Ich halte mich daran.

Nach den intensiven Jahren als Sternekoch im Landhaus hätte ich eigentlich ausgebrannt sein müssen. Es wäre nur logisch gewesen, emotional in ein kleines Loch zu fallen. Aber das Gegenteil war der Fall. Ich war befreit. Das Gefühl, keinen täglichen Druck mehr zu haben, war unbezahlbar. Der Tatendrang war in jeder Pore, ich hatte ja schon zu Zeiten als Sternekoch nie nur auf das Restaurant gesetzt. Ich hatte viele Standbeine, die ich aber ins Laufen brachte. Und ganz viele Firmen meldeten sich bei mir. Die Lebensmittelindustrie war an meinem Know-how interessiert. Und natürlich an meinem Image als Koch-Künstler mit freundlichem Gesicht, der nicht auf den Mund gefallen war.

Ich bin ein Tüftler. Es macht mir wahnsinnigen Spaß, neue Produkte zu entwickeln. Edeka und Netto klopften bei mir an. Aber begonnen habe ich bei Feneberg, der Supermarktkette des Allgäus, die ich sehr schätze: Weil sie ganz früh auf saisonal und regional gesetzt haben. Die Marke »Von Hier« florierte, und ich liebe es, wenn die Kartoffeln aus dem Nachbarort kommen. Das ist das wahre Bio. Nicht die Kiwis, die auch das Biosiegel tragen und tausende von Kilometern zurückgelegt haben.

Der Chef wollte mit mir Fertiggerichte kreieren. Ich war zuerst skeptisch. »Wissen Sie, ich bin ein Qualitätsmensch, Con-

venience-Produkte, also Fertiggerichte, sind nicht so mein Fall.«
Aber Feneberg war schlagfertig: »Ich bin auch ein Qualitätsmensch, deshalb klopfe ich bei Ihnen an und möchte, dass wir
zusammenarbeiten.«

So wurde ich also zum Ideengeber in der Großküche. Ein
Kaiserschmarrn mit roter Grütze, das war meine erste Aufgabe.
Hört sich leichter an, als es war. 500 Liter Beerenragout kochen,
das ist schon eine Herausforderung. Aber ich weiß, was Menschen mögen – und ich bin glaubwürdig. Ganz wichtig war, dass
wir die richtigen Schlüsselwörter verwenden: Vanille, Himbeere,
weiße Schokolade – das verlockt zum Zugreifen. Die Stachel-
beere ist auch auf ihre Art lecker, aber sie hat eben nicht so ein
gutes Image. Auch Datteln und Lakritz ziehen nicht.

Die Unternehmen, darunter Molkereien und Speiseeisunter-
nehmen, kauften Muster bei mir, die ich mir ausgedacht habe.
Und versuchten sie zu automatisieren. Ich habe rund 100 Produkte entwickelt. Auf manchen klebte dann auch mein Gesicht,
auf den meisten nicht. Bei der Firma Ehrmann (Werbespruch:
Keiner macht mich mehr an) entwickelte ich einen Joghurt mit
Mango und weißer Schokolade. Bei einer anderen Firma veredel-
te ich Frischkäse mit Honig und Lavendel. Oder mit getrockneten Tomaten, Mozzarella und Sweet Chili. Oder Senf mit Honig
und Zimt. Ich erfand eine Orangenmarmelade mit Cointreau,
Thymian und gerösteten Mandeln, die Augen der Chefs leuchten, als sie kosteten. Bei der Firma Hawesta, Marktführer bei
Fischkonserven, versuchte ich den Hering mit Tomatensoße zu
verfeinern. Kreativer und jünger musste das Produkt werden, ich
fügte Curry und Kokos dazu. Es ist für mich ein tolles Gefühl,
als gefragter Produktentwickler daran mitwirken zu dürfen, was
die Deutschen essen. Für ein Massenpublikum etwas zu entwickeln ist eine ganz andere Befriedigung als für eine erlesene Gäs-
teschar im Sternerestaurant. Natürlich fiel das eine oder andere

Produkt beim Verbraucher durch und wurde vom Markt genommen. Von 20 neuen Ideen floppen zehn, so ist das in der gesamten Lebensmittelbranche. Die Menschen sind Gewohnheitstiere und greifen immer gerne zum vertrauten Produkt. Aber sie wollen auch ab und zu Neues an sich heranlassen, weil sie auch Abwechslung wollen, neue Gaumenkitzler. Viele wurden auch ein Renner und sind bis heute im Sortiment. Mein Anspruch lautet immer: außergewöhnlich gut. Aber beurteilen müssen das natürlich die Menschen, die nach dem Produkt greifen. Oder es stehen lassen. Wenn sie gekostet haben, habe ich schon gewonnen. Bei neuen Produkten gilt immer: Wer zu spät kommt, den bestraft das Leben. Und wer zu früh kommt, wird liegengelassen. Ein guter Koch muss den Zeitgeist wittern. Und seine Mitmenschen so beobachtet haben, dass er weiß, welche Trends schon laufen, bevor sie offiziell verkündet werden. Das Näschen, das man dafür braucht, das nehme ich für mich in Anspruch. Ich beobachte Menschen beim Essen, in der Leberkäs-Etage, aber auch im Champagnerzelt. Zeige mir, wie du isst, und ich sage dir, wer du bist. Dieser Satz bewahrheitet sich immer wieder.

War es für mich rufschädigend, dass ich dabei mithalf, Fertigprodukte zu entwickeln? Ganz und gar nicht. Mein Qualitätsanspruch war immer knackig, ich entwickelte ja keinen Billigkram. Die Gerichte werden ja frisch gekocht und dann verpackt. Ich muss Realist sein. Ich bin kein Erzieher, kein Missionar, kein Ideologe. Die Menschen muss man da abholen, wo sie in ihrem Alltag stehen. Ganz viele Menschen haben unter der Woche nicht die Zeit, sich etwas Gutes zu kochen. Aber sie wollen auch keine minderwertige Nahrung zu sich nehmen. Diese Lücke wollte ich füllen – zum Beispiel mit Lammmedaillons in Thymian-Honig-Jus und einem Kartoffel-Apfel-Gratin. Oder Kohlrabigulasch mit Estragon und Parmesan-Gnocchi. Und ich fühle mich gut dabei. Es ist ein Riesenunterschied, ob ich für sechs Menschen koche. Oder für 20 000. Verantwortung hat man auf beiden Feldern. Wenn mir die Bedingungen nicht gepasst haben, habe ich auch Anfragen abgesagt. Denn Qualität ist mein zweiter Vorname. Das sagte ich auch in der Talkshow von Anne Will, als es um das Thema »Zu süß, zu billig, zu ungesund – werden wir im Supermarkt getäuscht?« ging. Ich wehrte mich gegen den schlichten Rundumschlag gegen die Discounter, weil sie ja eigentlich ein Segen der Menschheit sind. Nach der Sendung bekam ich einen Brief vom Edeka-Chef, dass ich mich wacker geschlagen hatte. Ein Sternekoch darf an Supermärkten nichts Gutes finden – das ist mir zu primitiv gedacht. Connect the unexpect – verbinde das Unerwartete, das tue ich gerne. Aus den ideologischen Schützengräben müssen wir raus. Das Fertigmenü ist auf jeden Fall nicht der Untergang des kulinarischen Abendlandes. Ich bin gegen jede Verteufelung.

Schauen wir uns doch mal ganz nüchtern die Fakten an: 18 Millionen Deutsche essen mehrmals im Monat Fertigmenüs. Das kann die unterschiedlichsten Gründe haben: Einer berufstätigen Mutter fehlt die Zeit zum Kochen, die Väter wollen etwas Unkompliziertes, was Ihnen einfach mundet. Fertigessen kann sogar zum Event werden, in Berlin gibt es ein Dosenrestaurant, in dem Fischdosen mit Brot und Salat serviert werden. Feinkosthändler verschicken für 45 Euro sechs Portionen Jahrgangssardinen in farbenfrohen Büchsen, sie sind zum Sammlergut geworden. Fertigessen kann auch kultig sein. Und der Markt ist in Bewegung. Es gibt inzwischen viele Hersteller, die schwer daran arbeiten, den hohen Gehalt an Fett, Zucker und Salz zu reduzieren. Und es gibt ja einen ganz einfachen Trick, Fertiggerichte auf eine gesunde Art zu genießen: Man kann sie mit frischen Zutaten aufwerten. Frisches Gemüse in der Fertigsoße schadet nie. Ich bin gegen diese Haltung: Alles oder nichts. Entweder das eine oder andere. Ich bin für den Kompromiss, nicht in der Sterneküche, aber im Alltag der meisten Menschen. Was ist gegen einen gekauften frischen Pizzateig zum Selbstbelegen zu sagen? Oder an Klößen aus der Packung, die man nicht selbst reiben und formen muss? Man kombiniert damit Gesundheit und Convenience, also die Bequemlichkeit. Wenn die Zeitschrift »Ökotest« die handelsüblichen Tiefkühlpizzen nicht in Bausch und Bogen verdammt und eine sogar als gut bewertet, zeigt sich, dass sich auch da etwas tut. Tiefkühlgerichte können absolut wertiger sein als Gemüse, das in den Läden zu lange herumliegt und auf dem Transport schon viele Vitamine verloren hat. Dosentomaten werden zum idealen Reifungsgrad geerntet. Das entzündungshemmende Lycopin ist sogar stärker enthalten als in Tomaten, die grün geerntet werden. Und der Teig von Tiefkühlpizzen soll demnächst, so plant es das renommierte Fraunhofer-Institut, mit Hülsenfrüchten versetzt werden. Die Ballaststoffe wären dann wieder da. Und die Forschung endet nie.

Selbst kochen ist natürlich das Allerbeste, was man sich antun kann, weil man da die volle Kontrolle hat. Aber ich möchte die Kirche im Dorf lassen und bin Realist: Sich jeden Tag selbst zu bekochen oder bekochen zu lassen entspricht nicht der Lebensrealität der meisten Bundesbürger. Auch das Fastfood hat seine Berechtigung. Es erstaunte manche, als ich ein paar Wochen lang zum Werbegesicht von McDonalds wurde. Ich war total erstaunt, als mich der Marketingchef eines Morgens anrief. Ich fiel fast vom Stuhl. Meine erste Reaktion war: »Nö, sowas mache ich nicht. Bin ja Sternekoch und nicht Massenverköstiger.« Aber dann machte mir der McDonalds-Mann die Sache schmackhaft: A-Promis wie Claudia Schiffer und Thomas Gottschalk warben schon für den Hamburger-Konzern. Und Thomas Gottschalk kannte ich ja von seinen Besuchen bei Gunter Sachs, ich traute ihm durchaus zu, dass er gewisse Qualitätsmaßstäbe hatte. Ich hatte natürlich als Sternekoch viel mehr zu verlieren, aber ich willigte dann ein, es war ein Kampf zwischen meiner Kochidentität und meiner unbändigen Lust nach Neuem. Ich ließ mich auf das Experiment ein, auch weil es, daraus mache ich kein Hehl, lukrativ war, ich lebe ja nicht von Luft und Liebe. Ich schlug ein unter einer Bedingung: Dass ich den Henze-Burger selbst entwickeln kann: bestes Rindfleisch, Raclette, Allgäuer Bergkäse, rote Zwiebeln, Kartoffelcreme und kleine Knusperchips. Es musste crunchen, ein Knusper-Fest für den Mund. Selbst Freundinnen von mir, die sich vorwiegend vegetarisch ernährten, waren begeistert.

Sechs Wochen lang lief ich dann über alle Sender, wir hatten einen lustigen Werbefilm gedreht, es brachte mir einen enormen Popularitätsgewinn. Ich war der Burger King. Die Verpackung mit meinem lachenden Gesicht war bald ausverkauft. Das Experiment hatte sich für beide Seiten gelohnt. Und ich gehe heute noch ab und zu gerne mal zu McDonalds – für einen Burger oder einen sehr guten Kaffee. Aber eben nicht jeden Tag. Die Dosis macht es. Einmal im Monat einen Burger zu essen schadet niemand. Jeden Tag drei mit einigen Litern Cola und viel Pommes ist eine Katastrophe, so kann man sich selbst verstümmeln. McDonald's ist ein Spiegel unserer Zeit. Das Produkt ist ok. Aber es bedarf intelligenter Verbraucher, um es richtig zu genießen. Die Eigenverantwortung hat jeder, die kann man nicht an der Theke von McDonalds abgeben. Und der Burger taugt für mich nicht als Feindbild, das im Gegensatz zur feinen Küche steht. Sonst müsste ich ja auch gegen die wunderbare deutsche Bratwurst-Kultur und meine Leibspeise sein: Eine knusprige Leberkässemmel zur rechten Zeit ist für mich ein Fest. Aber es ist eben auch Fastfood von der guten alten Sorte. Auch die Verdrängung liegt da zwischen den Brötchenhälften. Was im Leberkäs drin ist möchten Sie gar nicht wissen. Aber es schmeckt. Und der schnelle Genuss ist nicht immer schlecht. Problematisch wird es nur, wenn wir ihn immer praktizieren und uns grundsätzlich keine Zeit mehr zum Essen nehmen. Das ist dann der falsche Weg. Der absurde Wettkampf von Essenslieferdiensten wie Delivery Hero, Flink oder Gorillas, ihre vollmundige Ankündigung, in zehn Minuten (!) ein Mahl zu liefern, ist ein Zeichen unserer auf Hektik getrimmten Zeit. Ich frage mich immer: Was machen die Menschen mit der eingesparten Zeit? Ist es nicht gesünder für Köche und Fahrer, etwas mehr Zeit zu haben? Und essen die Menschen dann genau in dem Turbotempo, in dem sie die Speisen geliefert bekommen, schlingen sie alles im Eiltempo herunter? Unsere hochentwickelte Dienstleistungsgesellschaft kann auch perverse Seiten haben. Ja, ich weiß der Mensch will es bequem haben, gerade wenn er nur eine halbe Stunde Mittagspause hat. Aber irgendwann führt es in die völlige Sinnlosigkeit und Entwertung von Essen. Denn Essen ist ja nicht nur Mampfen und sich mit etwas vollstopfen. Wer nicht aufmerksam isst, verpasst so viel. Und wird auch in seinem Restleben schludrig sein. Ich finde, das Leben ist zu kostbar, um es nicht ganz bewusst zu genießen. Also verdamme ich kein Fastfood, aber ich bin der Anwalt des guten Fastfoods. Und manchmal träume ich vom Streetfood, wie es in Asien an jeder Ecke angeboten wird. Da sind Meister am Werk. Und sind wir mal ehrlich: Ist nicht auch das gute deutsche Butterbrot, belegt mit herrlichem Schnittlauch, Fastfood? Aber es ist so köstlich. Und so einfach.

Wie schön, dass man das eine tun kann und das andere nicht lassen. Man kann sich ab und zu einen Burger gönnen. Und sich dann zuhause etwas Leckeres zubereiten. Wie das geht? In meiner Kochschule kann man das lernen. Sie wurde mehrfach ausgezeichnet und ist eine der größten in ganz Deutschland. Die Idee, dass Laien bei Profis kochen lernen, ist anziehend, die vielen Fernseh-Kochshows haben sicher auch dazu beigetragen. Ich kann mich heute noch bei Alfred Biolek bedanken, der den beiläufigen amüsanten Küchentalk ins Fernsehen gebracht hat. Diese Lässigkeit lehre ich auch in meiner Kochschule. Ich habe ein großes Pfund: Die Leute nehmen mich ernst und vertrauen mir. Und ich nehme sie an der Hand und zeige Ihnen die Tricks und Kniffe, die jeder lernen kann.

»Nichts auf der Welt ist so mächtig, wie eine Idee, deren Zeit gekommen ist«, hat der große französische Autor Victor Hugo, Urheber des Romans und späteren Musicalstoffs »Les Miserables«, einmal gesagt. Das trifft auf die Idee der Kochschule perfekt zu: Cook it yourself! Das Selbstgemachte hat seinen eigenen Wert, die Menschen lieben es, etwas selbst mit Mühe und Geschick herzustellen und damit andere zu beschenken. Professor Jörg Mehlhorn, Vorsitzender der Gesellschaft für Kreativität in Mainz, erklärt das Phänomen so: »Wer seine in sich schlummernde Kreativität weckt, entfaltet seine Persönlichkeit, erfährt tiefe Befriedigung und damit automatisch Glückszustände.« Susanne Klinger, Autorin des Buches »Hab ich selbst gemacht«, die selbst Brot backt und Kartoffeln anbaut, sieht das ähnlich: »Menschen, die kreativ sind oder versuchen etwas selber zu schaffen, sind meistens arg mit sich im Reinen. Wer mit den eigenen Händen etwas schafft, bekommt einen riesigen Selbstbewusstseinsboost. Dieser Trend ist die zwangsläufige Gegenentwicklung zur Konsumgesellschaft. Selbst gemachte Dinge sind nicht länger eine Lebensnotwendigkeit. Heute kann jeder für sich entscheiden, ob er oder sie etwas mit den eigenen Händen schaffen möchte oder doch lieber in den Supermarkt geht.«

Unsere Kochschule greift dieses Bedürfnis auf. Bei uns gibt es keine Prüfungen und keine schlechten Noten. Bei uns gibt es nur lachende Gesichter und eifrige Hobbyköche, die hochmotiviert und lernwillig sind, im wahrsten Sinn des Wortes wissenshungrig. Kochkurse gab ich schon im Landhaus als Sternekoch, ich spürte das aufblühende Interesse meiner Gäste. Aber dort war es natürlich zu eng. Seit 2004 bieten wir unsere Kurse in den großzügigen Räumlichkeiten der »Christian Henze Kochschule« an. Natürlich kann ich nicht jeden Kurs leiten, aber ich habe prächtige Mitarbeiter, die meine mitreißende Art des Kochens weitergeben. Kochen ist die wichtigste Kulturtechnik der Welt. Ich will die Urinstinkte wecken. Und eine wunderbare Möglichkeit, kreativ zu werden. Denn kulinarische Vorschriften und penibel durchgehaltene Rezepte gibt es bei mir nicht. Es geht um Grundideen, bei mir darf dann auch improvisiert werden. Ein Risotto kann man mit Taleggio-Weichkäse enorm aufwerten, statt einer dicken Soße kann es auch eine Vinaigrette sein. Die Fantasie darf sich austoben.

Auf jeden Fall haben bis heute alle Teilnehmer meine Kochschule bereichert verlassen. Speziell die Männer. Sie gewinnen sofort an Ansehen und Sexappeal, wenn sie Frauen ihre Kochkünste zeigen können. Und ganz nebenbei erwähnen, dass sie bei Henze ein paar Kniffe gelernt haben. Noch ist kein Meister am Herd vom Himmel gefallen. Aber ein Amateur am Herd, der mit Leidenschaft bei der Sache ist, ist heute eindrucksvoller als ein Mann am Steuer eines dicken Autos, der mit seinem Autoschlüssel herumwedelt. Die Werte haben sich geändert. Und ich bin der letzte, der das schlecht findet.

Schaumige Basilikumsuppe mit Lachs

Einfaches Gericht mit großer Wirkung. Die Kostbarkeit wird noch deutlicher, wenn man die Suppe in Espressotassen oder Whisky-Tumblern serviert. Mach dich kleiner, erscheine größer. Suppen machen glücklich. Löschen Durst und Hunger.

2 Schalotten schälen, fein würfeln und in einem Topf in **2 Teelöffel Butter** farblos anschwitzen. **2 Teelöffel Weizenmehl (Type 405)** darüberstäuben und bei mittlerer Hitze mit einem Schneebesen rühren, bis eine helle Mehlschwitze entstanden ist.

Mit **100 Milliliter trockenem Weißwein** ablöschen und weiterrühren, bis die Sauce glatt ist. **600 Milliliter Gemüsebrühe** einrühren, dann **200 Gramm Crème fraîche** zugeben und 10 Minuten leicht köcheln lassen.

100 Gramm Basilikumblätter abspülen, trocknen und einige kleine Blättchen zum Garnieren beiseitelegen. Restliches Basilikum, **2 Esslöffel frisch geriebenen Parmesan** und **2 Teelöffel groben Senf** zur Suppe geben und mit dem Stabmixer glatt und schaumig mixen. **2 Spritzer Zitronensaft** mit etwas **Salz** und **schwarzem Pfeffer aus der Mühle** einrühren. Nach Belieben die Suppe durch ein feines Sieb passieren.

150 Gramm küchenfertiges frisches Lachsfilet ohne Haut (Sushi-Qualität) in dünne Streifen schneiden und auf vier vorgewärmte tiefe Teller oder Schalen verteilen. Die heiße Basilikumschaumsuppe noch mal schaumig aufmixen und über die Lachsstreifen gießen. Mit den beiseitegelegten Basilikumblättchen garnieren und servieren.

Gang 12

MEINE LEIDENSCHAFTEN AUSSERHALB
der Küche – wo meine Augen
auch noch leuchten

Wenn ich mich im Leben zwischen Hirn und Herz entscheiden müsste, würde ich ganz klar das Herz wählen. Denn nur dort, auf der Herzebene, kann ich die ganz tiefe Befriedigung erleben. Das Herz muss brennen, damit das Glück fließen kann und uns zu glücksüberströmten Menschen macht. Gottseidank muss ich nicht radikal zwischen Hirn und Herz wählen, ich bin für eine geschmeidige Kooperation von Klugheit und Herzintelligenz, das Bauchgefühl ist oft klüger als jede Berechnung. Manchmal ist es klug, den Kopf auszuschalten, sich völlig hinzugeben, sich seinen Leidenschaften auszuliefern. Nur dann kann man in einen Flow kommen, in dem man traumwandlerisch sicher das Richtige tut.

Arm dran ist ein Mensch, der keine Leidenschaften hat, der immer nur nippt statt trinkt. Lauwarm ist nicht meine Temperatur. Die Lauen, die habe ich gefressen. Ich bin ein Vollgasmensch. Auch wenn ich weiß, dass das Wort Leidenschaft auch Leiden beinhaltet, dass die Glücksenergie auch im wahrsten Sinn des Wortes Leiden schafft. Es ist nur ein Buchstabe Unterschied von der Wunde bis zum Wunder. Und von gescheiter bis gescheitert.

Meine größte Leidenschaft ist natürlich – abgesehen von meiner Familie – das Kochen. Aber mein Kopf ist kein Topf.

Und deshalb möchte ich Ihnen von drei Leidenschaften erzählen, ohne die ich völlig unvollständig wäre. Es sind viel mehr als Hobbies, es ist Liebe.

Wir leben heute in Zeiten, in denen das Auto ins Gerede gekommen ist und wegen der Umweltproblematik leichte Imageprobleme bekommen hat. In Deutschland wurde das Auto von Carl Benz erfunden, am 29. Januar 1886 meldete der Gründer von Mercedes sein »Fahrzeug mit Gasmotorenantrieb« zum Patent an. Es hat unser Leben unglaublich bereichert, aber auch Phänomene wie Unfälle, Abgase, Feinstaub und andere Klimaprobleme mit sich gebracht. Wir müssen es neu erfinden, keine Frage. Aber ich bekenne, frei nach Loriot: Ein Leben ohne Auto ist möglich, aber sinnlos. Ich bin ein Autofreak, ein Liebhaber, ein Mann, der wunderbar designte Autos für Kunstgegenstände hält. Ich habe diese Schönheiten aus Blech immer mit großen Augen angeschaut und von ihnen geträumt. Das begann schon, als ich bei Agnes Amberg in Zürich arbeitete und auf dem Parkplatz des Gourmetrestaurants die schönsten Karossen geparkt waren: Lamborghini, Ferrari, Porsche, Mercedes, Bentley, Maybach. Ich fuhr damals einen alten Golf, mehr konnte ich mir nicht leisten. Aber ich bewunderte diese Kunstwerke der Ingenieurkunst. Ein italienischer Sportwagen ist für mich so sinnlich wie der Auftritt einer bildschönen Frau. Manchmal traten wir in unserer Pause aus der Küche und machten eine Besichtigung am Parkplatz. Ich kann mich gut erinnern, wie ich zum Chefkellner sagte: Lass uns nachmessen, wie tiefergelegt dieser Ferrari ist. Ich sagte eine Handbreit über dem Boden, er zwei Handbreit. Wir haben nachgemessen und wollten es genau wissen. Es war faszinierend, hinter das Geheimnis dieses Geschosses zu kommen. Ich betrachtete alle Schlitten ohne Neid. Ich gönne jedem alles, was er sich ehrlich erworben hat. Es war für mich ein Ansporn, selbst einmal so einen Luxuswagen zu besitzen, mir so einen Luxuswagen zu erkochen. Jemand, der so einen Wagen hatte, der muss es geschafft haben, dachte ich mir in meiner damaligen Naivität. Ein Auto ist ja auch immer eine Visitenkarte, deshalb fahren Versicherungsvertreter gerne im Mercedes, eine Marke, die sofort Vertrauen und Wohlstand symbolisiert. Es ist alles Bluff. Das Leben besteht ja zu zehn Prozent aus Tatsachen und zu 90 Prozent aus Interpretation. Wo andere nur einen unbequemen Wagen sehen, mit dem man kaum etwas transportieren kann, erblickte ich ein göttliches Gefährt, das mir zublinkte. Es war pure Erotik. Die Verbindung von Technik, Sound, Ästhetik und Erhabenheit war für mich die Erfüllung meiner automobilen Kuppelträume.

Neid kann ein Motor sein, aber er darf nie aggressiv werden. Ich meine den Neid in seiner destruktiven Ausprägung. Auf der Internationalen Automobilausstellung in München marschierten Tausende gegen das Hassobjekt Auto, obwohl die Branche so grün denkt wie noch nie. In Berlin wurden einige Luxusautos sogar angezündet. Ich bin und bleibe ein Automann, weil ich über 60 000 Kilometer im Jahr fahre. Neid kenne ich nicht. Ich denke da eher amerikanisch: Bravo für Menschen, die sich so einen teuren Wagen leisten können. Diese Mentalität habe ich später auch in den USA gespürt, als ich in Diensten von Gunter Sachs seinen Rolls Royce Silverghost fahren durfte. Ich war damals 24, als mir der Supermarktangestellte die Tüten einpackte und zum Auto brachte. Als er das Auto sah, fiel ihm die Kinnlade runter. Er begrüßte mich danach anders, winkte mir freundlich zu, sprach mich mit Sir an. Ich war nicht mehr irgendein Grünschnabel in kurzen Hosen, ich war Rolls-Royce-Fahrer. Spätesten damals lernte ich eine wichtige Lektion fürs Leben: Nicht nur Kleider machen Leute. Auch Autos erzählen Geschichten. Sie symbolisieren Reichtum oder Armut – denn es gibt auch viele Amerikaner, die zum Beispiel in der Coronakrise in ihren Autos schlafen mussten, weil sie ihre Wohnungen verloren. Krass, wie viele Menschen dort durchs soziale Netz fallen.

Bei Gunter Sachs lernte ich den Umgang mit Luxusautos, ich fuhr seinen Mercedes 600 genauso selbstverständlich wie seinen Jaguar. Läuft – dachte ich mir. Es entstand langsam ein Film in meinem Kopf. Und wahrscheinlich nistete sich bei mir auch der Wunsch ein, so ein Gefährt mein eigen zu nennen. Nicht um den Nachbarn zu imponieren, sondern nur aus Spaß an der Fahrfreude.

Meine Einstiegsdroge nach einem Jahr erfolgreicher Selbstständigkeit war dann ein BMW M 5, der ein kleines Vermögen kostete, für das man lange kochen muss. Meine Frau fragte mich, ob ich nicht ganz dicht bin – so viel Geld für ein Auto. Aber ich ließ mich nicht davon abbringen. Es war mein erstes Rendezvous mit der Geschwindigkeit. Ich wurde zum Speed King, aber nur auf der Autobahn, wo es sich anbot. Ich bin kein notorischer Raser, diese Leute habe ich immer verachtet. Wenn sie mit der Lichthupe von hinten kommen und langsamere Autos von der Straße verdrängen wollen, ist das gemeingefährlich. Und es gibt auch Fahrer von schnellen Autos, die diesen Fahrzeugen nicht gewachsen sind und die vielen Pferdestärken in der Stadt röhren lassen. Das ist so hohl. Dieses Imponiergehabe hat mich nie interessiert, ich fahre nicht für andere, nur für mich selbst, für mein Vergnügen. Und liebe es, wenn der Motor zu schnurren beginnt.

Aber der Mensch ist ein soziales Wesen, ich lebe nicht allein, ich nehme natürlich auch die Reaktionen meiner Umwelt wahr. Als ich meinen ersten Porsche kaufen wollte und den BMW dafür in Zahlung geben wollte, war meine Frau nicht begeistert, sie fragte sich auch, wie so ein Porsche in unserem kleinen Dorf ankommt und ob nicht Gäste davon abgeschreckt werden. Aber nein, das Gegenteil war der Fall. Wenn der Wirt sich einen Porsche leisten kann, muss er gut sein, so dachten unsere Kunden. Und auch wenn es oft sehr gut ist auf seine Frau zu hören: Eher legt sich ein Hund einen Wurstvorrat zu als dass ein Mann von seiner Leidenschaft abweicht. Man muss ihn machen lassen. Kluge Menschen tun das.

Der Porsche machte mich glücklich, er war keine Enttäuschung. Ich fuhr ihn nicht nur am Sonntag, er wurde zu meinem Alltagswagen neben unserem Familienauto. Wenn ich schon das Leder roch, war ich begeistert. Dass Autofahren wahnsinnigen Spaß macht und es nicht nur darum geht von A nach B zu kommen, geht ja manchmal in der Umweltdebatte unter. Die Lust am Auto liegt in der DNA der Deutschen. In dieser Beziehung bin ich ganz deutsch.

Ich hatte vier Porsches in meinem Leben, meine Frau gewöhnte sich daran und war beruhigt, dass ich es mit der Geschwindigkeit nie übertrieb und auch keine Rennen fahren wollte – ein Fahrtraining auf dem Nürburgring reichte mir. Aber irgendwann führte mich ein Freund von mir zu einem Ferrari-Händler und dann war es um mich geschehen. Dieser Ferrari 458 stand da, es war eine Art Liebe auf den ersten Blick. Es flashte mich. Ich fuhr fremd und fühlte mich wie im Himmel des lebenslustigsten Volkes der Welt. Der Italo-Renner war für mich das Nonplusultra, noch mal eine ganz andere Liga als der Porsche. Ein Kraftpaket mit 600 PS, aber die sind mir gar nicht so wichtig. Bei Ferrari schwingt alles mit: der Mythos, das Design, die vielen Siege, die Michael Schumacher, mit dieser Kultmarke errungen hat, die lange Bestellfrist, das sehnsüchtige Erwarten, die Exklusivität. Ein Ferrari ist für mich nur ein anderes Wort für höchste Qualität. Und auch, wenn sich das komisch anhört, diese Perfektion überträgt sich dann auch ein bisschen auf den Fahrer.

Manchmal ist Stille das schönste Geräusch. Zum Beispiel in der Natur. Die habe ich in den Allgäuer Bergen, die schon wunderbare Namen tragen: das Nebelhorn, der Sonnenkopf, der Grünten. Die Rotspitzen, der Große Daumen, die Mädelegabel, das Alpenroseköpfle. Wir haben Deutschlands schönste Blumenberge, Hochseilgärten und die wildromantische Breitach Klamm – Natur in ihrer schönsten Form, Kraftorte, Inseln der Besinnung. Wenn es mir beim Auto um Beschleunigung geht, geht es mir beim Bergwandern manchmal auch um Entschleunigung. Ich lebe in einer Region, die der Liebe Gott an einem seiner besseren Tage erfunden haben muss. Die Alpen sind eine Landschaft, die erst mal Ehrfurcht und Demut auslöst. Die Berge zeigen uns Menschen, wie klein wir sind. Aber wir haben sie erobert. Und sollten sie mit sehr viel Achtsamkeit als Naturschätze bewahren.

Es gibt kaum etwas Besseres als ganz früh, um fünf Uhr morgens, wenn die Sonne aufgeht, auf den Berg zu gehen. Die Wiesen sind noch nass, der Tau glänzt, das Licht blinzelt durch den Wald, die Vögel singen sich ihre Hitparade vor, und im Rucksack ist eine ordentliche Brotzeit drin: Allgäuer Bergkäse, Salami, Essiggurken, Obst, zwei Tafeln Schokolade. Man verbrennt ja auf so einer Wanderung enorm viel, ich gehe auch gern mal zügig mit einem Freund. Und die beste Brotzeit ist nun mal die, die man sich körperlich verdient hat. Der Mensch hat ein tiefes Gerechtigkeitsempfinden in sich und belohnt sich dann umso lieber. Ich fordere mich manchmal sehr. Als ich mit einem Freund auf dem Rubihorn war und den Abstieg nur mit Mühen meisterte, bin ich nur noch zitternd ins Auto gekrochen, ich hatte einen Mega-Muskelkater. Aber so etwas ist schnell vergessen. Ich liebe es, sich auf den eigenen Füßen durch die Welt zu bewegen. Unsere Haxen sind doch ein Gottesgeschenk – und ich finde, wir sollten sie üben, trainieren, benutzen, nicht einrosten lassen. Denn Bewegungsmangel ist einer der größten Sünden unser Wohlstandsgesellschaft. Uns wird ja fast alles erleichtert, wir haben Aufzüge und Rolltreppen, Busse und Bahn, Autos und E-Roller. Die kleinsten Wege, der letzte Kilometer soll uns abgenommen werden. Für mich ein klassisches Beispiel, wann ein Fortschritt auch ein Rückschritt werden kann. Wenn wir keine verweichlichte Gesellschaft werden wollen, müssen wir uns das Leben selbst etwas unbequemer machen. Unser Körper dankt es uns. In der christlichen Lehre gibt es ja die sieben Todsünden: Hochmut, Wollust, Habgier, Zorn, Völlerei, Neid. Die Trägheit ist eine von ihnen, modern gesagt: der innere Schweinehund. Wir können immer wählen, ob wir erstarken oder erschlaffen. Es gab noch nie so viele Verführungen zur Bequemlichkeit wie jetzt. Und noch nie so viele Wohlstandskrankheiten, die durch Unterforderung entstanden sind. Wir haben es in der Hand. Wie sagte der berühmte Pfarrer Sebastian Kneipp, der Wasserdoktor aus dem Allgäu, so schön: «Gesundheit bekommt man nicht im Handel, sondern durch den Lebenswandel.» Und Sebastian Kneipps Beschreibung unserer Heimat kann ich gar nicht schöner ausdrücken: »Ich habe viele Länder bereist, doch nirgendwo anders liegt das Glück in all seiner Fülle so nah beieinander: das heilende Grün der Wiesen, die kleinen Bäche und Flüsse, das klare Blau des Himmels und die steinernen Riese in der Ferne. Diese Landschaft lädt ein, sich Zeit zu nehmen und nach dem zu suchen, was Sie glücklich macht. Vielleicht ist das ein kühlendes Fußbad im Fluss oder ein stiller Moment auf einer Bank unter einem großen Baum. Alles fügt sich einer höheren Ordnung, die wir nicht erklären können. Geh mit Neugier und Offenheit durch die Landschaft, dehne dich bewusst aus und lasse dich inspirieren. Nicht alles, was dir hier auf Erden wichtig erscheint, ist es mit Blick auf das Große auch in Wirklichkeit.«

Pfarrer Kneipp hat recht. Die Berge sind magisch. Auch die Stille ist eine Kraftquelle. Ich genieße es, meine Gedanken schweifen zu lassen, nichts reden zu müssen. Ich bin ja ein Bewegungsmensch. Und weiß, dass der Kopf rund ist, damit die Gedanken in einen Kreislauf geraten. Das Wechselspiel zwischen Wald, Wasser und Wiese öffnet unser Hirn. Und wir spüren unsere Mitte wieder besser.

Mein Zauberwort heißt Disziplin. Und Wiederholung. Mir war sehr früh klar, dass mein Körper mein Kapital ist. Dass er formbar ist. Dass er mich zu einem aufrechten Menschen machen kann, der mit mehr Respekt betrachtet wird. Dass die körperliche Erscheinung nicht nur ein oberflächlicher Eindruck ist, sondern sich tief in den Gehirnwindungen unseres Gegenübers festsetzt. Für den ersten Eindruck gibt es keine zweite Chance.

Mit 17 hatte ich eine fundamentale Erkenntnis, einen Geistesblitz: Man kann seine Stimmung heben, wenn man Gewichte hebt. Ich war noch in der Lehre und ging in ein Fitness-Studio. Ich war das, was man ein Hemd nennt, ein Hänfling, ein Spargeltarzan. Man konnte mich durchaus übersehen, wenn auch nicht überhören.

Ich sah an den Wänden Poster von Muskelprotzen, sie gaben mir die Gewissheit, dass man sich so etwas erarbeiten kann. Dann fasste ich einen Entschluss, der für meinen Lebensweg von ganz großer Wichtigkeit war: Ich gehe jeden Tag ins Fitness-Studio, 365 Tage im Jahr, auch an Weihnachten und Silvester. Es war der beste Entschluss meines jungen Lebens. Weil ich in mich investiert habe. Schon nach einigen Wochen spürte ich, dass ich mit einer viel besseren Körpersprache durchs Leben ging. Ich schob meine Brust raus – und mein Selbstvertrauen wuchs. Meine Methode in der Muckibude war klar: Wenn es weh tut, mach ich noch zwei Wiederholungen. Nur dann ist es gut, nur dann wachsen die Muskeln richtig.

Das Bodybuilding wurde zu meiner Leidenschaft, ich nahm sogar an Wettbewerben teil. Von 72 Kilo bei einer Größe von 1,83 hatte ich mich mit vielen Proteinen auf 89 aufgepumpt.

Als eine Art Mini-Schwarzenegger nahm ich an der Süddeutschen Meisterschaften teil, zeigte meine Muckis und belegte Platz sechs. Schwarzenegger hatte mir schon immer imponiert. Dieser unerschütterliche Glaube an sich selbst, der beste Bodybuilder der Welt zu werden, dieser Mut, als Steirerbub ohne Englischkenntnisse in die USA zu gehen, dieser Größenwahnsinn, als Mr. Universum zum Filmstar zu werden und später als Gouverneur von Kalifornien zu kandidieren – davor verneige ich mich. Aber ich wollte ja niemanden kopieren und meinen eigenen Weg gehen.

Diese drei Jahre intensive Körperarbeit haben mich zu dem gemacht, was ich heute bin, ich zehre immer noch davon. 656 Muskeln hat der Mensch, der stärkste aller Muskeln ist, das wird viele überraschen, der Kaumuskel. Er hebt und senkt den Unterkiefer, ohne ihn würden wir verhungern. Aber ich habe natürlich auch den großen Rückenmuskel trainiert, der vom Schulterblatt bis zum Becken reicht, den Schneidermuskel vom Becken bis zum Schienbein, den Gluteus Maximus, der das Gesäß umspannt. Die Muskelpakete habe ich heute nicht mehr, wenn man ein paar Wochen aufhört, verschwinden sie so schnell wie sie gekommen sind. Ab 30 verliert der Körper ja jährlich ein bis zwei Prozent an Muskelmasse. Aber das war nicht schlimm. Ich hatte ja den Kochsport. Kochen auf meinem Niveau war Hochleistungssport, dabei werden unendliche Kalorien in der Küche verbrannt. Aber meine Muskeln danken mir heute noch für die drei Jahre nonstop an den Hanteln. Meine »körpereigene Pharmafabrik«, wie der Kölner Sportmediziner Wilhelm Bloch unsere Muskeln nennt, ist intakt. Auch wenn ich jahrelang danach nicht mehr ins Fitnessstudio kam und heute 83 Kilo wiege, mein Körper hat eine Grundausbildung erfahren. Sport ist die Basis für meinen Erfolg. Nur in einem gesunden Körper wohnt ein gesunder Geist, die alten Römer hatten schon recht. Und die

Skirennläuferin Lindsey Vonn liegt richtig: »Strong ist the new beautiful« hat sie ihr Buch betitelt.

Wenn es meine Zeit erlaubt, halte ich mich heute wieder fit: Gewichte heben, auf den Stepper gehen, nicht auf das Handy schauen, volle Hingabe, die Belastbarkeit des Körpers erleben. Das war mein Weg, um nicht dick zu werden, ein Jojo-Mann wie der bekannte Gourmet Joschka Fischer war ich nie. Dafür bin ich zu eitel, ich wollte mir gefallen. Mein Gewicht überprüfe ich täglich mal ganz beiläufig mit einem Blick auf die Waage. Ich will auf dem Laufenden bleiben. Wenn ich mich der Sünde der Völlerei hingegeben habe, esse ich in den nächsten Tagen dementsprechend weniger. Das ist ein einfaches Prinzip, das mir Freiheiten erlaubt. Gewicht ist kein Schicksal, sondern eine Frage der Balance. In meinem Bestseller »Schlank geht auch anders« habe ich es ausführlich beschrieben.

Balance ist also mein Erfolgsrezept, aber auch Abenteuer. Manchmal entstehen unter meinen Freunden Ideen, die wir dann auf Teufel komm raus verwirklichen. Im zarten Alter von 48 Jahren nahm ich mit vier Freunden an einem Himmelfahrtskommando teil: dem »Tough Guy«, der Mutter aller Hindernisläufe. Er wird beworben als »Der gefährlichste Lauf der Welt«. Und findet jedes Jahr bei Eiseskälte am vierten Sonntag im Januar satt. Was bedeutet tough? 15 Kilometer durch Schlamm, Matsch und Stromtunnels, aufgrund der herunterhängenden Stromkabel bekam man einige Stromschläge ab. So etwas ist extrem geil – oder extrem bescheuert. Aber ich hatte Lust auf dieses Survivaltraining, das mich brutal aus meinem Alltag riss. Jede Woche bereiteten wir uns auf einem Übungsparcours im Allgäu vor. Wir sprangen in Bäche, dass es eine Pracht war. Aber das brutale Rennen war dann doch ganz anders. Die Unterkühlung, wegen der viele Teilnehmer aufgeben, packte auch mich.

Ich erfror fast in diesen zwei Stunden. Aber aufgeben war keine Option für mich. Ich habe gefightet und das Letzte aus meinem geschundenen Körper rausgeholt. Wir tauchten in eiskalte Seen, die noch von Eis bedeckt waren. Auf einer langen Laufstrecke mussten wir Holzbarrikaden überwinden, mit jedem Schritt steckten wir knietief im Schlamm. Berghänge, Schlammgruben, Wasserlöcher – die Herausforderungen waren bunt. Am schlimmsten waren die sogenannten Killing Fields. Bei einem Tauchgang musste man viermal hintereinander unter einem Holzbalken durchtauchen. Ich lag nur noch japsend auf dem Boden. Wir hatten einen Arzt dabei, der mich aufmunterte: »Wer friert, taucht auch wieder auf.«

Hinterher gab ich mir im Pub die Kante, meine Stimmung schwankte zwischen »Nie wieder!« und »Wann ist der nächste Lauf?«. Die Mutprobe war geglückt. Dabei sein ist alles. Das Wichtigste war es, diese Challenge einfach nur zu überleben. Das Gefühl, nach dem großen Leiden pumperlgsund zu sein, stellt sich dann erst nach ein paar Tagen ein. Und dem Teamgeist hat dieses Erlebnis auch gut getan. Uns macht niemand kalt.

Manchmal bin ich auch leichtsinnig und tue Dinge, die ich beim besten Willen anderen nicht weiterempfehlen kann. Als ich meinem Freund Mark, der damals einen Managerjob in Wien hatte, klagte, dass ich konditionell nicht ganz auf der Höhe bin, meinte er nur lapidar: »Das ist kein Wunder, weil du ja immer nur Krafttraining machst, die Ausdauer lässt du einfach weg. Du hast es in den Armen, aber dir fehlt es in den Beinen. «

Mark war für mich eine Autorität, ich wusste, dass er ein guter Läufer war. Und so bat ich ihn, mir doch mal einen kleinen Trainingsplan zu schicken. Er schickte mir eine Anleitung für Anfänger: fünf Minuten gehen und eine Minute Joggen. Und schrieb handschriftlich darunter: Ach ja, im Mai nächsten Jahres ist Wien-Marathon.

Das war ironisch gemeint, aber es elektrisierte mich, sofort lief ein Film in mir ab. Ich laufe erhobenen Hauptes und strahlenden Gesichts in Wien über die Ziellinie und klopfe mir dabei noch auf die Schulter. Ich rief Mark sofort an und bat ihn, mich anzumelden. Er hielt mich für einen Wahnsinnigen, weil ein Marathon wirklich einen langfristigen Trainingsaufbau erfordert. Aber er tat es. Und ich trainierte jeden Tag ein bisschen mehr. Am Ende konnte ich 20 Kilometer am Stück im Training laufen. Eine solide Grundlage dachte ich mir. Ohne dass ich ahnte, worauf ich mich eingelassen hatte. Ich wollte einfach den Mount Everest des kleinen Mannes, wie man den Marathonlauf auch nennt, besteigen. Und liefen da nicht Tausende neben mir, die auch nicht so genau wussten, was sie sich da zumuteten? Einige sogar mit sichtbarem Übergewicht?

Um acht Uhr ging es am Wiener Prater los, ich war voller Endorphine und Lebenslust. Die ersten Kilometer kam ich in einen guten Rhythmus, ich spürte das Adrenalin in mir, bis Kilometer 20 war ich einigermaßen leichtfüßig, mein Freund Mark war mir schon längst enteilt, ich wusste, dass ich gegen meinen schwierigsten Gegner laufen musste: gegen mich selbst, gegen den Feigling in mir, der sich als Stimme der Vernunft tarnte. Ab Kilometer 23 wurde es zäh, ich kam vor wie ein VW Käfer, der sich in endlosen Serpentinen einen Berg hinaufmüht. Er läuft. Und läuft. Und läuft. Wenngleich die Geschwindigkeit immer mehr abnahm. Stehenbleiben ist tödlich, das wusste ich. Es war ein erbitterter Kampf mit meinem inneren Schweinehund. Ich gierte an den Verpflegungsstationen nach den Bananen, Äpfeln und Elektrolytgetränken. Immer wieder goss ich mir Wasser über den Kopf. Ab Kilometer 28 taten mir die Oberschenkel extrem weh, sie waren hart wie Stein. Ab Kilometer 32 torkelte ich nur noch und versuchte, im Schritttempo zu joggen, ab Kilometer 35 war es nur noch ein Kampf mit meinen begrenzten

Ressourcen. Mir schossen Sätze wie »Sport ist Mord« durch den Kopf, ich fühle mich wie ein Selbstmörder kurz vor dem Ziel. Dann nahte meine Rettung: Ein älterer Zuschauer aus Wien nahm mich in den Arm, stützte mich und sagte in breitestem Wienerisch: »Bua, auf geht's, das pack mer, ich helfe dir.« Und so joggten wir beide im Zeitlupentempo, aber mit enormer Euphorie auf dem letzten Kilometer durch das Ziel. Nach gut vier Stunden hatte die Quälerei ein Ende genommen. Ich legte mich auf den Boden. Was für ein süßes Gefühl, nicht mehr weiterlaufen zu müssen. Und ich konnte mich »Finisher« nennen. Und am Abend taten mir beim Essen mit Mark und seiner Frau noch die Beine weh, aber meine Seele war gefüllt mit unbezahlbaren Eindrücken. Danke Mark und Anke für eure Motivation und langjährige Freundschaft. Ich war stolz wie Bolle, dass ich durchgehalten hatte. Und empfehle im gleichen Atemzug niemand eine Nachahmung. Mit so wenig Kilometern in den Beinen sollte man sich nicht auf einen Marathon machen. Aber das H im Namen Henze steht nun mal nicht nur für heiter und hellwach, sondern für höllisch und Hundling. Ein Hundling, das ist im Allgäu das größte Lob, das man sich einfangen kann. Ich hatte mich ins Ziel geschmuggelt. Und wusste einmal mehr, was in mir steckt. Das erfährt man nun mal nur, wenn man als Limit geht. Und darüber hinaus.

Rezept-Soundtrack meines Lebens:

Mamas gefüllte Paprikaschoten

Ein ganz einfaches Gericht, aber ein Seelenwärmer und Sattma-cher nach all den Leidenschaften, die viele Kalorien kosten. Wenn ich meine Mutter besuche, wünsche ich mir dieses Gericht: die Schönheit des Schlichten. Das rote Glück.

Für die Füllung **4 Schalotten** abziehen und würfeln. **1 Ess-löffel Öl** erhitzen und die Schalotten darin glasig braten. Ab-kühlen lassen und **2 Esslöffel gehackte Petersilie** zufügen. **400 Gramm gemischtes Hackfleisch, 100 Gramm Semmelbrö-sel, 2 Eier, 3 Esslöffel Tomatenketchup** und **2 Esslöffel schar-fen Senf** dazugeben und alles vermengen. Mit **Salz** und **schwar-zem Pfeffer aus der Mühle** würzen.

Den Backofen auf 180 Grad vorheizen. **4 mittelgroße Paprika-schoten (à ca. 200 Gramm)** waschen, den Deckel jeweils ab-schneiden, Samen und Trennwände entfernen. Die Paprika-schoten mit der Hackfleischmasse füllen und die Deckel wieder auflegen.

2 Esslöffel Öl in einem Bräter erhitzen, die Paprikaschoten dicht nebeneinander hineinsetzen und an der Unterseite etwas Farbe annehmen lassen.

2 Knoblauchzehen abziehen und fein hacken. Mit **400 Gramm geschälten Tomaten (aus der Dose), 2 Esslöffel Tomatenket-chup, 1 Zweig Thymian** und **200 Milliliter Rinderbouillon** ver-rühren. Die Schmorsauce zu den Paprika geben. Den Bräter mit einem Deckel verschließen und das Gericht etwa 45 Minuten im heißen Backofen garen lassen.

Die Schoten behutsam aus dem Bräter heben. Die Sauce mit **100 Gramm Sahne** und **2 Esslöffel Crème fraîche** aufkochen und mit **Salz, schwarzem Pfeffer aus der Mühle** und etwas **Tabasco** würzen. Die Paprikaschoten auf vier Tellern anrichten und die Sauce dazu reichen.

Gang 13

DER FAMILIENMENSCH –
warum ich Kinder so liebe und
meine Frau mich perfekt ergänzt

Im Loslassen halt ich dich fest. Diesen Satz hat Moderatorin Tanja Valerién, die Tochter des berühmten Sportstudio-Leiters Harry Valerién, einmal ihrem Mann Stephan Glowacz gewidmet, wenn der berühmte Bergsteiger mal wieder zu einer seiner gefährlichen Touren aufbrach. Und sie fügte hinzu: »Man darf nicht eifersüchtig sein auf diese Leidenschaft. Man muss einem Mann die Leidenschaft lassen, der Jäger darf nicht zum Lamm werden.« »Jäger des Augenblicks«, heißt der Film von Stefan Glowacz über seine halsbrecherische Kunst, die ich zutiefst bewundere. Jäger des Augenblicks – so empfinde auch ich mich.

Im Loslassen halt ich dich fest. Dieses Prinzip leben auch meine Frau Pia und ich. Ich bin ihr dankbar, dass sie mir die Freiräume gibt und es billigt, dass ich auf vielen Hochzeiten tanze. Weil es meinem unternehmerischen Wesen entspricht und weil ich natürlich auch das Familieneinkommen dadurch enorm steigern kann. Wenn ich zuhause bin, bin ich zu 100 Prozent da und ansprechbar. Aber ich komme auch, um zu gehen. Und gehe, um zu kommen. Für mich ist beides gleichermaßen wichtig: das Gefühl, nach Hause zu kommen und meine Familie um mich zu haben, und das Bedürfnis, auf Schatzsuche in der weiten Welt zu sein. Bindung und Freiheit, Geborgenheit und Umtriebigkeit sind für mich keine Widersprüche. Ich will alles, weil ich Rasanz und Ruhe für mein Lebensglück brauche. Meine Frau weiß, dass der bunte Paradiesvogel zurückkommt.

Wir sind seit über 30 Jahren zusammen. So eine Langzeitliebe ist selten geworden. Nichts hat uns auseinandergebracht, weder räumliche Distanz noch unterschiedliche Meinungen. Wir kennen uns in- und auswendig. Und sind trotzdem aufmerksam, wenn wir neue Seiten an uns entdecken. Wir waren oft räumlich und beruflich getrennt, aber genau das ist vielleicht das richtige Rezept, um auszuprobieren, ob wir wirklich zusammengehören. Ob die Sehnsucht stärker ist als die Bequemlichkeit. Für Fernbeziehungen gilt der alte Satz des chinesischen Weisheitslehrers Lao Tse: »Die Entfernung ist für die Liebe wie der Wind für das Feuer. Das starke facht er an. Das schwache bläst er aus.«

Wichtig ist, dass jeder in seiner Rolle aufgehen kann. Ich bin der Mann, der gerne vorne steht und redet. Ich bin der Anchorman. Pia ist lieber die Frau im Hintergrund, die denkt und lenkt und alle Zahlen im Kopf hat. Sie ist für Kalkulation, Personal, Logistik zuständig. Ich für Kochen, frische Ideen und Überzeugen von neuen Geschäftspartnern. Pia hat genau das, was mir fehlt. Und umgekehrt wohl auch. Das heißt nicht, dass wir immer einer Meinung sind. Wenn wir unseren Hochzeitstag feiern, sagt sie: »Wir feiern jetzt so viele Jahre Krieg und Frieden, Frieden und Krieg. Aber ich kann mir keinen besseren Mann vorstellen.«

Ich war 19, als ich Pia bei einem Faschingsball in der Füssener Disco »Sonne« entdeckte. Der Name des Lokals war schon mal ein gutes Omen. Pia sah zum Anbeißen aus, sie trug beim Chicago-Ball ein eng anliegendes schwarzes Spitzenkleid, sie war die Audrey Hepburn des Allgäus: »Ich hatte mich etwas aufgetakelt, Christian war mir rasch aufgefallen, er hatte diese langen Vokuhila-Locken, die damals modern waren, und dieses einladende Siegerlachen in den Augen. Er hat mich schnell angespro-

chen und erzählte mir, dass er leider, leider bald aus Füssen weg-
zieht – in die großen Küchen dieser Welt. Schade, sagte ich, und
ich glaube, das Wort hat ihn elektrisiert, es funkte zwischen uns.
Ich habe mich immer extrem gefreut, wenn er kam. Ich habe
verstanden, wie wichtig für ihn die Hingabe an seinen Beruf
ist. Und ich habe früh mein Leben auf ihn abgestimmt. Ohne
Christian hätte ich angefangen zu studieren, so blieb ich bei der
Dresdner Bank und später bei der Bausparkasse. Ich wollte ihm
nahe sein und bin ihm oft auch nachgereist. Und meistens habe
ich ihn eingeladen, weil ich deutlich mehr verdiente.«

Für mich war das ein großer Liebesbeweis. Pia hat ihren Job
für unsere Vision aufgegeben, sie war eine erfolgreiche Bankerin, die sicher noch weiter auf der Karriereleiter geklettert wäre.
Aber der Gedanke zu zweit aufzusteigen und Liebe und Beruf
zu kombinieren, war verlockender als alles. Wer hat das schon
im Duett? Pia erinnert sich gut: »Es war wie von null auf hundert. Hinter uns standen keine reichen Eltern – noch nicht mal
welche mit Gastro-Erfahrung. Wir haben einfach angefangen.
Im Schweiße unseres Angesichts. Wir feuerten uns gegenseitig
an. Geht nicht gab's nicht. Auch im Familienmodus. Als die Kinder da waren, halfen meine Mutter und mein Vater mit. Später
stellten wir ein Kindermädchen ein. Es gibt immer eine Lösung.
Wir waren Macher, nicht Zweifler.«

Pia kennt mich in- und auswendig. Deshalb haben ihre Worte
Gewicht, weil sie keine Frau ist, die mich nur anhimmelt. Sich
nur mit Jasagern zu umgeben ist der größte Fehler, den man als
Geschäftsmann und als Privatmensch begehen kann. Pia drückt
das so aus: »Christian braucht als Künstler viel Bestätigung –
von mir spürt er ab und zu Gegenwind. Ich nehme kein Blatt vor
den Mund, dafür bin ich ein viel zu ehrlicher und emotionaler
Mensch. Wir sind beide selbstbewusste Typen und erfolgshung-
rige Powermenschen, die sich für nichts zu schade sind. Einmal

habe ich 60 Stunden am Stück bei der Organisation eines großen Caterings nicht geschlafen. Puh, heute unvorstellbar. Aber von nichts kommt nichts. Wir wollten Umsatz machen und uns am liebsten klonen, um überall präsent zu sein. Christian ist ein kleiner Chaot, was Organisation anbelangt. Aber das hatte alles ich unter Kontrolle. Je leiser ich nach außen war, umso lauter war ich nach innen in unseren diversen Geschäftsfeldern.«

Wir haben uns perfekt ergänzt. Und in unseren wenigen Momenten der Freizeit unsere Früchte genossen, sagt Pia: »Wir haben ein gemeinsames Konto, Geld war in unserer Partnerschaft nie ein Problem. Christian und Geiz – das ist ein totaler Widerspruch. Er will das Leben feiern – und das geht nur, wenn die Augen seiner Liebsten glänzen. Ich bin kein Typ, der zehn Louis-Vuitton-Taschen braucht, um sich wertvoll zu fühlen. Aber Christians Liebe endete nie am Geldbeutel, dort fing sie an. Er ist großzügig. Und wollte mich strahlen lassen.«

Das ist der Satz, den Männer hören wollen. Ich wollte immer eine kluge Frau haben, ich habe sie bekommen. Warren Buffet, der amerikanische Milliardär, hat einmal einen wunderbar wahren Spruch getan: »Einer meiner Freunde hat 30 Jahre lang auf die perfekte Frau gewartet. Als er ihr begegnet ist, musste er leider feststellen, dass sie nur auf den perfekten Mann wartete.« Was ich damit sagen will: Nieder mit dem Perfektionismus, mit den ewigen Vergleichen, mit dem Warten, ob nicht etwas Besseres um die Ecke kommt, mit der Vermessung des Körpers, mit immer wieder neuen Prüfungen. Es ist ein ganz großes Gefühl der Befreiung, wenn man sich für einen Menschen entscheidet. Und seinen Lebensmenschen gefunden hat.

Manchmal mache ich Frühstück für die ganze Familie – und serviere im Bett. Meine Familie liebt solche besonderen Tage. Bei uns hat das Tradition – nicht nur am Hochzeitstag. Pia und ich ließen uns sieben Jahre Zeit, um zu heiraten. Meine Frau fand diese Prüfungsphase auch gut: »Die Hochzeit organisierte ich, Christian sorgte für die Band. Es war ein rauschendes Fest. Aber wir hatten keine rosaroten Brillen auf, wir sind Realisten. An einer guten Ehe muss man täglich arbeiten. Wer glaubt, dass er am Hochzeitstag am Ziel ist und sich dann zurücklehnen kann, ist ein Dummkopf.«

Ich hatte eine Lebensentscheidung getroffen – und fühlte mich richtig dabei. Auch weil Pia geschäftlich ähnlich tickte wie ich: Wir waren uns gegenseitige Aufbauhelfer. Sie erinnert sich so an diese Zeit: »Ein normales Paar fährt dann in Flitterwochen, die waren für uns nicht drin. Wir hatten ja gerade das Landhaus Henze eröffnet. Private Belange wurden damals immer den geschäftlichen untergeordnet. Wir mussten erst die Basis schaffen. Und ich musste mich in der Gastroszene einarbeiten, von der ich vorher keine Ahnung hatte, ich konnte anfangs gerade mal einen Rotwein von einem Weißbier unterscheiden. Aber auch später habe ich meinen 50. Geburtstag mit 350 Leuten gefeiert – bei einem Catering, für das wir gebucht waren. Christian zwang mich nicht dazu. Ich wollte es so. Wenn man im Business ist, muss man das Geschäft machen, wenn es sich anbietet. So habe ich immer gedacht. Und deshalb kriegt auch jeder Kunde, der bei Henze vorstellig wird, sofort ein Angebot. Henze reimt sich zwar auf Grenze, aber wir waren quasi unbegrenzt erreichbar. Wir wollten immer gleich Nägel mit Köpfen machen, Projekte eintüten. Das kam gut an. Wir schafften damit eine intensive Bindung zu unseren Kunden. Auftraggeber wollen sich ernst genommen fühlen. Und nicht vertröstet.«

Pia wirbelte an der Front. Wenn ich der General war, war sie die Verteidigungsministerin, aber auch die Abteilung Attacke: »Mit Christian zusammenarbeiten kann nicht jeder. An diese Geschwindigkeit muss man sich gewöhnen. Ich musste auch ein gutes Auftreten bei unseren Mitarbeitern haben. Aber Gastro kann man lernen. Es ist kein Hexenwerk. Ich war mir auch nie zu gut, selbst zu bedienen. Welcher Gast kriegt was an welchem Tisch – das lernte mein Kopf schnell. Was mir weniger gefiel: Ich war oft intern der Bad Guy. Die negativen Entscheidungen musste ich oft überbringen. Dabei waren wir uns meistens einig, wenn wir schmerzliche Entscheidungen treffen musste. Aber Christian kann schlecht Nein sagen. Da bin ich besser. Christian ist in den Augen von vielen der Sunnyboy und Good Guy, der gut gelaunte Schwiegermutterliebling mit dem Allzeitcharme: Was kostet die Welt? Ich habe mir diese Frage auch gestellt: Was kostet die Welt? Aber rationaler. Mit dem Rotstift und knallharter Kalkulation. So haben wir immer schwarze Zahlen geschrieben. Und uns den Wohlstand erarbeitet, von dem wir geträumt haben.«

Aber Wohlstand macht nur Spaß, wenn man ihn mit seinen Lieben teilen kann. Unsere zwei wunderbaren Kinder haben da unser Glück potenziert. Kinder können Liebeskiller sind, wenn man sich dann keine Zeit mehr für sich selbst als Paar nimmt, und Paare auseinanderbringen. Und sie können der wichtigste Kitt in einer großen Liebe sein, weil man sich in den Kindern wiedererkennt und Freude an Entwicklung hat. So ist es bei uns. Für die Familie würde ich alles liegen und stehen lassen.

Lange Zeit habe ich auf die Frage, was mein größter Erfolg ist, ganz locker geantwortet: meine Tochter. Jetzt füge ich natürlich auch meinen Sohn dazu. Woher das kommt? Ich liebe Kinder. Das war schon immer so. Nicht nur die eigenen, auch fremde. Bei kleinen Kindern schmelze ich dahin. Kindergeschrei war für mich nie eine Lärmbelästigung. Ich war auch von meinem Wesen immer näher an den Kindern, die sich arglos jeder neuen täglichen Weltsensation nähern, als an den grauen Herrschaften, die alles berechnen und nie genug kriegen können. Und manchmal mische ich mich ein, wenn ich spüre, dass Mütter und Kinder benachteiligt oder sogar attackiert werden. Denn Deutschland ist sicher nicht eines der kinderfreundlichsten Länder der Welt. Bei einem Flug war mir das aufgefallen. Ein kurzer Flug im Inland, gerade mal 45 Minuten. Eine Frau mit zwei kleinen Kindern saß in meiner Nähe. Sie hatte zwei Kinder dabei, eines zwei Jahre, eines ein Jahr alt. Ich freute mich über den Anblick. Und litt ein bisschen mit ihr. Denn schon das Anschnallen und Stillsitzen ist für Kinder etwas Unangenehmes. Und wenn dann die Landung bevorsteht und der Druckausgleich kommt, halten das manche Kinderohren nicht so gut aus. Das Baby fing an zu weinen. Eine ganz natürliche Reaktion. Jeder verstand das. Der Mutter war es peinlich, in ihren Augen las ich Panik, sie bekam einen hochroten Kopf und hatte Angst, dass sie uns im Flugzeug belästigt. Aber ein Kind ist nicht abstellbar wie ein Alarm in einem Auto. Ich versuchte die Mutter mit aufmunternden Blicken nonverbal zu beruhigen. Alle ertrugen das Schreien des Kindes. Bis auf einen älteren Mann. Der völlig entnervt die arme Frau anbrüllte: »Jetzt ist aber endlich Ruhe.« Die Passagiere im Flugzeug schwiegen betreten. So eine Situation ist immer ein Test für Zivilcourage: Mische ich mich ein oder sage ich, das geht mich nichts an? Ich schnallte mich mitten im Landeanflug los und ging auf den älteren Herrn zu, unsere Nasen berührten sich fast: Drohend baute ich mich vor diesem Ekel auf und sagte ihm in einer Lautstärke, dass es das ganze Flugzeug hörte: »Wenn Sie noch einen Pups von sich geben und die Familie belästigen, prügele ich Sie aus dem Flieger.« Die Drohung wirkte, der Mann war sichtlich eingeschüchtert. Und es zeigte sich wieder mal, dass man den Mund aufmachen muss. Wer sich nicht wehrt, lebt verkehrt.

Die Mutter bedankte sich dann bei mir, viele Passagiere klopften mir anerkennend auf die Schulter oder signalisierten mir mit »Daumen hoch« ihre Unterstützung. Der Mann, der die

Mutter so beschimpft hatte, trollte sich mit gesenktem Blick. Ich habe wirklich Respekt vor älteren Menschen, aber nicht, wenn sie sich menschenfeindlich gebärden. Diese Abreibung wird er nie mehr vergessen, da bin ich mir sicher. Er hätte mich auch anzeigen können, weil ich ihm Gewalt angedroht hatte, aber den Richter hätte ich sehen mögen, der mich verurteilt hätte. Und das wäre es mir wert gewesen. Aber in so einer Situation überlege ich nicht, da bin ich reflexhaft auf der Seite der Schwächeren.

Kinder sind für mich das Kostbarste auf der Welt. Jeder, der das nicht so sieht, muss einen falschen Kompass haben. Und deshalb war ich auch so überglücklich, als Pia mir mitteilte, dass sie schwanger war. Es war vielleicht nicht der optimale Zeitpunkt, weil wir gerade erst im Landhaus unser Traumprojekt begonnen hatten und Pia die wichtigste Figur dort war. Aber ich machte innerlich nur noch Luftsprünge. Die Natur macht mit uns, was sie will. Aber es war ein weiter Weg bis zur Vollendung. Meine Frau litt an frühzeitigen Wehen. Sie musste schon in der 17. von 40 Schwangerschaftswochen in die Klinik. Im Restaurant fiel sie aus, aber Pia ließ sich den Laptop und die Ordner ans Krankenbett bringen und arbeitete dann eben aus der Klinik heraus. Typisch meine Frau, sie lässt sich von gesundheitlichen Problemen nicht einschüchtern. Eine Schwangerschaft ist keine Krankheit und keine Behinderung, selbst wenn sie so chaotisch verläuft. Nach der Schwangerschaft stand sie auch im Dirndl sofort wieder im Lokal. Jede andere hätte sich monatelang von den Strapazen erholt. Meine Pia nicht. Sie ist eisern und voller Selbstdisziplin. Hängen lassen tut sie nicht mal die Wäsche.

Ich besuchte meine Frau jeden Tag, manchmal sogar zweimal, ich war bekannt wie ein bunter Hund. Und ich wurde umso beliebter, je mehr Essen ich für die Krankenschwestern und Ärzte mitbrachte. Denn die wenig schmackhafte Krankenhauskost wollte ich meiner Frau nicht zumuten. Ich bewunderte sie so wie ich grundsätzlich Frauen bewundere, die Kinder zur Welt bringen. Ich weiß nicht, ob wir Männer das so gut hinbekämen, so eine Geduld und Schmerzfähigkeit mitbringen würden. Vielleicht wären wir schon längst ausgestorben, wenn Männer mit dicken Bäuchen herumlaufen müssten.

Durch meine Essenlieferungen konnte ich auch nach der üblichen Besuchszeit im Krankenhaus aufkreuzen. Mit dem Chefgynäkologen freundete ich mich an. Er machte einen Kaiserschnitt bei meiner Frau. Wir wollten vorher bewusst nicht wissen, welches Geschlecht das Baby hat, ich habe mir ein Mädchen gewünscht. Und wartete draußen vor dem Kreißsaal, damals war es noch nicht üblich, dass Väter bei einer Geburt per Kaiserschnitt dabei sind. Dann hörte ich ein Kind weinen und die Hebamme, eine wunderschöne Frau mit blauen Augen, kam auf mich zu und sagte: »Begrüßen Sie Ihre Tochter.« Es war das größte Erlebnis meines Lebens. Nicht der Stern von Michelin. Ein Kind ist der Himmel, ein kleines Universum. Und das ist voller bunter Sterne.

Alina war mein Liebling, ich habe sie gehegt und gepflegt, gewickelt und geschaukelt. Sie wurde immer von mir umsorgt. Und sie hatte eine traumhafte Kindheit auf dem Dorf, es war eine heile Welt. Ich machte ganz viel mit ihr. Und das war ihr dann und wann auch zu viel. Zu viel Liebe und Fürsorge können auch etwas erdrückend sein. Ein bisschen weniger wäre vielleicht besser gewesen, aber ich war einfach total verschossen in meine Kleine. Ich war einer der typischen Helikopterväter, und im Helikopter saß auch meine Frau. Wir waren begeisterte Eltern und wollten lieber einen Tick mehr als einen zu wenig machen. Und als meine Tochter einige Zeit in Australien verbrachte, besuchten wir sie natürlich. Vier Wochen im Campingbus. Wir hatten Spaß, aber ich habe auch begriffen, dass meine Tochter ihren eigenen Weg geht. Und ich da wenig zu sagen habe. Übergriffig und übereifrig bin ich schon lange nicht mehr. Aber das musste ich lernen. Gut gemeint ist noch lange nicht gut gemacht.

Meine Tochter Alina lebt ihr eigenes Leben – und das ist gut so. Eltern kann man sich nicht auswählen, aber sie hat Glück gehabt, meint sie: »Mein Papa ist für mich mein Papa – und nicht der Fernsehkoch. Ich bin so stolz auf ihn, kann ihn immer um Rat fragen, er ist nonstop ansprechbar und legt dann alles andere weg. Mein Vater würde alles für mich tun und sofort ins Auto steigen, wenn es bei mir brennt. Ich bin total stolz auf ihn, er hat mir auch das Kochen beigebracht. Ich habe mir viel abgeguckt, es wurde mir förmlich in die Wiege gelegt. Aber selbst wollte ich nie Köchin werden, weil ich weiß, wie viel Schweiß, Blut und Tränen hinter dem Erfolg stecken. Deshalb hatte mein Vater auch quantitativ weniger Zeit für mich in meiner Jugend, aber dafür haben wir echte Qualitätszeit verbracht. Er hat nie gesagt »Lass mir meine Ruhe«, wenn er zuhause war. Ich war lange schüchtern, er hat mich selbstsicher gemacht. Jetzt trau ich mir alles zu in der wilden Großstadt, die ich nach dem Aufwachsen auf dem Dorf gebraucht habe. Die zerbrechliche Prinzessin, die ich lange für ihn war, ist erwachsen geworden.«

Ich war kein Nine-to-five-Vater, der ins Büro ging und dann abends wiederkam. Ich war oft weg, aber auch oft da. Manchmal wünschten sich meine Kinder, dass wir eine ganz normale Familie sind, mit einem Vater, der früh aus dem Haus geht und abends zurückkommt, mit einer Mutter, die immer da ist und alle bekocht und betüdelt. Die berühmte Rama-Familie also. Aber damit konnten wir nicht dienen. Dafür mit vielen anderen Extras, die andere Familien nicht bieten konnten. Wir waren eher die Butter-Familie: natürlich. Nicht immer streichfest. Aber enorm nahrhaft. Und geschmacklich vom Feinsten, was da bei uns auf den Tisch kam. Einen Grundkurs gesunde Ernährung kriegt nicht jedes Kind auf dieser Welt – wobei viele ihn so nötig hätten.

Ich wollte nicht, dass Alina ein Einzelkind bleibt. Aber beim Kinderkriegen kann man nichts erzwingen. Acht Jahre sollte es dauern, bis Noah auf die Welt kam – eine Ewigkeit für mich. Wieder lag meine Frau monatelang im Krankenhaus, wieder besuchte ich sie mit meinem köstlichen Essen und versuchte sie aufzuheitern. Und wieder kam das Baby per Kaiserschnitt zur Welt. Ein paar Tage später kam die Hebamme mit einem gut verschnürten Päckchen zu uns. Auch Pia wurde davon überrascht: »Es war der Mutterkuchen. Und in der anderen Hand hatte sie einen kleinen Pflänzling, einen zukünftigen Apfelbaum. Auf dem Mutterkuchen pflanzten wir den Baum. Er trägt prächtige Früchte. Und erinnert mich an unser Glück, mit so wunderbaren Kindern gesegnet zu sein.«

Noah hat viel von mir, er ist auch ein Wildfang und hat eine empathische Gabe, Leute mit seiner erfrischenden Art und seinem Lächeln zu begeistern. In seinen Augen lese ich Begeisterung und Menschenfreundlichkeit, er kreist nicht nur um sich und gehört nicht dem Stamme Nimm an. Und er ist fleißig. In den Ferien jobbt er in meinem Lokal. Und wird jetzt Informatiker. Auf diesem Gebiet ist er mir schon meilenweit voraus. Weitere werden kommen. Koch will er nicht werden. Einer in der Familie reicht. Und meine Alina lebt in Berlin und ist bei einem Startup für das Personal zuständig. Sie hat eine Banklehre gemacht und Handelsmanagement studiert. Ich bin stolz auf sie. Und freue mich auf Ihre ganz eigenen Lebenswege. Meine Kinder sind selbstbewusste junge Menschen. Das ist sicher ein Teil unserer Erziehung, aber auch ganz viel Glück. Und die Kinder haben ja auch uns erzogen und uns unendlich viel Weisheit vermittelt. Ich bin dankbar und demütig, dass uns so eine Freude geschenkt wurde. Meine Kinder sind Weltklasse.

Aber meine Familie musste auch Einiges ertragen. Der Erfolg fordert Opfer. Prominenz ist manchmal auch eine Last, nicht nur eine Lust. Meine Frau erinnert sich gut, wie viel sie auch im Erfolg aushalten musste: »Nachdem Christian den Stern bekam, sind Menschenmassen vor unser Haus gezogen, um einen Blick auf uns zu erhaschen. Manchmal standen die Leute auf der Terrasse und am Schlafzimmer, ich fragte mich, wo die fremden Stimmen herkamen. Damit muss man leben: Take it or leave it. Da steh ich drüber. Aber seitdem haben wir weder Hausnummer, Glocke noch Namensschild. Und unsere Nachbarn passen auf uns auf. Das ist der Vorteil des Dorfes.«

Meine Kinder sind damit aufgewachsen, dass ihr Vater ein wenig anders ist. Und ihre Mutter immer vorgelebt hat, dass man berufstätig sein kann und trotzdem die Familie nicht emotional vernachlässigt. Wir sind im Quartett unzertrennlich. Die Henzes sind ein Clan. Der aber nicht aufeinander hockt, sondern in die Welt geht. Und diese Inspirationen dann wieder allen Familienmitgliedern zur Verfügung stellt.

Das WIR schlägt das ICH. Aber unser WIR ist nur deshalb so stark, weil sich das ICH in aller Freiheit entwickeln darf. Und weil ich kein Patriarch bin. Manchmal werde ich im Familienrat überstimmt. Oder beuge mich dem besseren Argument, wie auch Pia anerkennend feststellt: »Christian ist ein Diplomat, ich bin sehr direkt. Auch wenn es immer mal kracht: Ich würde ihn sofort wieder heiraten. Obwohl Christian unsere Silberhochzeit nicht groß feiern wollte. Das macht so alt, meinte er. Christian tritt gerne forever young im eng anliegenden T-Shirt auf.« Ja, ich stehe dazu, dass ich mich nicht wie ein Opa kleide. »Wer ko, der ko«, sagt man in Bayern. Meine Frau gab meiner Tochter diesen ironischen Rat: »Alina, von einem schönen Teller isst man nie allein. Wenn du einen attraktiven Mann haben willst, hast du ihn nie für dich allein. Andere Frauen werden ihn immer bemerken, damit musst du leben. Aber es ist doch viel besser als eine graue Maus neben sich zu haben.«

Ich füge mich weiblichen Urteilen. Und lächele in mich hinein. Oder hüpfe ab und zu in unseren Pool vor dem Haus. Meine Frau macht das auch bei niedrigsten Temperaturen und erfreut sich an den Seerosen. Ich bekenne: Ich bin ein Warmduscher. Unter 20 Grad geht da nichts. Und ein Langduscher. Gerne auch mal 20 Minuten. Im Geprassel des Wassers kommen mir die besten Ideen.

Unser großzügiges Haus im mediterranen Stil mit Rundbogenfenstern ist unsere Burg. Ein Haus zusammen bauen, daran geht entweder eine Ehe kaputt oder sie wird richtig gefestigt. Wir sind von der Natur umgeben, riesigen Wiesenflächen, auf denen es grillt und zirpt. Und am Abend verstehen wir manchmal unsere eigenen Worte nicht mehr. Weil die Frösche, die ohne Einladung in unser Biotop kommen, ihr Konzert anstimmen. Und die Libellen tagsüber fliegen. Sie holen sich die Mücken. Deshalb ist unser Teich so rein. Und einladend.

Und manchmal geschieht das Wunder, dass Pia kocht. Sie ist eine gute Köchin, auch wenn sie behauptet, dass sie lieber aufräumt als am Herd zu stehen. Ich genieße jeden Bissen. Das Seltene ist kostbar.

Pias Spaghettisalat

Erfrischend lecker, ideal für Garten, Picknick oder Snack. Mit Parmesan, dem mediterranen Gold, eine kleine Symphonie. Unschlagbar sinnlich. Ich habe 40 weiße T-Shirts, weil ich immer welche bei Spaghetti vollkleckse. Und ich kann mit der Zunge in eine gekochte Nudel einen Knoten machen. Herrlich unnütz.

In einem großen Topf reichlich Wasser zum Kochen bringen und kräftig salzen. **500 Gramm Spaghetti** al dente kochen, abgießen und gut abtropfen lassen.

Währenddessen **1 Kugel Mozzarella (125 Gramm)** zerpflücken, **1 Handvoll Kirschtomaten (ca. 150 Gramm)** waschen und halbieren. **2 Frühlingszwiebeln** putzen und in feine Röllchen schneiden. **2 Esslöffel Pinienkerne** in einer beschichteten Pfanne ohne Fettzugabe kurz rösten. ½ Bund Basilikum waschen, trocken schütteln, die Blättchen abzupfen und in Streifen schneiden.

Die fertigen Spaghetti abgießen und etwas abtropfen lassen. Anschließend die noch heißen Spaghetti mit den restlichen Salatzutaten mischen.

5 Esslöffel hellen Essig mit etwas **Salz, schwarzem Pfeffer aus der Mühle** und etwas **Zucker** gut verrühren. Dann **5 Esslöffel gutes Olivenöl** in einem feinen Strahl unter ständigem Rühren einlaufen lassen. Das fertige Dressing über den Salat gießen und alles gut durchmischen. Vor dem Servieren den Salat nochmals abschmecken, zum Servieren auf vier Teller verteilen.

Gang 14

WARUM REISEN EINEN KOCH SO SEHR
bilden und uns das allzu süße Leben umbringt

Wenn Köche reisen, sind sie ein bisschen anders als normale Menschen. Wir sind Trüffelschweine in Shorts und T-Shirt. Wir haben die Nase im Wind und die Zunge am Zeitgeist. Und am Tellerrand über den wir immer schauen wollen. Im Idealfall lecken wir ihn ab. Wir sind wissbegieriger, experimentierfreudiger, die Neugier ist die Mutter aller Tugenden für Entdeckerseelen wie mich. Wenn wir nicht mehr rechts und links schauen würden und uns nur selbst beweihräuchern, würden wir versauern und im eigenen Saft schmoren. Dann könnte ich, überspitzt gesagt, meine Küche schließen und auf dem Bau arbeiten. Köche dürfen nie stagnieren. Weltoffenheit ist so wichtig wie das Fett zum Braten.

Den alten Satz »Was der Bauer nicht kennt, frisst er nicht« verwandeln wir ins Gegenteil. Was wir nicht kennen, müssen wir unbedingt probieren. Unser Gaumen verlangt nach immer neuen Geschmackserlebnissen. Das alte Lied aus der Sesamstraße, es ist für uns Köche elementar: »Der, die das, wer, wie, was, wieso, weshalb, warum, wer nicht fragt, bleibt dumm. Tausend tolle Sachen, die gibt es überall zu seh'n. Manchmal muss man fragen, um sie zu versteh'n.« Ich liebe es mich mit Wirten, Köchen und ganz normalen Menschen, die an etwas knabbern, zu unterhalten. Das Essen ist nach dem Wetter das Megathema, und jeder redet gerne darüber. Fachgespräche mit Gastronomen und Genusspraktikern sind für sie keine Belästigung, sondern ein Höhepunkt des Tages. Es ist ein wunderbares Gefühl, auf Augenhöhe miteinander zu fachsimpeln.

Thailand, Singapur, Malediven, Bahamas, Karibik und die reiche europäische Küche – ich habe viele Kulturen gekostet. Mit meiner Frau war ich schon frühzeitig in anderen Toprestaurants unterwegs, aber auch in Straßenküchen. Immer auf der Suche nach Anregung. Wir machten das nicht, um etwas plump zu kopieren, sondern weil wir verstehen wollten, wie andere am Herd zaubern. Und weil ich es liebe, wenn andere geniale Ideen haben. Der Autodesigner von Porsche schaut sich auch mal gern bei Ferrari um, so sehe ich das.

Kochrezepte sind nicht geschützt, es gibt keinen Fall, in dem man geistigen Diebstahl anmahnen kann. Meine Frau hat sich oft darüber aufgeregt, dass manche Wirte Gerichte von mir eins zu eins auf ihre Karte übertrugen, sich sogar nicht schämten, ähnliche Speisekarten hinzulegen. Ich habe das immer als Kompliment betrachtet, als große Ehre. Nur die Guten werden kopiert. Aber um gut zu werden, braucht man Originalität. Mindestens 90 Prozent muss von einem selbst stammen. Meine Küche ist unverkennbar, glaube ich.

Ich habe auf meinem Handy 14 000 Fotos, die Hälfte davon sind sicher Essensbilder. Ich kann mich an ein Curry in Singapur erinnern, das 2,80 Dollar kostete. Es war das beste Curry, das ich gegessen habe, an einem Stehtisch ohne Tischdecke. Diese Cremigkeit, diese Konsistenz, diese Schärfe, dieses Mundgefühl – göttlich. In diesen kleinen Straßen, wo die Einheimischen essen, werden weltweite Trends geprägt. Ich sagte dem Koch, dass er ein Kunstwerk erschaffen hat. Er war erstaunt und glücklich über das Lob eines Fachmannes. Ich habe gar nicht versucht, ihn nach dem Rezept zu befragen. Man kriegt es sowieso nur so ungefähr hin. Genauso gut kann man versuchen, die Rezepte der Oma nachzukochen. Es schmeckt nie wie bei ihr.

Ich mosere auch nie über das Essen, diese Art von Gästen, denen man nichts recht machen kann, sind mir auch zuwider. Das Naserümpfen zählt so gar nicht zu meinen Lieblingsbeschäftigungen. Aber es gibt drei Ausnahmen: Wenn der Espresso zu kalt am Tisch ankommt. Wenn das Cola light keinen Blubb mehr hat. Wenn ein Gang lauwarm serviert wird. Die Faustregel lautet: Je teurer das Restaurant, desto empfänglicher sollte es für konstruktive Kritik sein. Die Wahrheit ist keine Beleidigung. Der Gast darf freundlich, aber nicht herrisch darauf hinweisen, dass etwas schiefgelaufen ist. Das ist sogar wichtig, denn der besonnene kritische Gast ist ein Frühwarnsystem. Er entlarvt die Schwächen einer Küche. Wir brauchen Feedback, sonst gibt es keinen Fortschritt.

Ich liebe es zu essen. Es ist eigentlich das einfachste auf der Welt, wenn man seinen eigenen Instinkten folgt und ein paar wenige Kenntnisse über Nahrung hat. Für manche Menschen ist es aber das schwerste. Essen wird für Sie zur Tortur, Krankheiten, die mit Essen zu tun haben, breiten sich aus in der Ersten Welt. In der Dritten Welt, wo Menschen täglich um ihre Existenz kämpfen, sind sie nahezu unbekannt. Im Griechenland-Urlaub sah ich eine magersüchtige Frau, die vielleicht gerade mal noch 30 Kilo wog. Ihr Anblick schmerzte, ich hätte sie am liebsten in den Arm genommen. Viele Kliniken sind voll von jungen Mädchen, die sich an der Schwelle zum Tod befinden, bei ihren Versuchen sich krampfhaft runterzuhungern, um in ihrer Community Ansehen zu erwerben. Es ist ein perverses Ideal, dieser Kampf um Pfund und Gramm. Was ist die Ursache? Sicher mangelnde Selbstsicherheit, aber es geht letztlich um eine neue Form von Gefallsucht. Der ständige Vergleich im Internet mit photogeshopten Bildern auf Instagram und Facebook führt dazu, dass sich Menschen mit einer normalen Figur wertlos fühlen. Sie wollen Aufmerksamkeit um jeden Preis.

Diese gefährliche Gefallsucht erkläre ich mit einem Vergleich aus dem Urlaub: Ich fahre gerne ein hübsches Boot im Urlaub und genieße es. Aber dann fahre ich in den Hafen und sehe neben mir ein Boot, das viel größer und schöner ist. Und schon kann ein unseliger Vergleich einsetzen, die Unzufriedenheit breitet sich aus, der Perfektionismus schaltet das Hirn aus, einem absurden Ziel wird alles untergeordnet. Die alte Weisheit, dass das Gras beim Nachbarn immer grüner ist und es immer jemand gibt, der schöner, reicher, schlanker, geiler ist, ist nicht bei allen Menschen angekommen.

Verstehen Sie mich bitte nicht falsch: Ich will auch gefallen, vor allem mir. Ich brauche manchmal eine halbe Stunde im Bad, länger als meine Frau. Aber ich würde mich nie an den Körperformen von anderen orientieren oder mein Essverhalten daran ausrichten. Wer sein Essen erbricht oder so wenig zu sich nimmt, dass es zum Leben zu wenig und zum Sterben zu viel ist, hat eine sehr ernsthafte Krankheit und muss dringend in ärztliche Behandlung. Ich bin sehr froh, dass meine Kinder nie diesem Wahn verfallen sind.

Das Gegenteil von der Magersucht ist die Fresssucht, die noch deutlich häufiger verbreitet ist. Ich finde es gruselig zu sehen, was sich Menschen an schädlichen Sachen reinziehen. Zum Beispiel in den berüchtigten Restaurants, die sich »All you can eat« nennen. Allein dieser Begriff tut weh, er ist das Unerotischste, was die Foodsprache je hervorgebracht hat. Es ist ein einziger Appell an die Gier. Es hat nichts mehr mit wohliger Sättigung zu tun, es geht nur noch darum, wie viel man in sich hineinstopfen kann. Die Gäste schlagen am Ende mit dem Kopf auf die Tischplatte, weil sie nicht mehr können. Es ist das große Fressen. Damit sich die billigen Preise rechnen, können natürlich nur die billigsten Zutaten verwendet werden. Das ist anders als am Hotelbüfett, wo man auch psychologische Studien betreiben kann: Was sich manche Menschen da auf ihre Teller schaufeln, weil es einfach daliegt, ist grotesk. Sie wollen möglichst viel für ihr Geld und werden dabei immer dicker. Manche wollen dem Hotel nichts schenken, keine Begründung ist absurd genug.

Wir leben in einer Überflusskultur, die schreckliche Folgen hat. Früher waren nur reiche Leute dick und zeigten stolz ihren Wohlstandsbauch, die anderen mussten sich ihr Brot hart erarbeiten und hatten gar keine Zeit, irgendwelche Ernährungskrankheiten zu entwickeln. Heute sitzen wir viel zu viel und bewegen uns zu wenig. Der Homo Bürokratius und die übliche Kantinenkost sind ein unheilvolles Verhältnis eingegangen. Die Erfindung des Kühlschranks ist etwas Wunderbares. Aber die permanente Verfügbarkeit von Essen ist eine Versuchung, der viele nicht gewachsen sind. Viele haben verlernt, auf die wahren Bedürfnisse ihres Körpers zu hören. Zu viel Salz ist zum Beispiel gefährlich, es erhöht den Blutdruck und belastet die Nieren. Wer bei jedem Essen reflexartig nachsalzt, gewöhnt sich an eine viel zu hohe Dosis. In Fertiggerichten ist Salz bereits unsichtbar enthalten, trotzdem wird fleißig der Streuer benutzt. So wird mancher salzsüchtig, viele Deutsche haben sich das antrainiert. Aber ein ungesalzenes Steak entfaltet nun mal nicht seinen Geschmack. Und eine Auswahl von feinstem Salz gehört heute zum Lifestyle, ich selbst verwende sehr gerne Fleur de Sel, das Luxus-Meersalz mit Biss.

Salz ist also im Übermaß eine Gefahr, aber die größte Geißel der Menschen ist der Zucker, den unsere Geschmacksnerven so gern haben, er schmeckt einfach unwiderstehlich und setzt ein chemisches Feuerwerk in Gang: Das Hormon Dopamin putscht unsere Nervenzellen auf, der Geschmacksverstärker Zucker wirkt und steckt in fast allen verarbeiteten Lebensmitteln, sogar in der Gemüsebrühe. »Zucker stimuliert unmittelbar das Belohnungssystem über den Darm im Gehirn. Übermäßiger Zuckerkonsum hängt unmittelbar mit Übergewicht zusammen und begünstigt die Entstehung von Diabetes«, erklärt die Professorin Annette Schürmann, Leiterin der Abteilung Experimentelle Diabetologie im deutschen Institut für Ernährungsforschung.

Darüber gibt es keine Zweifel mehr. Das ist schlicht Biochemie. Die Leute platzen, weil sie immer mehr Zucker zu sich nehmen. Rund acht Millionen Menschen in Deutschland leiden an Diabetes mellitus, es werden immer mehr. Und das Schlimme ist: Die Stoffwechselentgleisung wird weitervererbt. »Wir wissen, dass eine durch Fehlernährung erworbene Fettleibigkeit und Diabetes sowohl über Eizellen als auch über Spermien an die Nachkommen weitergegeben werden können,« sagt Annette Schürmann. Frauen essen durchschnittlich 50 Prozent mehr Zucker als es empfohlen wird, Männer 30 Prozent, Kinder 75 Prozent. Da wächst also eine große Gefahr heran in der Komfortzone unserer Gesellschaft. Die Lebensmittelindustrie hat so unfassbar viele süße Getränke hervorgebracht, dass es uns schon gar nicht mehr auffällt. Wir trinken uns zu Tode. Die Zahl der Diabeteskranken nimmt zu, gerade auch bei den jüngeren Menschen. Ich kann mich an einen jungen Mann erinnern, er arbeitete an einer Tankstelle, bei der ich oft einkehrte und sagte mir, dass er ein Fan von mir sei. Er war an die 25 Jahre alt und wog rund 150 Kilo – ein Bild des Jammers. Ich wollte ihm helfen und fragte ihn, was er am Tag trinkt. Drei Liter Spezi antworte er. Es war schlimm für mich, das zu hören. Dieser junge Mann vergiftete sich selbst. Ich schlug ihm ein Experiment vor. Er könne Spezi weitertrinken, aber bitte die zuckerfreie Version. Natürlich weiß ich, dass in der Light-Version Zuckeraustauschstoffe enthalten sind, die auf Dauer auch nicht gesund sein. Aber die »Ersatzdroge« macht den Übergang zu zuckerfreien Getränken und Wasser leichter. Er willigte ein und siehe da, er nahm sofort zehn Kilo ab. Aber nach drei Wochen gestand er mir, dass er wieder rückfällig geworden war. Die Sucht nach Zucker war zu stark in ihm. Er war ein Zuckerjunkie. Und genau davon träumt die Zuckerindustrie. Es ist ihr egal, wie hoch die gesundheitlichen Kosten des Einzelnen sind. Von den gesellschaftlichen ganz zu schwiegen. Wir brauchen endlich eine klare Kennzeichnung von Lebensmitteln mit den Ampelfarben, die jeder versteht. Rot heißt: Lass die Finger davon, saugefährlich. Gelb heißt: Nicht zu empfehlen, aber ab und zu möglich. Und Grün heißt: Bitte kräftig reinbeißen. Es ist ein Lebensmittel, das den Namen verdient. Zuckerwaren sind Anti-Lebensmittel. Wobei ich kein Weltverbesserer bin. Ich will die Konditoren nicht arbeitslos machen und auch das Dessert in den Restaurants nicht auf die rote Liste aussterbender Gerichte setzen, ich liebe auch Schokolade. Natürlich ist ein Stück Kuchen etwas Großartiges. Es kommt eben auf die Dosis an. Mir geht es eher um die versteckten Zuckeranteile, von denen sich viele Menschen keine Vorstellung machen: zum Beispiel in Ketchup (15 Zuckerwürfel auf 200 Gramm), Smoothies (9 Zuckerwürfel auf 200 Milliliter), Krautsalat als Fertigprodukt (8 Zuckerwürfel auf 200 Gramm), Apfelsaft (7 Zuckerwürfel auf 200 Milliliter), Fertigpizza (4 Zuckerwürfel auf 400 Gramm), Fruchtjoghurt (9 Zuckerwürfel auf 200 Gramm). Das Tückische daran: Es schmeckt uns, der Zucker ist unsichtbar, wir ahnen die Gefahr durch Gewöhnung nicht. Da hat die Manipulation der Lebensmittelindustrie ganze Arbeit geleistet. Wir fressen uns zu Tode. Sogar Babys schlürfen schon zuckerhaltige Tees und pürierte Früchte. Als ob es nötig wäre. Es ist ein Verbrechen an ihrer Jugend.

Soll man all diese überzuckerten Produkte, die nachweislich Menschen krank machen, verbieten? Nein, aber es gibt ein einfaches Mittel, das die Deutsche Diabetes Gesellschaft sich wünscht und das ein fürsorglicher Staat sofort umsetzen könnte: ein Werbeverbot der Süßwarenhersteller für Snacks und Süßigkeiten – so wie bei Zigaretten. Und noch viel wichtiger: Die Einführung einer gesunden Mehrwertsteuer: 29 Prozent auf Softdrinks, 19 Prozent für Produkte mit hohem Fett-, Zucker- und Salzanteil, sieben Prozent für normale Lebensmittel, Obst und Gemüse bleiben steuerfrei. Die Universität Hamburg hat das mal durchgerechnet und kam zu dem Schluss, dass man damit das Übergewicht der Deutschen effektiv bekämpfen würde: im Schnitt um zwei Kilo. Die Lebensmittelindustrie würde wohl auch reagieren, ein Beispiel in England zeigt es: Dort wurde eine Softdrinksteuer eingeführt. Der Absatz von stark gezuckerten Getränken brach ein, die Industrie reduzierte den Zuckeranteil in ihren Getränken. Geht doch.

Vor den gesetzlichen Daumenschrauben muss natürlich eine Aufklärung stehen. Die Wahrheit wird ja oft vernebelt und verharmlost. Es steht auf den Packungen nicht drauf, dass da eine Überdosis Zucker drin ist. Der Zucker wird oft unter mehr als 50 Bezeichnungen, die nur ein Fachmann versteht, verschleiert: Dextrose, Dicksaft, Maltose. Mein Sohn wollte einmal, dass ich einen löslichen Zitronentee kaufe. 600 Gramm waren in der Packung. Ich stellte ihm ein Pfund Zucker hin und sagte ihm, dass er damit ungefähr so viel in sich aufnimmt. Und sich innerlich damit vergiftet. Er hat das verstanden. Aber jeder sollte das wissen. Den Kindern in der Schule gesundes Essen beizubringen in einem eigenen Fach »Ernährungskunde« wäre ein Segen für die Volksgesundheit. Prävention ist immer besser als Reparatur. Denn die Industrie schläft nicht, sie ist so raffiniert wie mancher Zucker. Die süßen Verführer sind überall, Birnendicksaft und Fruchtzucker klingt ja so gesund. Wir leben in einer Snackkultur. In Mexiko kam es so weit, dass Wasser teurer war als Softgetränke. Die Folge: Die Mexikaner verfetteten massenhaft. Der Staat musste eingreifen, die Mexikaner führten eine Softdrinksteuer ein, Marktwirtschaft hat auch ihre Grenzen. Den meisten Menschen fehlt es an Grundwissen bei Lebensmitteln. Ein Land wie Chile ist längst weiter als wir bei der Kennzeichnung ungesunder Lebensmittel, die die sogenannten »nichtübertragbaren Krankheiten« wie Diabetes, Krebs und Herz-Kreislauf verursachen. Seit 2016 gilt diese Regelung, die sich bewährt hat: Wenn ein verpacktes Lebensmittel mehr als 10 Gramm Zucker pro 100 Gramm hat, muss die Packung ein achteckiges Warnzeichen tragen: Achtung, hoher Zuckergehalt! Das Gesundheitsministerium startete auch eine Kampagne: »Wähle Lebensmittel mit weniger Warnzeichen – und wenn sie gar keine haben, umso besser!« Die Werbung für Kinder wurde zwischen 6 und 22 Uhr eingeschränkt, Zeichentrickfiguren auf den Packungen und Beigabe von Spielzeug verboten. In Europa ist leider die Lebensmittellobby so mächtig, dass sie die Lebensmittel-Ampel verhindert hat. Sie wäre ein Segen für die Volksgesundheit, aber sie würde die Profite schmälern. Der Nutri-Score ist mit der fünfstufigen Farbskala von grün bis rot in Deutschland nicht verpflichtend. Jede Zuckerbombe kann weiter als gesundes Frühstück für Kinder beworben werden. Ich verstehe nicht, dass wir diese Basisinformation an die Verbraucher und Verbraucherinnen nicht hinkriegen.

Dabei haben wir die Macht in der Hand. Wir können gesunde Produkte kaufen und die krankmachenden stehen lassen. Aber dafür braucht es ein Minimum an Wissen. Ernährungswissen ist Überlebenswissen. Der Mensch ist, was er isst. Selten war dieser Satz so wahr. Jeder, der die Augen aufmacht, wird sehen: Wir leben in einer Vielfalt, die es so in der Weltgeschichte noch nie gegeben hat. Ein normaler Bürger hat heute in einem Aldi-Markt deutlich mehr Auswahl als ein Kaiser im 19. Jahrhundert. Aber bei dieser reichen Auswahl haben viele von uns den Überblick verloren. Und die Einflüsterungen der Werbeindustrie sind vielfältig. Wer immer nur die billigsten Tomaten kauft, wird nie mehr wissen, wie eine echte Tomate schmeckt. Oder eine Suppe ohne Geschmacksverstärker. Genau um diese echten Geschmackserlebnisse geht es mir. Und sage mir bitte keiner, dass sich die keiner mehr leisten kann. Das ist Unsinn. Weniger ist mehr. Qualität ist wichtiger als Quantität.

Tofu-Sensation mit Schmorgurken und Erdnüssen

Tofu ist ein grundlegendes Lebensmittel, das man in Asien in allen Variationen findet – hierzulande ist es ein Reizwort für viele. Man tut dem Tofu unrecht: Das Sojabohnenprodukt schmeckt sehr lecker, es kann zur Delikatesse werden. Aber er braucht Aroma, man muss ihm auf die Sprünge helfen.

Für den Sojalack **80 Milliliter glutenfreie Sojasauce (z.B. Tamari), 80 Milliliter glutenfreie Teriyaki-Sauce, 1 Teelöffel glutenfreie Wasabipaste** und **40 Gramm Butter** in einem Topf aufkochen. Ein **5 Zentimeter großes Stück Ingwerwurzel (16 Gramm)** schälen, fein reiben, zugeben und die Mischung sirupartig einkochen lassen. Vom Herd nehmen und **2 Esslöffel gehackten Koriander** unterrühren.

Inzwischen für die Schmorgurken **1 Salatgurke (250 Gramm)** waschen, Enden abschneiden und die Gurke ungeschält längs halbieren. Mit einem Löffel entkernen und in etwa 1 Zentimeter dicke Scheiben schneiden. **4 Esslöffel neutrales Pflanzenöl (40 Milliliter)** in einer Pfanne erhitzen und die Gurken darin scharf anbraten. Ein **4 Zentimeter großes Stück Ingwerwurzel (12 Gramm)** schälen, reiben und zugeben. **100 Gramm Crème fraîche (30 % Fett)** einrühren und einmal aufkochen. Die Schmorgurken vom Herd nehmen und ziehen lassen. Zum Schluss mit **Meersalz** würzen und **50 Gramm geröstete Erdnusskerne** zugeben.

Für den Tofu **600 Gramm Seidentofu oder gewöhnlichen Tofu** in 1,5 Zentimeter dicke Scheiben schneiden und beidseitig mit **Meersalz** würzen. **2 Eiweiß (Größe M)** mit einer Gabel leicht aufschlagen und die Tofuscheiben damit einpinseln. Anschließend in **80 Gramm hellen Sesamsamen** wälzen. **4 Esslöffel geröstetes Sesamöl (40 Milliliter)** in einer Pfanne erhitzen. Den Tofu darin von beiden Seiten je 1 ½ Minuten goldgelb braten.

Die Schmorgurken auf vier Teller verteilen, die Tofuscheiben darauf anrichten und den Sojalack über den Tofu träufeln.

Gang 15

DIE ERNÄHRUNG DER ZUKUNFT –
meine Vision vom guten Essen

Kennen Sie das sprichwörtliche Schlaraffenland, von dem die Märchen und Mythen erzählen? In den Flüssen fließen Milch, Honig oder Wein. Die Tiere fliegen bereits gebraten als Hähnchen und Schweinshaxe mundfertig durch die Luft. Die Berge bestehen aus Hirsebrei, die Häuser aus Kuchen, die Zäune bestehen aus Bratwürsten, an den Tannen hängen Krapfen, die Türen sind aus Lebkuchen. Die Menschen müssen sich nichts erarbeiten, es fliegt ihnen ja alles zu. Es ist ein paradiesischer Zustand – der aber die Hölle wäre und in der völligen Verfettung enden würde. Denn die Menschen wollen sich ihre Nahrung gern erarbeiten. Luxus, den man jeden Tag hat, verliert seinen Sinn und seinen Reiz. Und das gigantische Oktoberfest zum Nulltarif, das in der Erzählung vom Schlaraffenland anklingt, ist pure Dekadenz in einer Welt von über sieben Milliarden Menschen, in der heute noch viele Millionen Menschen verhungern.

Was aber stimmt: Das Angebot an Nahrungsmitteln in einem gut sortierten deutschen Supermarkt entspricht dem, was sich die Menschen früher unter Schlaraffenland vorstellten. Es gibt nichts, was es nicht gibt. Oder früher nur in Feinkostläden erhältlich war. Auch wer einen kleinen Geldbeutel hat, kann sich fast alles leisten – weil Lebensmittel bei uns im Vergleich zu anderen Ländern billig sind. Wir geben nur 14 Prozent unseres Einkommens dafür aus, die Franzosen das Doppelte. Keiner muss mehr hungern bei uns, die Grundversorgung ist gesichert. Es geht um die Verfeinerung des Essens, um die Erweiterung unseres Horizonts, um neue geschmackliche Sensationen. Und um etwas mehr Ethik: Dürfen wir alles tun, was wir tun können?

Wie wird das Essen der Zukunft aussehen? Ich versuche, ein Vordenker zu sein und Trends frühzeitig zu spüren. Ich bin Flexitarier, esse also wenig, aber dafür hochwertiges biologisch produziertes Fleisch, reichlich Fisch und viel Gemüse. Das Pflanzliche ist also für mich das Hauptgericht – in der Generation meiner Eltern war das noch anders. Bei den Großeltern kam allerdings auch nur selten Fleisch auf den Tisch, weil es einfach zu teuer war. Veganes Essen, also Verzicht auf jegliche tierische Produkte wie Milch, Käse und Eier, war vor einigen Jahren noch die Eigenart einer kleinen Gruppe, die auch auf dem Teller radikalen Tierschutz praktizieren wollte. Heute ist das vegane Essen, erst recht das vegetarische im Mainstream angekommen, in der Mitte der Gesellschaft. Die Supermarktkette REWE fördert das und gibt ihren Kunden Tipps zum Umsteigen: »Die vegane Ernährung ist aus der verstaubten Biomarkt-Ecke in den Mainstream gelangt. Tendenz steigend.« Lidl, der größte deutsche Discounter, macht eine Kampagne mit Ralf Möller, dem Muskelmann. Sicher nicht nur aus Menschenfreundlichkeit oder Liebe zum Tier, sondern weil die Manager die Zukunftsträchtigkeit des Themas erkennen. Lokale, die keine leckeren vegetarischen Gerichte anbieten, können dicht machen. Der Trend ist klar. Wir werden weniger Fleisch essen, das spürt man, die junge Generation ist da schon deutlich weiter, Bundesinnenminister Horst Seehofer wird, wie er freimütig erzählte, von seinen Kindern ermahnt, kein Fleisch mehr zu essen. Die Generation Greta zeigt sich auch auf dem Teller: Sie will keine toten Tiere mehr essen. Und wie so oft geht der Fortschritt von Frauen aus, sie sind feinfühliger und gesundheitsbewusster als Männer. Es geht um das Tierwohl und um die schlechte CO^2-Bilanz, die die massenhafte Haltung von Rindern, Schweinen und Hühnern nun mal bewirkt. Nicht mal die deutsche Fleischindustrie würde es heute noch wagen, mit dem alten Spruch »Fleisch ist ein Stück Lebenskraft« zu werben. »Milch macht müde Männer munter« behauptet heute auch keiner mehr.

Ich finde schon die gängige Unterscheidung zwischen »Haustiere« und »Nutztiere« bei uns problematisch. Weil sie suggeriert, dass wir Haustiere verwöhnen und streicheln dürfen, mit Nutztieren aber machen können, was wir wollen. Weil sie ja nur auf der Welt sind, um uns zu nutzen. Und seelenlose Fleischlieferanten zu sein. Das ist aber eine falsche Sichtweise. Sie sind Lebewesen, die zu Lebensmitteln werden. Jedes Tier ist ein Individuum. Man muss sich nur mal Kühe auf den Weiden anschauen. Oder Hühner auf einem Bauernhof. Oder lustvoll quiekende Schweine, die genug Auslauf haben. Jedes Tier verdient es, einigermaßen artgerecht zu werden. Wer als Mensch die Tiere nicht schützt, schadet sich selbst.

Natürlich, der Mensch ist in seiner Geschichte ein Fleischfresser, wenngleich kein maßloser wie heute. Das gute alte Schweinenackensteak wird nicht aussterben, ab und zu genehmige ich mir selbst eines, wenngleich ich inzwischen lieber Käse oder Gemüse grille. Wir haben die Wahl: Unser Körper kann sowohl tierische als auch pflanzliche Nahrung verwerten. Und das ist gut so. Aber wir haben uns daran gewöhnt, in unserer Wohlstandsperiode zu viel Fleisch zu essen: 160 Gramm am Tag bei den Männern, 80 Gramm bei den Frauen, das sind 60 bzw. 30 Kilo pro Jahr. In Deutschland leben 187 Millionen Hühner Rinder, Schweine und Geflügel – das sind mehr als doppelt so viel wie die 82 Millionen Einwohner. Und das hat mit Tierliebe wenig zu tun.

Die sanfte Hinwendung zur vegetarischen Küche ist für mich persönlich ein Akt von purem Egoismus: Ich will einfach gesünder, leichter und länger leben. Die pflanzenbasierte Ernährung ist da ideal dafür. Sie ist ein guter Kompromiss: Fleisch in einer geringen Dosis ist erlaubt. Und je weniger man zu sich nimmt, umso mehr kann man es genießen. Den wenigsten gelingt eine absolut radikale Abkehr von erlernten Essgewohnheiten. Der schrittweise Weg ist der leichtere. Auch um zu erkennen, dass viele Vorurteile, die es beim vegetarischen Essen noch gibt, einfach nicht stimmen. Zum Beispiel, dass pflanzliches Essen nicht satt macht. Einspruch: Gemüse und Vollkorn enthalten viele Ballaststoffe und füllen den Magen sehr ordentlich. Es müssen auch nicht immer teure Bioprodukte sein, konventionell erzeugte Möhren für einen tollen Salat sind genauso gut. Und die pflanzliche Ernährung ist keineswegs teurer als die mit Fleisch, wenn man ein bisschen die Augen aufmacht und clever einkauft. Dass die Bio-Welle längst auch bei Aldi und Lidl angekommen ist, sagt alles. Diese Discounter beobachten den Markt genau und vermessen die Bedürfnisse ihrer Kundschaft. Sie versuchen sie vorherzusehen und reagieren schnell.

Ein Vorurteil stimmt aber bei der vegetarischen Ernährung, es gibt ja auch positive Vorurteile: Man nimmt ab, nach einer Woche ist es oft ein Kilo, außerdem verbessern sich Blutdruck und Cholesterinspiegel, der Körper hat weniger Probleme mit Entzündungen. Die Diabetes-Gefahr, die sich immer mehr zur Volkskrankheit entwickelt, wird deutlich geringer. Augen, Gehirn, Haare, Haut, Herz, Kreislauf, Leber, Nieren, Darm, Prostata, Lunge, Magen – all das soll sich allmählich bessern.

Eine All-Inclusive-Versicherung gegen alle Leiden der Welt ist die pflanzliche Ernährung dennoch nicht: Da müssen ein guter Umgang mit Stress, Schlaf, liebevolle Sozialkontakte und ausreichend Bewegung schon dazukommen. Aber die Verbesserungen sind bei einer Mittelmeerdiät mit viel gesunden Ölen und Gemüse messbar, da ist sich die Ernährungswissenschaft einig.

Die Ökobilanz in der Fleischproduktion ist auch ein Grund, sich allmählich Schritt für Schritt vom stetigen Fleischkonsum abzuwenden: 80 Prozent der ernährungsbedingten Treibhaus-Emissionen, die unser Weltklima so negativ beeinflussen, entstehen bei der Herstellung tierischer Lebensmittel. Die fünf weltgrößten Fleisch- und Milchkonzerne haben 2018 zusammen mehr Treibhausgase verursacht als Ölgiganten wie Exxon Shell oder BP, hat die Journalistin Tanja Busse recherchiert, Autorin eines Buches über Fleischkonsum. Für Futtermittel der Tiere wird viel Natur zerstört, die Böden sind durch die viele Gülle überdüngt. Und dann ist das Rülpsen der Rinder, das in ihrer Natur liegt, gefährlich: Jede Kuh stößt etwa 300 Kilo Methan pro Tag aus.

Warum ist Fleisch so begehrt? Viele von uns sind süchtig nach den Röstaromen, die aus Eiweißen und Zucker entstehen. Steak, Braten und die berühmte deutsche Wurstvielfalt scheinen archaische Gelüste zu befriedigen. Aber sie machen auch krank. Wer zu viel rotes Fleisch isst, läuft Gefahr, an Krebs zu erkranken. Die Weltgesundheitsorganisation WHO warnte 2015 vor einer einseitigen Ernährung mit Wurst, Speck, Schinken. Das Umweltbundesamt fordert, den Fleischkonsum zu halbieren – das wäre ein erster Schritt. Von 60 Kilogramm pro Jahr, das sind die Männerwerte, müssten wir auf 30 Kilogramm runter. Die gute Nachricht ist also: Wir müssen nicht gänzlich auf Fleisch verzichten, aber wir sollten uns im eigenen Interesse auf die Hälfte und als Endziel auf ein Viertel reduzieren, fordern Ökologen. Übrigens auch bei den Milchprodukten: Auch beim Käse, bei der Milch, beim Joghurt und bei den Eiern müssten wir uns reduzieren, wenn wir die Zahl der Rinder und Hühner enorm verringern würden. Auch das beliebteste Milchprodukt ist nicht klimafreundlich: Für ein Kilo Butter braucht es 18 Liter Milch. Viele werden sich da die Augen reiben.

Wie schaut die Zukunft aus, in der wir leben wollen? Es könnte sein, dass wir künftig den Fleisch-Sommelier als Berufsbild entdecken, der uns hochwertiges und artgerecht entstandenes Fleisch anbietet. Aber die Zukunft kann auch ziemlich unromantisch sein. Es ist gut möglich, dass eines Tages Steaks aus dem 3-D-Drucker kommen, Häuser werden ja schon gedruckt. Laborfleisch könnte eine Lösung sein. Die israelische Firma Meatech arbeitet mit tierischen Stammzellen. Aus denen leckere Steaks werden sollen, die den üblichen täuschend ähnlich sehen und sich auch im Mund so anfühlen. Am Fraunhofer-Institut in Freising wird mit einer riesigen Knetmaschine, die 250 000 Euro kostet, aus zermahlenen Erbsen Eiweißpulver gewonnen, eine Wunderpaste, das Fleisch der Zukunft. Daraus wird dann ein Püree, das jede Form und Festigkeit annehmen kann, am Ende kommen Steaks, Chicken Nuggets oder Burger Patties wie von Zauberhand heraus. Eine Zukunftsvision, um die 9,7 Milliarden Menschen, die 2050 auf der Erde leben werden, zwei Milliarden mehr als heute, ernähren zu können. Die Menschheit hat sich immer noch etwas einfallen lassen. Ich selbst habe auch schon Laborfleisch gegessen, es schmeckt interessant. Auch wenn es nie mit dem Erlebnis eines perfekt zubereiteten Rib-Eye-Steak mithalten kann.

Und was bietet uns die Gegenwart an? In allen Kantinen gibt es längst vegetarische Gerichte. Produkte auf der Basis der eiweißhaltigen Kichererbse und anderer Hülsenfrüchte wie der Linse und der Bohne werden Fleisch und Wurst in vielen Variationen ablösen. Man kann sagen: Hummus ist längst der neue Fleischsalat. Die Kichererbse ist eine sehr wertige Zutat mit einem hohen Proteingehalt. Es geht um das Gefühl, in etwas Deftiges zu beißen. Da hilft auch eine Zutat wie Umami, um den vollmundigen Eiweißgeschmack zu suggerieren. Umami ergänzt unseren Geschmack neben süß, sauer, salzig und bitter mit fleischig und würzig – das ist eine sehr gute Sache. Ich finde auch Tofutaler sehr schmackhaft, die ich mit Parmesan und Tomatenmark zubereite. Das ist alles sehr lecker. Die Vernunft muss auch schmecken, sonst wird das neue Essen keinen Erfolg haben. Ich finde auch die vielen neuen Fleischersatzprodukte, die sich in den Supermärkten ausbreiten, gut. Eine vegetarische Leberwurst, eine vegetarische Bratwurst, ein Gyros, ein Geschnetzeltes, das so aussieht wie das Original – warum nicht? Man muss die Menschen da abholen, wo sie stehen. Und die jahrzehntelangen Gewöhnungsprozesse beim Essen darf man nicht unterschätzen. Es ist auch eine Frage des Aussehens, der Wiedererkennung, um keinen Kulturschock zu bekommen. Wichtig ist aber die Zusammensetzung. Diese künstlichen Produkte dürfen nicht zu viel Fett und Emulgatoren enthalten. Und natürlich hängt alles am Preis: Wenn der Fleischersatz doppelt so teuer wie die Originalwurst ist, wird er keinen Erfolg haben. Aber das nähert sich ja an. Die Entscheidung fällt immer auch an der Kasse, da mache ich mir keine Illusionen. Und wenn man nicht den Bedürfnissen der Menschen entgegenkommt und die richtigen neuen erweckt, wird man keinen Erfolg haben. Um einen Vergleich mit der Autoindustrie zu ziehen: Man kann viel gegen die panzerartigen SUVs sagen, sie verbrauchen viel CO_2 und sind auch vom Benzin her nicht sparsam, aber die Menschen sind verrückt nach diesen Autos, auch ökobegeisterte Familien leisten sich diesen Widerspruch und gehen nicht nur mit dem Lastenfahrrad einkaufen. Emotion schlägt immer Vernunft.

Vor einem sollten sich die Freunde des fleischlosen Essens allerdings hüten: Sie sind nicht die besseren Menschen, nur weil sie sich klimaschonender ernähren. Es wäre ja so wunderbar, wenn alle vegetarischen Menschen friedlich, edel, hilfreich und gut wären. Die Wahrheit ist leider anders. Es gibt genauso viele

Narzissten und Flachdenker darunter. Auch die Schurken sind unter den Fleischfressern und Vegetariern wohl gleichmäßig verteilt.

Es ist so eine Sache mit der Moral, die manche für sich pachten wollen. Und mit der Ekelschwelle, die sich immer wieder verändert. Viele Menschen grausen sich zum Beispiel vor Insekten, aber ich bin sicher, auch da wird sich Einiges ändern. Insekten sind sehr proteinreich und enthalten viele Ballaststoffe. Wir werden Heuschrecken essen, wenn sie attraktiv zubereitet werden, sie können sogar zu einer Delikatesse werden. Ist es denn wirklich unappetitlicher, eine Heuschrecke zu essen als eine Schweineleber? Veränderung ist machbar, Herr und Frau Nachbar. Ich sehe das neue Bewusstsein beispielhaft am Schicksal der Gänseleber in deutschen Restaurants. Sie ist fast nicht mehr auf dem Speiseplan, weil das Stopfen von Gänsen, das zu der ach so appetitlichen Fettleber führt, längst als Tierquälerei anerkannt ist. Ich habe in meiner Kochkarriere sehr viel mit Gänseleber gearbeitet, aber der Wind hat sich gedreht: Diejenigen, die unbedingt Gänseleber essen wollen, stehen unter Rechtfertigungszwang, fast so als wenn sie nach Delfinfleisch oder Hai verlangen würden. Der moralische Druck hat zugenommen. Die Feinschmecker werden heute schief angeschaut, wenn sie von ihren umstrittenen Geschmackserlebnissen erzählen. Und das will auf Dauer keiner. Gänse sind nicht die größten Sympathietiere, sie sind keine Pandabären, aber ihre Mästung ist wirklich ein Ausfluss menschlichen Allmachtstrebens. Manchmal muss man Menschen vor ihren eigenen erlernten Gelüsten schützen – man kann so etwas auch wieder verlernen. Das soll keine Bevormundung sein, es gibt ja immer noch Anbieter von Gänseleber, aber es ist Ausdruck von Haltung. Und die sollte ein guter Wirt und auch eine humane fortschrittliche Gesellschaft haben. Froschschenkel zum Beispiel galten in Frankreich lange als Delikatesse. In China wird alles gegessen, was vier Beine hat, außer es sind Stühle. Es sind kulturelle Übereinkünfte, die so etwas entstehen oder als nicht mehr zeitgemäß auslaufen lassen.

Auch der Pangasius hat ausgedient. Er wurde wegen seinem festen Fleisch lange geschätzt, ist aber total überzüchtet. Wir können ihn locker ersetzen, wir haben so viele wunderbare deutsche Speisefische: Forelle, Zander, Saibling. Zurück zum Natürlichen und Naheliegenden bzw. Naheschwimmenden – das empfehle ich. Und ein bisschen Mitgefühl mit der Kreatur schadet nicht. Man muss kein Landromantiker sein, um die Massentierhaltung von Hühnern, Rindern, Schweinen, Puten unwürdig zu finden. Bei Hühnern sind nach wie vor neun Tiere auf einem Quadratmetern erlaubt. Aber diese Tiere haben auch Gefühle und sind nicht bloß Fleischmaterial für den homo sapiens. Das Prinzip, dass wir die Stärkeren sind und uns die Erde untertan machen können, ist mir zu schlicht. Wir vergiften uns ja selbst in der Massentierhaltung, die massenhafte Zugabe von Antibiotika führt dazu, dass sie auch in unsere Nahrung gelangen und die Antibiotika dann, wenn wir sie brauchen, nicht mehr anschlagen bei uns. Resistente Keime breiten sich aus. Das ist nicht spektakulär, aber schleichend und deshalb so saugefährlich. Wenn wir schon kein Mitgefühl haben, sollten wir aus purem Egoismus Billigfleisch ablehnen. Wir fressen uns sonst zu Tode.

Als Sternekoch bin ich nicht der Erzieher der Nation, aber kalt lässt mich die Ernährung der Deutschen auch nicht, ich spüre einen sanften Bildungsauftrag: Ich esse zum Beispiel keine Scampis und Garnelen mehr, seit ich in Thailand mitbekommen habe, wie sie gezüchtet werden. In stinkenden Fischzuchtbetrieben, die Kloaken glichen. Eimerweise standen da Antibiotika herum. Brr, es schüttelt mich noch heute bei diesem

Anblick, ich kriege das nicht aus meinem Kopf. Seitdem frage ich immer in Restaurants nach, wo sie ihre Garnelen herhaben. Es gibt in Deutschland wunderbare Bio-Garnelenzüchtungen, zum Beispiel in der Nähe des Münchner Flughafens, kleine Start-Up-Firmen. Der Fortschritt mag eine Schnecke sein, aber er ist nicht aufzuhalten.

Wie natürlich und menschlich anständig erscheint mir da das Schlachten eines Perlhuhns, das ich bei einem Küchenchef von mir gelernt habe. Er nahm mich mit in seinen Hühnerstall und legte den Hahn auf den Schlachtblock. Dann reichte er mir das Beil, weil er es selbst nicht übers Herz brachte und eine Bindung zu seinen Tieren aufgebaut hatte: Mit einem Beilhieb war der Kopf des Tieres, das eben noch vergnügt durch den Garten stolzierte, ab. Der Hahn hatte ein gutes Leben gehabt, das tröstete mich, die Enge industrieller Hühnerställe blieb ihm erspart. Danach begannen wir das Tier zu rupfen und auszunehmen. Ich habe dabei Respekt vor dem Tier gelernt – auch wenn der Akt des Tötens ja kein zärtlicher Akt ist, auch wenn man das Tier vorher streichelt. Dennoch: Ehrfurcht vor dem Leben bekommt man eher, wenn man das Tier vor sich sieht und das Schlachten nicht in den Händen anonymer Menschen liegt. Fleischverzehr bleibt für mich ja grundsätzlich ok. Wenn ich einmal auf eine einsame Insel verschlagen werde, weiß ich, wie man mit einem Huhn umgeht.

Ich bin natürlich Realist: In der Massentierhaltung, in großen Schlachtereien und Fleischfabriken arbeiten Menschen, die davon leben – rund 80 000 Arbeitsplätze sollen es sein. Es ist das Gesetz von Angebot und Nachfrage: Fleisch ist nach wie vor ein begehrtes Produkt, egal, wie es produziert wird. Wenn die Schweine so billig werden wie im Herbst 2021, weil wegen der Schweinepest keine mehr nach China exportiert werden und ein krasses Überangebot besteht, ist der Schweinebauer der Pleite nah und die Preise sinken immer mehr. Fleisch wird zu Dumping-Preisen angeboten. Viele Verbraucher greifen immer zum billigsten Teil.

Ich war einmal in einer Fleischfabrik, die Atmosphäre war gespenstisch effizient: Eiskalt, laut, künstliches Neonlicht, es riecht unangenehm, alles ist automatisiert – mit dem Handwerk eines Metzgers, das ich sehr schätze, hat das nichts mehr zu tun. Aber diese Massenabfertigung entspricht natürlich den gesetzlichen Hygienestandards. Die vermummten Arbeiter wirkten wie Roboter auf mich, sie unterscheiden sich nur noch an der Farbe ihrer Kopfbedeckung in Vorarbeiter, Mitarbeiter, Leiharbeiter. Unter dem Vollgesichtsschutz sind sie keine Individuen mehr, nur noch Handlanger. Die den Respekt vor beseelten Lebewesen, und das waren ja diese Tiere alle, völlig verloren haben. Aber ich mache ihnen keinen Vorwurf: Wir, die Verbraucher, sind ja die Auftraggeber. Die Supermarktkunden verdrängen, dass andere die Drecksarbeit für sie machen. Im Supermarkt liegen nur appetitlich abgepackte Hähnchenbrüste und Schnitzel. Wenn die Verbraucher sich klar machen würden, unter welchen Umständen ihr Steak in der Pfanne landet, würden viele das nervlich nicht aushalten. Aber der Mensch neigt zur Verdrängung.

Was kann ich tun? Wenig, aber das ist mehr als nichts. Bei der Umstellung auf vegetarische Ernährung gibt es drei beliebte Argumente: Wir sind das nicht gewohnt. Es ist so anstrengend und zeitraubend. Und wir haben Angst vor einem Nährstoffmangel, weil das Vitamin B^{12} im Fleisch enthalten ist. Prominente wie mein Bodybuilder-Kollege Ralf Möller, der als Muskelprotz in Hollywood Karriere machte, sehen das ganz anders. Der Gladiator hat sich Gedanken gemacht, was er in sich hineinstopft und lebt seit über drei Jahren vegan. Seine Begründung bei einem Interview mit der »Abendzeitung« in München ist überzeugend: »Sport und Fitness sind schön und gut, aber 70 Prozent macht die Ernährung aus. Vegan ist weder freudlos noch unsexy.

Es geht nicht darum zu verzichten oder zu hungern, sondern neue hervorragende Gerichte zu entdecken. Ich liebe veganes Reiscurry, vegane Pizza Margherita, Rote Beete, Reis- und Mandelmilch.« Körperlich geschadet hat es dem Modellathleten offenbar nicht: »Beim Muskelaufbau geht es um Proteine. Bohnen sind Protein-Bomben, die nehme ich mehr denn je zu mir. Mein Arzt sagte, ich habe die Werte eines 39-Jährigen. Ich kann besser schlafen, mich besser konzentrieren. Ich fühle mich besser in Form. Und die Cholesterinwerte waren nach zwei Monaten veganer Lebensweise wieder top.«

Wegen erhöhter Cholesterinwerte stellte er seine Ernährung um, aber längst nicht nur deswegen, Ralf Möller ist ganz ehrlich: »Hätte mir damals jemand, als ich mit 27 Mr. Universum geworden bin, gesagt, dass ich später vegan leben würde, hätte ihn für verrückt erklärt. Huhn, Fisch und Steak, das hat alles zu meinem Leben gehört. Aber irgendwann fängt man an, sich Gedanken zu machen. Ich habe über diese schreckliche Massentierhaltung nachgedacht, das unnötige Abschlachten von Nutztieren. Es geht uns allen noch immer zu gut, sodass wir wenig ändern. Ich habe mal einen Veggie-Day eingelegt und geschaut, wie ich mich danach fühle.« So wurde also ein Kraftsportler zum Anwalt der veganen Ernährung. Zur Nachahmung empfohlen. Auch die stärksten Männer brauchen kein Fleisch.

Auch Malaika Mihambo, die Olympiasiegerin im Weitsprung und zweifache Sportlerin des Jahres, ernährt sich vegetarisch: »Ja, ich bin absolut gegen Massentierhaltung. Schon als Kind habe ich begonnen mich fleischlos zu ernähren. Kein Leistungssportler braucht Fleisch, es ist natürlich eine Eiweißquelle, aber es gibt auch genug Alternativen dazu. Wir brauchen nur Aminosäuren, aber die gibt es auch pflanzlich. Und das wichtige Vitamin B^{12} führe ich mir mit Nahrungsergänzungsmitteln zu. In der Massentierhaltung geht das den Tieren übrigens auch verloren.«

Und ich, der Ernährungsexperte? Ich esse immer weniger Fleisch, fast so wie früher, als es Fleisch nur am Sonntag gab. Ich achte genau darauf, dass kein Ei aus einer Legebatterie bei mir auf den Tisch kommt. Und es ist ja ein Fortschritt, dass auf den Eiern aufgedruckt ist, wie sie erzeugt werden. O steht für Bio-Freiland, 1 für Freiland, von 2 oder 3 würde ich die Finger lassen, die Hühner haben in diesen Betrieben nichts zu lachen. Und im Hotel liebe ich es, wenn ich ein echtes Bio-Ei bekomme, deshalb gehe ich gerne in kleinere Hotels. In größeren Hotels muss man damit rechnen, dass das Ei für das Omelett aus dem Tetrapack kommt. 500 Portionen müssen eben schnell gemacht werden, aber die mangelnde Qualität schmecke zumindest ich.

Die Trends kommen und gehen. Vor 30 Jahren galt es schon als Gipfel der Raffinesse, wenn man Tomaten mit Mozzarella serviert hat und dazu frisches Pesto hinzugefügt hat. Oder denken wir an den Siegeszug der asiatischen Küche mit Ingwer, Sojasoße, Kurkuma und Koriander. Heute ist das Standard, wir haben uns daran gewöhnt. Mir ist es wichtig, dass wir regional und saisonal kochen. Es ist absurd, Äpfel aus China zu importieren, aber ganz viel Apfelsaftkonzentrat kommt aus dem Riesenreich mit den geringen Personalkosten. Meine Faustregel: Je geringer der Weg zu unserem Mund, umso besser. Erdbeeren und Spargel außerhalb der Saison lehne ich auch ab. Wir müssen uns wieder an den Rhythmus der Natur anpassen. Das Schlaraffenland der Verfügbarkeit von allem zu jeder Zeit ist ein Irrweg. Es entwertet unsere wunderbaren Lebensmittel.

Wie regional geht, zeigen drei Allgäuer. Sie nennen sich »mobile Saftmoschte« und ziehen jetzt mit Mühle, Presse, Pasteur und Abfüller durchs Land. Die Kunden dürfen mithelfen, wenn sie ihr Obst am Förderband eingeben. Der Gedanke, dass aus dem eigenen Obst der eigene Saft wird, fasziniert die Kundschaft. Pro Stunde werden 800 Kilo Obst versaftet. Im Tank wird der Saft dann auf 78 Grad erhitzt, um Hefen, Bakterien und Pilze abzutöten. 250 000 Liter Saft entstehen so im Jahr. Am besten schmeckt immer eine Mischung aus verschiedenen Apfel- bzw. Obstsorten, das Spiel mit Säure und Süße ist der Schlüssel zum perfekten Saft, sagen die Most-Meister mit dem wunderbaren Humor. Sie haben auch einen kleinen Selbstbedienungsladen, auf dem steht: »Müde und durstig? Saft und Bank!« So sind sie, meine Allgäuer, gastfreundlich und schnörkellos. Ihren Trübsinn lass ich mir gefallen. Naturtrüb ist bei ihnen nur der Apfelsaft. Sie sind Idealisten. Wer den Apfel nicht ehrt, ist des Sonntagbratens nichts wert.

Seien wir doch mal ehrlich: Kostbar ist doch nur, was es nicht immer gibt. Selbstbeschränkung ist die neue Freiheit. Die Überflussgesellschaft ist so unerotisch wie das Schlaraffenland. Ich finde es heute spannender, mich selbst aus eigenem Antrieb zu reduzieren. Wir sollten zu unseren Wurzeln zurückkehren. Was gibt es Besseres als ein frisches Bauernbrot mit dicker Butter, Bergkäse und Schnittlauch? Oder frischem Tomatensalat mit roten Zwiebeln, Essig und Öl? Und dazu bestes Allgäuer Bier. Da möchte ich die uralte Werbung für eine Zigarettenmarke zitieren: Ich geh meilenweit für...

Regional erwärmt uns das Herz – vor allem, wenn es aus dem eigenen Garten kommt. Think global, buy local – darum geht es. Ich habe den Luxus, einen kleinen Kräutergarten zu haben. Und es ist ein Hochgenuss, Salbei, Thymian, Rosmarin, Schnittlauch oder Petersilie abzuschneiden und zu verarbeiten. Jeder kann das mit wenig Aufwand machen, Rosmarin, der mit Kartoffeln ausgezeichnet schmeckt, kann man auch auf dem Balkon wachsen lassen. Basilikum gedeiht am Schreibtisch. Jeder kann sich heute, wenn er will, komplett regional ernähren. Auch wenn es ein wenig mehr Aufmerksamkeit kostet. Der Trend zum

Gärtnern in der Stadt, ohne dass man einen eigenen Garten besitzt, ist etwas Wunderbares. Urban Gardening breitet sich aus. Dachterrasse, Innenhof oder Balkon bieten sich an. Es gibt Hochbeete, Kräuterspiralen, Vertikale Gärten, Leitern, LED-Pflanzstationen, Hängeampeln, Pflanztreppen. Und natürlich auch Gemeinschaftsgärten, in denen man wunderbar Kontakte knüpfen kann. Auch die Seed Bombs, auf Deutsch Samenbomben, sind ein ganz erfreuliches Zeichen. Erde, Ton und Saatgut machen hässliche Plätze schön. Die schönste Art von Bombardierung, die ich kenne, wenn dann ein farbenfrohes Blumenfeld entsteht. Einfach so. Aus Freude an der Verschönerung. Ohne dass einem dieses Stück Erde gehört. Wie dichtete der gute alte Goethe: »Warum in die Ferne schweifen, wenn das Gute liegt so nah.«

Das gilt auch für einen anderen Modebegriff, die Superfoods. Mit ihnen sollte der Anschein erweckt werden, als ob es medizinische Lebensmittel gäbe, die Anti-Aging und ein quietschvergnügtes Leben garantieren, Krebs, Alzheimer und Depressionen heilen sollen. Ganz ehrlich, das Beste an den Superfoods, die uns in den letzten Jahren angepriesen wurden, ist der knallige Name. Er lässt aufhorchen, ist aber nur PR. Das allein seligmachende Lebensmittel gibt es nicht, es sei denn, sie meinen die Muttermilch als Baby. Die ist wirklich super für die Entwicklung. Die Wahrheit für alle außer Babys ist banal: Es geht immer um eine umfassende Ernährung, nie um ein einziges Detail. Ganz egal, ob es sich um Granatapfel, Gojibeeren, Matchatee, Kokosmehl, Kurkuma, Yamswurzel, Guarana, Chia, Quinoa, Acaibeeren, Algen oder Amaranth handelt – es sind Modeerscheinungen, die so schnell verschwinden, wie sie gekommen sind. Flüssiges Weizengras war auch mal eine Zeit lang modern. Es ist der pure Etikettenschwindel. Diese Früchte kommen von weit her und haben meist eine katastrophale Ökobilanz. In Peru wird das

Quinoa, das goldene Korn der Inkas, knapp, weil wir es ausprobieren wollen. Auch hier gilt wieder: Think global, buy local. Unsere Lust auf exotische Lebensmittel macht keinen Bauern dort reich – im Gegenteil. Ich setze regional und saisonal bei uns dagegen. Mein ganz persönlicher Superfood ist die Himbeere, sie erinnert mich immer an den Himbeerkuchen meiner Mutter. Farbe, Form, Aroma, da stimmt einfach alles.

Ich bin sehr für eine grenzenlose Küche und alles andere als ein Nationalist in der Küche, aber wir haben genug Superfood in unserem eigenen Land: Hafer, Heidelbeeren, Feldsalat, Paprika, Rosenkohl, Spinat, Walnüsse. Die schwarze Johannisbeere ist ein Juwel, sie hat mehr Vitamin C und achtmal weniger Kalorien als Gojibeeren. Der Bund für Lebensmittelrecht und Lebensmittelkunde hat Blaubeeren, Brokkoli, Sauerkraut als Superfood geadelt. Auch Süßkartoffeln und Kartoffeln gelten als besonders wertig. Leinsamen kann Chia locker ersetzen. Ballaststoffe gibt es auch hierzulande. Und die Erzählung von den Superfoods aus der ganzen Welt? Ganz ehrlich, ich brauche sie nicht unbedingt.

Rezept-Soundtrack meines Lebens:

Falafel mit Granatapfel-Minz-Joghurt

Hülsenfrüchte sind der Hit. Wahrscheinlich das gesündeste Lebensmittel der Welt und für alle erschwinglich. Ein sehr guter Fleischersatz. Über diese Erbsen kichert keiner mehr. Falafel ist mehr als ein gesundes Fastfood.

200 Gramm Kichererbsen über Nacht einweichen. Am nächsten Tag durch ein Sieb abgießen. **2 Schalotten** und **2 Knoblauchzehen** schälen und würfeln. **2 Esslöffel Olivenöl** in einem Topf erhitzen, Schalotten und Knoblauch darin anschwitzen, Kichererbsen, **2 Messerspitzen Ras el-Hanout, 1 Teelöffel Koriandersamen, 2 Messerspitzen Zimtpulver** und **1 Teelöffel Currypulver (Purple Curry)** dazugeben, **200 Milliliter Gemüsebrühe** angießen.

Alles aufkochen, die Hitzezufuhr reduzieren und 45 Minuten köcheln lassen. Anschließend mit einer Gabel zerdrücken und komplett auskühlen lassen. **4 Eigelbe** und **6 Esslöffel braune Butter** untermischen, mit **Salz** und **schwarzem Pfeffer aus der Mühle** abschmecken. Aus der Masse Kugeln formen und in **200 Milliliter Öl** ausbacken.

300 Gramm Joghurt (3,5 % Fett oder nach Geschmack) und **Saft von 1 Zitrone** vermengen, **4 Esslöffel Granatapfelkerne** unterrühren. **10 Minzblätter** hacken und ebenfalls unterrühren. Mit **Salz, schwarzem Pfeffer aus der Mühle** und etwas **Zucker** abschmecken und zu den Falafeln servieren.

Gang 16

MEIN KAMPF GEGEN
die Verschwendung – warum Lebensmittel niemals Abfall sein dürfen

Es gibt einen wunderbaren Satz im Englischen: Never waste a good crisis. Verschwende nie eine gute Krise. Da bin ich dabei. Jede Krise stellt unser Leben auf den Kopf. Aber der Kopfstand ist auch sehr gesund, nicht nur beim Yoga. Er reißt uns aus alten Gewohnheiten heraus. Die Krise zwingt uns, den Blickwinkel zu verändern, der schmerzliche Aha-Effekt ist der größte Feind der Gleichgültigkeit. Lässt uns neu denken. Und das ist immer nötig – auch außerhalb von Krisenzeiten.

Es gibt Krisen, an die wir uns gewöhnt haben und nicht mal mehr mit der Wimper zucken. Mir fällt dazu ein Thema ein, das mich seit Langem beschäftigt: Wie schaffen wir es im Wohlstand zu leben, ohne dass wir dabei unsere Werte verraten und ohne die Ehrfurcht vor den Früchten der Natur zu verlieren? Wie können wir Reichtum, Moral und Vernunft verbinden? Ich rede von dem Skandal, der nicht als Meldung in der Tagesschau erscheint. Er ist zu alltäglich, zu wenig spektakulär. Und zu viele sind daran beteiligt. Ich rede von dem Wir-haben-es-ja-Prinzip, der gedankenlosen Verschwendung unserer Lebensmittel, dem Wegwerfen, weil sie nicht mehr in unsere Bäuche passen oder aus dem Kreislauf unserer Wirtschaft als minderwertig entfernt werden. Weggekippt, auf Nimmerwiedersehen. Keiner fragt uns danach, weil uns so viele andere Lebensmittel umgeben.

Bei mir gibt es das nicht, dass etwas weggeworfen wird. Das geschieht nicht aus Geiz oder Sparsamkeit, sondern weil ich es unverantwortlich finde, Lebensmittel nicht wertzuschätzen. Ich habe Untersuchungen gelesen, dass 40 Prozent aller produzierten Lebensmittel weggeschmissen werden. Es sind auf jeden Fall unvorstellbare Mengen. Die Deutschen schauen wie Bürokraten auf das Mindesthaltbarkeitsdatum und vergessen dabei, dass diese Lebensmittel noch lange genießbar sind. Gottseidank gibt es inzwischen Läden, die abgelaufene Lebensmittel verkaufen, vergiftet hat sich noch nie jemand daran. Ich leide an der Vorstellung, wie viel in Supermärkten und Gaststätten weggeworfen wird. Und manchmal passiert es mir auch: Wir betreiben zwei Kantinen, eine für eine Softwarefirma, eine für einen metallverarbeitenden Betrieb, und versuchen alle Reste am nächsten Tag weiterzuverarbeiten. Aber einmal hatten meine Köche eine deutliche Überdosis mediterranen Nudelsalat gemacht. Ihn einfach zu verschenken an Kindergärten, Altersheime oder Passanten ist schwierig, die deutsche Lebensmittelbürokratie schiebt da viele Riegel davor, diesen Rattenschwanz an Vorschriften wollen sich Gastronomen oft nicht aufbürden. Wegschmeißen ist bequemer. Ich finde das ebenso schrecklich wie den Gedanken, dass ein schief gewachsenes Gemüse, das optisch nicht der deutschen Norm unterliegt, nicht in den Handel gelangen kann. Den Nudelsalat habe ich dann persönlich an Freunde verschenkt. So etwas weckt Bewusstsein. Hungersnöte kennen wir nur noch aus den Nachrichten in fernen Ländern. Wir müssen schon unsere Großeltern und Urgroßeltern fragen, wie entwürdigend es in Kriegszeiten ist, so gut wie nichts zu essen zu haben. Die Menschheit ist vergesslich.

»Taste the waste«, also »Koste den Abfall«, hat der Dokumentarfilmer Valentin Thurn seinen Dokumentarfilm genannt, der schon 2010 gezeigt wurde, geändert hat sich wenig an dem dauerhaften Skandal. Valentin Thurns Recherchen müssen jedem Europäer die Schamesröte ins Gesicht treiben: In der gesamten EU werden jedes Jahr rund 90 Millionen Tonnen Lebensmittel weggeworfen. Davon sind etwa drei Millionen Tonnen Brot. Wussten Sie, dass 50 Prozent der Kartoffeln untergepflügt werden, weil sie nicht dem Industrie-Standard in Form oder Aussehen entsprechen? Allein mit den Lebensmitteln, die in Europa und Nordamerika weggeworfen werden, könnten alle Hungernden der Welt dreimal satt werden, hat Valentin Thurn recherchiert. Und was auch kaum jemand weiß: Dieses Wegwerfen befeuert die Klimakrise. Bei der Entsorgung von organischem Abfall in Mülldeponien entsteht auf den Halden Methan, das 25-mal so schädlich ist wie das Treibhausgas CO^2 und in die Atmosphäre entweicht. Würde man den Lebensmittelmüll nur halbieren, würde dies ungefähr ebenso viel Klimagase verhindern wie die Stilllegung von 50 Prozent aller Autos. Die Lage ist also dramatisch und weltweit gibt es noch schlimmere Beispiele von Verschwendung: In Japan gibt man das Haltbarkeitsdatum sogar in Stunden an und wirft pauschal alle Produkte im gesamten Markt mit dem vorletzten Haltbarkeitsdatum weg. Das sind erschreckende Tatsachen.

Die exakte Schätzung, wie viele Essen man in der Gastronomie verkaufen kann, ist natürlich eine Kunst. Niemand weiß, wie viele Gäste kommen, wir können es immer nur annähernd schätzen, auch im Speiseangebot einer Kantine gibt es Unsicherheiten. Aber privat sollte man das auf jeden Fall hinkriegen. Reste gehört zu meinen Lieblingsessen. In ein Allgäuer Gröstl kann alles hinein, und es schmeckt hervorragend. Der Küchenkreislauf kann immer von Neuem beginnen. Ich habe eine Phobie gegen das Wegwerfen, auch wenn ich weiß, dass wir in einer Wegwerfgesellschaft leben und unsere ganze Wirtschaft darauf beruht. Ich war einmal in einer Eisfabrik, da wurde mir erklärt, dass jeden Tag

22 000 Liter Eisgrundmasse und Molkereiprodukte täglich vernichtet werden. Es hat viel mit Hygienevorschriften zu tun – und mit dem Wunsch der Verbraucher, ein absolut perfektes Eis zu bekommen. Jeder von uns muss sich an die eigene Nase fassen. Ich war schockiert, aber so brutal kann das Geschäft sein. Das sind wirtschaftliche Zwänge und in Einzelfällen vielleicht auch schlechte Planung. Aber zuhause sind wir Küchenmeister: Und jeder Einzelne kann etwas dagegen tun, dass wir Lebensmittel nicht einfach wie Unrat wegwerfen. Weil wir uns im nächsten Supermarkt wieder ganz neue kaufen können. Das ist mir zu einfach. Respekt vor jedem Produkt – das steckt in meiner DNA. Und es tut sich was. Der Skandal wird nicht mehr widerspruchslos hingenommen. Zumindest in den Städten. Heute gibt es die Onlineplattform foodsharing.de, die es Privatpersonen, Händlern und Produzenten ermöglicht, überschüssige Lebensmittel kostenlos anzubieten oder abzuholen, damit sie nicht weggeschmissen werden. Ein Schritt in die richtige Richtung.

Ebenso wie die Gründung von Startups wie Sirplus, die abgelaufene Lebensmittel im Großmarkt kaufen und in ihren eigenen Läden verkaufen. Sie verschicken auch Veggie-Überraschungspakete, die sehr gut ankommen – natürlich werden sie stilecht mit dem Lastenfahrrad geliefert. Noch machen diese Firmen Verluste, aber sie hoffen darauf, dass sie bald profitabel sind. Und die gigantische Lebensmittelverschwendung stoppen können.

Marktführer auf diesem Gebiet sind natürlich die Tafeln, eine großartige Bewegung der Menschlichkeit und des praktischen Denkens. Es gibt 947 Tafeln in Deutschland, natürlich auch in meiner Heimat Kempten. Die Idee ist unschlagbar: In Supermärkten und anderen Formen alles Essbare abzuholen, was nicht mehr in den Handel gelangt, und es an Bedürftige zu einem symbolischen Preis von einem Euro zu verteilen. Diese Idee hat sogar Fußballweltmeister Paul Breitner überzeugt, der bei der

Münchner Tafel mit seiner Frau Hilde seit vielen Jahren einmal in der Woche anpackt. Durch den Einsatz der vielen Tafeln konnten allein im Jahr 2019 in ganz Deutschland über 216 000 Tonnen Lebensmittel gerettet werden. Die Metro ist der Hauptsponsor der Tafeln, sie hat sich vorgenommen, bis 2025 rund 50 Prozent der Überproduktion und Verschwendung zu reduzieren. Ich finde solche Aktionen vorbildlich. Und bei den Tafeln gibt es nicht das geringste kommerzielle Interesse: Alle arbeiten ehrenamtlich und wollen einfach nur helfen. Und wer anderen hilft, hilft auch sich selbst – so ist der Mensch konstruiert. Es gibt keinen dümmeren Satz als: Wenn jeder nur an sich denkt, ist an jeden gedacht. Nein, es gibt viele Gründe, warum Menschen in Not geraten, unverschuldet oder verschuldet. Aber man sollte niemand hungern lassen in so einem reichen Land wie Deutschland. In Berlin allein gibt es 850 Abgabestellen für die Tafel. Sie fürchten die Konkurrenz durch die Retterdienste, die noch ein Geschäft machen wollen mit den Billigwaren, die sonst vernichtet worden wären. Ich hoffe, dass der Markt für beide groß genug ist. Es gibt ein Publikum, das es einfach schick findet, in solchen Nachhaltigkeitsmärkten einzukaufen, in denen Secondhand-Lebensmittel angeboten werden. Die sich aber nie bei einer Tafel anstellen würden und auch gar nicht berechtigt dazu wären, dafür braucht man einen Hartz-IV-Nachweis. Oder einen Rentenbescheid, der die Armut bezeugt. Deshalb glaube ich eher an Ergänzung als an Verdrängung. Die Tafel hat ihre Berechtigung – und sie ist heute nötiger denn je. Und die Äpfel dort mögen kleine Schönheitsfehler haben oder nicht so glänzen wie im Supermarkt – aber sie sind genauso gesund.

Äpfel sind ja wahre Ernährungswunder, der Spruch »One apple a day keeps the doctor away« kommt nicht von ungefähr. Das Lieblingsobst der Deutschen besteht zu drei Viertel aus Flüssigkeit, wirkt entzündungshemmend, stärkt sogar die Denkfähigkeit und soll gegen Alzheimer vorbeugen. Der Ballaststoff Pektin hilft Diabetikern, dass der Zucker aus Lebensmitteln nur langsam ins Blut gelangen kann. Und räumt den Darm auf. Und in roten Äpfeln steckt Procyandidin, eine Art Gefäßreiniger. Das Vitamin C stärkt die weißen Blutkörperchen im Kampf gegen Eindringlinge. Und wichtig ist, dass wir ihn ungeschält essen. Denn in der Schale sind Kostbarkeiten.

Äpfel machen auch schlank: Ernährungswissenschaftler verordneten übergewichtigen Frauen drei Äpfel pro Tag. Die Frauen wurden dünner, die Äpfel senkten die Kalorienzufuhr viel stärker als zum Beispiel Birnen. Die Vermutung der Wissenschaftler: Äpfel bremsen mit Ballaststoffen den Appetit, regeln die Verdauung an und fördern Darmbakterien, die schlank machen.

Und Äpfel sind Wunder der Verwandlungskunst. Sie reagieren sogar nach der Ernte noch auf Sonneneinstrahlung, stellte eine norwegische Uni-Studie fest. Der Antioxidantiengehalt in der Apfelschale verdoppelt sich bei zehn Tagen UV-Lichtstrahlung, der Vitamin-C-Gehalt nahm um das Sechsfache zu.

Wohl dem, der einen Apfelbaum hat, Martin Luther wollte ja am letzten Tag seines Lebens noch einen pflanzen. Das Gefühl vom eigenen Baum einen Apfel zu pflücken, ist unbezahlbar. Es muss ja nicht so enden wie in der Bibel, als Eva vom Baum der Erkenntnis einen Apfel pflückte und ihn auch Adam zu essen gab. Weil sie der Versuchung nicht widerstehen konnten und wie Gott werden wollten. Der Apfel war schon immer das Sinnbild für Schönheit, Glück, Macht und Herrschaft – weil er die ideale Form hat. Hätten sonst die Kaiser und Könige einen Reichsapfel als Zeichen ihrer Krönung gehabt? Wir brauchen heute keinen Reichsapfel, nur etwas Achtung vor dieser Frucht. Die so viel Gutes in unserem Körper bewirkt. Ein herzhafter Biss oder auch ein Löffel Apfelmus gehört zu den schönsten Geschmackserinnerungen, die wohl jeder in sich hat.

Alp-Gröstl mit Endiviensalat

Die Kunst des Reste-Essens: Hier zeigen sich Fantasie und Spontanität. Man kann alles verwerten und mischen, im Allgäu nennt man das Gröstl. Es war unser beliebtestes Mitarbeiteressen. Gutes Gewissen mit Biss.

Für den Salat ½ Kopf Endiviensalat in grobe Streifen schneiden, waschen, trocken schleudern und in eine Schüssel geben. Für die Garnierung **3-4 Stängel glatte Petersilie** abbrausen, trocken schütteln und hacken. **4 Radieschen** waschen, putzen und in Achtel schneiden.

Für das Alp-Gröstl **200 Gramm gegartes Rindfleisch vom Vortag (z. B. Suppenfleisch)** in Würfel und **500 Gramm gekochte Kartoffeln vom Vortag** in dicke Scheiben schneiden. **100 Gramm geräucherten Bauchspeck** würfeln, **1 mittelgroße Zwiebel** schälen und in Streifen schneiden.

1 Esslöffel Butter in einer großen Pfanne erhitzen, Rindfleisch und Kartoffeln darin bei mittlerer Hitze anbraten. Dann Speck und Zwiebel zugeben und 5–8 Minuten unter gelegentlichem Wenden braten, bis alles schön Farbe angenommen hat.

2 Knoblauchzehen schälen, hacken, mit ¼ Teelöffel Kümmelsamen zugeben und mit **Salz** und **schwarzem Pfeffer aus der Mühle** würzen. **3 Eier** verquirlen, gleichmäßig darübergießen und stocken lassen, dabei ab und zu vermengen.

Inzwischen aus 2 **Esslöffel saurer Sahne, 3 Esslöffel Obstessig, 3 Esslöffel Sonnenblumenöl, 1 Prise Zucker,** etwas **Salz** und **schwarzem Pfeffer aus der Mühle** ein Dressing anrühren, über den Endiviensalat gießen und vermengen.

Das Alp-Gröstl auf vier Teller verteilen und den Endiviensalat daneben anrichten. Zum Schluss die gehackte Petersilie über das Gröstl streuen und mit Radieschen garnieren.

EIN LETZTER GANG ZU MIR SELBST –
meine schönsten Niederlagen

Im Sport gibt es eine Weisheit: Man lernt durch Niederlagen viel mehr als durch Siege. Obwohl man sie hasst. Aber der Crash, der Aufprall in der Realität, der Absturz, die Ernüchterung sind die notwendige Voraussetzung für Wachstum und eine erweiterte Stärke auf anderen Spielfeldern.

Ich bin ein Mensch, der auch seine Niederlagen liebt. Weil sie vor Verhätschelung schützen, wichtige Weichen stellen und sich als nachträgliche Siege entpuppen. Das begann schon als kleiner Junge. Ich wollte Rockstar werden, war Dorfmeister an der Luftgitarre. Meine Eltern schenkten mir zwei Jahre Gitarrenunterricht. Aber dieses Arbeiten mit Notenblättern und das Stillsitzen war mir viel zu langweilig. Ich wollte Action und träumte von AC/DC und Iron Maiden, auf der Gitarre übte ich Riffs, die geschminkten Hardrocker von Kiss waren meine Helden. Mein Vater hatte wenig Verständnis für meine Übungen: »Mit dieser verdammten Beatmusik werdet ihr alle verrückt.« Ein typischer Generationenkonflikt.

Meine Gitarrenlehrerin wollte mich erst mal klassisch ausbilden. Didaktisch ganz falsch. Darauf lag kein Segen. Ich verlor die Lust. Ich war kein Peter Maffay, der seit ihm sein Vater mit 14 die erste Gitarre geschenkt hatte, nie mehr von dem Instrument loskam. Ich begnüge mich heute damit, auf Konzerte zu fahren. Und ganz laut im Auto mitzusingen. Mit der Weisheit von heute weiß ich: Dadurch, dass an mir ein Rockstar verloren ging, konnte ich erst zu einem guten Koch werden. Leidenschaft lässt sich offenbar nicht aufteilen. Entweder ganz oder gar nicht. Chris Henze hat es verkraftet. Ein mittelmäßiger Musiker weniger, ein Klassekoch mehr. Ein guter Tausch, finde ich. Für die Musik fehlte mir letztlich die Leidenschaft. Und Leidenschaft ist die wichtigste Zutat für jeden Erfolg. Mit Halbherzigkeit ist noch kein Star entstanden.

Wenn der Mensch anfängt, Dummheiten zu machen, ist eine richtige Watschn (für Norddeutsche Ohrfeige) manchmal ganz hilfreich. Es gab eine ganz kurze Phase in meinem Leben, wo ich mich ausprobieren wollte, ob noch andere Talente als das Kochen in mir stecken. Ich war gerade von meinem Luxusleben mit Gunter Sachs, das ich freiwillig aufgekündigt hatte, nach Kempten zurückgekehrt. Mit einigen Ersparnissen, so viel Geld hatte ich noch nie. Vorher war ich ja ein bescheiden lebender Koch gewesen, was mich aber nie gestört hatte. Ich war so arm, dass ich immer nur für zehn Mark tankte, um zu sparen oder mir zumindest das Gefühl dafür zu geben. Ich wusste, dass in dieser Lebensphase das Lernen in den besten Küchen der Welt wichtiger ist als der Kontostand. Es war eine Investition in mich selbst.

Dann hatte ich einen Spleen. Ich wollte aus Zeit Geld machen und russische Uhren verkaufen, Armee-Uhren, die sehr robust und markant waren. Mein Vater hatte mit Russland im Import-Export viel zu tun. Deshalb kam ich drauf. Schweizer Uhren konnte jeder verkaufen, russische Uhren erschienen mir eine Marktlücke zu sein. Ich warb mit Raritäten wie der ehemaligen russischen Geheimdienstuhr des KGB, platzierte meine Uhren auf Bildern zwischen den Türmen des Kremls. Heco nannte ich meine Firma, stand für Henze Corporation. Ich ging auf Messen und druckte Flyer, sogar eine sechsmonatige Garantie gab ich, aber das Geschäft wollte nicht richtig in Gang kommen. Am Ende waren von den 300 Uhren, die ich gekauft hatte, nur 80 wieder an den Mann gebracht worden. Der Rest lag in meinem Keller. Die Menschen teilten meine Begeisterung für diese Uhren nicht, Enthusiasmus reicht eben nicht, wenn einem Erfahrung und Know-how fehlen. Und das war das berühmte Glück im Pech: Hätten sie mir die Dinger aus den Händen gerissen, wäre ich heute vielleicht immer noch Uhrenhändler, hätte einen Wodkahandel dazu erworben und würde wie Ivan Rebroff ausschauen. Was für eine skurrile Vorstellung.

Meine Karriere als Konzertveranstalter endete ähnlich. Es war das schönste Desaster meines Lebens. Ich war der Meinung, dass in unserer Kleinstadt Füssen, ein Weltdorf in der Urlaubszeit, ein großes Fest mit Laser und Nebelmaschinen fehlt. Und ich das Know-how dafür habe. Ich fing an, Disconächte zu veranstalten. Und mietete eine Halle, in die 800 Menschen passten. Alle waren happy, das Bedürfnis der Menschen nach Brot und Spielen ist unstillbar. Nur durch den Sexualtrieb und den Trieb, Steuern zu sparen, werden diese Sehnsüchte übertroffen.

Dann plante ich in meinem Größenwahnsinn eine dreitägige Veranstaltung mit einem Zelt, in das 3 000 Menschen passten: an einem Abend Disco, am zweiten Liveband, am dritten Tag Jazz-Frühschoppen. Auch die Werbung entwarf ich. Ich warb Freunde an, die 200 Plakate in der Innenstadt anbrachten, zum Beispiel an Bauzäunen und Häuserwänden. Ich klebte Füssen als angehender führender Vertreter der Vergnügungsindustrie zu, an mir sollte keiner vorbeikommen. Für ein paar Stunden war ich King of the town. Und dann Depp of the town.

Am nächsten Morgen rief mich der Polizeipräsident an. Er schrie durchs Telefon: Was mir einfallen würde, ohne Genehmigung die schöne Stadt Füssen vollzupflastern. An einen Satz von ihm erinnere ich mich genau: »Jetzt bin ich bald in Rente und dann machst du so einen Scheiß.« Er gab mir eine Stunde, die Plakate zu entfernen. Es war eigentlich zum Heulen, aber ich hatte Tränen in den Augen vor Lachen. Ich spürte, dass er mich nicht für einen Verbrecher hielt, sondern für ein Schlitzohr, für einen mutigen kleinen Pisser. Der Zweck meiner Werbung war ja erfüllt: Ich war Stadtgespräch. Man zerriss sich das Maul über mich. Und die Plakate hingen immerhin einen halben Tag und eine ganze Nacht.

Lernfähig wie ich bin, holte ich mir dann eine Genehmigung vom Landratsamt für drei Tage Feiern. Bis drei Uhr früh durfte ich ganz offiziell meine Gäste bewirten. Aber ich hatte nicht mit übellaunigen Menschen gerechnet, die Musik grundsätzlich als Lärmbelästigung betrachten. Und davon gab es zu viele, die bei der Polizei anriefen, angeblich konnten Touristen noch acht Kilometer entfernt die Lieder mitsingen. Ein Nachbar von mir soll besonders oft angerufen haben. Wie heißt es so schön bei Friedrich Schiller: »Es kann der Frömmste nicht in Frieden leben, wenn es dem bösen Nachbarn nicht gefällt.« Ich hatte mich der Ruhestörung in Tateinheit mit Massenbelustigung schuldig gemacht und war mit der ganzen Spießigkeit des Allgäus konfrontiert. Es war wohl auch der uralte Kulturkampf Jung gegen Alt. Die einen wollten Party, die anderen ihre Ruhe. Und ich war mitten drin.

Die Polizei rückte um 23:30 Uhr an und zwang mich, die Musik abzudrehen. Zu einem Zeitpunkt, als die Party erst richtig losgehen sollte. Enttäuscht gingen die Leute, die teilweise gerade erst gekommen waren, dann nach Hause. Aber niemand verlangte seine fünf Mark Eintritt zurück. Der Getränkeumsatz, auf den ich gehofft hatte, war futsch. Am Ende blieb ich auf einem Minus von 18 000 Mark sitzen – eine Riesensumme für mich. Roger, der Chef der Firma für Licht und Ton, die mich ausgestattet hatte, erließ mir, dem Greenhorn der Unterhaltungsbranche, einen Teil der Rechnung. Weil er Respekt vor meinem Mut hatte und mich nicht hängenlassen wollte. Wegen der illegalen Plakatierung musste ich dann gemeinnützige Arbeit verrichten: ein Wochenende lang den Stadtpark kehren. Ich habe es nie bereut, was für eine geile Erfahrung.

Und doch erinnerte mich diese Vollbremsung an den Rat von Gunter Sachs: »Ein kluger Mann sollte das machen, was er am besten kann. Und nur das.« Er wusste, dass die wenigsten Menschen finanziell unabhängige Universalgenies wie er waren. So fragte ich mich wieder: Was kann ich denn außergewöhnlich gut? Und kehrte zum Kochen zurück, meiner Lebensliebe, der ich kurz untreu geworden war. Wäre die Polizei nicht angerückt, hätte ich die Boxen cleverer platziert, hätte ich sicher weitere Konzerte veranstaltet. Und wäre damit möglicherweise reich geworden. So ebnete eine deftige Niederlage meinen Weg zum Sternekoch. Ich hatte unendlich viel gelernt. Und intensiv gelebt. Tage, die mir keiner mehr nehmen kann. Scheitern kann so schön sein.

EPILOG: EIN MANN IN DER MITTE
des Lebens – was kommt noch?

Sorgen sind wie Nudeln, man macht sich immer zu viel davon. Eine alte Weisheit. Aber der Nudelsalat meines Lebens ist pikant und schmackhaft. Und meine Stirn ist nicht zerfurcht, ich war nie verkopft. Weil ich mich nie zu viel gesorgt habe, sondern einfach drauflos gelebt habe. Und so früh meine Leidenschaft gefunden habe. Das Kochen. Meine Identität. Das, was mich ausmacht. Irgendwo ist immer ein Feuer, eine Platte, ein Ofen, ein Topf, ein Teller.

Ich bin ein glücklicher Mensch. In den Ruhestand will ich nie gehen, ich bin ein geborener Unruheständler. So wie es der berühmte Ernest Hemingway (»Der alte Mann und das Meer«) einmal radikal ausgedrückt hat: »Der schlimmste Tod für einen Menschen ist der Verlust dessen, was den Mittelpunkt seines Lebens bildet und ihn zu dem macht, was er wirklich ist. Ruhestand ist das abstoßendste Wort der Sprache, ob man sich freiwillig dazu entschließt, oder ob er einem aufgezwungen wird. In den Ruhestand zu treten und seine Beschäftigungen aufzugeben – die uns zu dem machen was wir sind – ist gleichbedeutend mit dem Abstieg ins Grab.«

53 Jahre liegen hinter mir – und wie viele noch vor mir? Wie gut, dass ich es nicht weiß, sonst würde ich wohl einen Teil meiner Unbefangenheit verlieren. Klar ist: Ich bin in der Lebensmitte angekommen, ich fühle mich aber eher im Frühsommer. Und wundere mich manchmal, wie gut ich über die Runden kam. Für eine ausgewachsene Midlife Crisis, die ja viele Männer meines Alters befällt, hatte ich keine Zeit. Weil ich ja meinen Traumjob hatte. Energie und Esprit, Heiterkeit und Hingabe, Sinn und

Sinnlichkeit, Charme und Chuzpe trieben mich immer an. Ich hatte Hollywoodstar Roman Polanski und den Kanzler bekocht, was sollte noch kommen? Der Papst? Der US-Präsident? Koch der Fußball-Nationalmannschaft?

Aber im Erfolg macht man die größten Fehler. Einen Hauch von Midlife Crisis hatte ich vielleicht, als ich meinen 35. Geburtstag feierte und die Probstrieder Blasmusik mit 40 Mann in meinem Garten stand und mir ein Ständchen schenkte. Das machte mich soooooo stolz. Aber wenn ich genau in mich hineinhörte, bemerkte ich ein ganz leises SOS meiner Seele: Ich spürte, dass ich stagniere, dass mein Lokal nicht mehr wie immer auf Wochen hinaus ausgebucht war, dass ich einen Motivationsverlust hatte. Mein Dasein als Sternekoch war nicht mehr zu toppen. Ich war scheinbar vollendet, aber nur in diesem Punkt. Und ich wusste, wer nicht mehr wächst, der stirbt. Time to say goodbye – auf zu neuen Ufern. Das eigene Bauchgefühl ist der beste Arzt. Zwei Jahre später gab ich das Sternerestaurant auf. Und entging so wohl einem Burnout, den viele in meiner Branche haben. Ich wollte mich nicht verlieren, ich wollte mich neu finden.

Seit ich meine Lehre begann, war ich immer im Vollgasmodus der Selbstausbeutung. Oft am Limit im roten Bereich, aber immer selbstbestimmt. Arbeit, die man liebend gerne macht, wird ja nicht als lästige Arbeit empfunden, sondern als Selbstverwirklichung. Ich hatte weitaus mehr Höhepunkte als Tiefschläge, mehr Festmahle als Krisenherde – und dafür bin ich sehr dankbar. Weil es nicht selbstverständlich ist. Ich habe liebenswerte Kollegen erlebt, die an Herzinfarkt, Schlaganfall oder Parkinson starben. Und diesem Beruf vielleicht Zuviel geopfert haben. Aber kann man Glück in Jahren messen? Wohl kaum. Die meisten Köche finden ihre Erfüllung. Bis der Krug bricht.

»Eigenlob stinkt« heißt ein deutsches Sprichwort. Ich finde nicht. Die Fähigkeit zum Eigenlob ist eine wichtige Voraussetzung für ein gelungenes Leben – denn sonst würden wir uns ja immer vom Urteil anderer abhängig machen. Ich plädiere für ein Lob des Lobes. Aber die Fähigkeit zur Selbstkritik muss natürlich dazukommen. Und so sehe ich mein buntes Leben im Rückblick als heiteres Märchen mit vielen Hindernissen und Prüfungen. Mein Zauberstab war der Pürierstab, die beste Küchenerfindung der Welt. Noch weit vor dem Thermomix. Wer einen Pürierstab hat, hat die Lizenz zum guten Geschmack.

Was ist mein Erfolgsgeheimnis? Und gleichzeitig mein Problem? Ich kann nicht langsam! Selbst im Urlaub gehe ich schnell. Aber das ist nicht etwa mit Hektik zu verwechseln. Ich bin eine Art Speedy Gonzalez, die schnellste zweibeinige Erscheinung des Allgäus. Es geht um Körpersprache: Zeige mir wie du gehst oder schlurfst oder wankst – und ich sage dir, wer du bist. Es gibt Untersuchungen, dass die Gehgeschwindigkeit eines Menschen viel über seine Gesundheit und sein biologisches Alter aussagt. Langsamgeher sterben angeblich sechs Jahre eher als die zügigen Schreiter. Hurra, welch frohe Botschaft. Die Schnelligkeit ist also auch noch so eine Mischung aus Training und Lebensversicherung. Tempo ist nicht nur ein Taschentuch, sondern eine Lebenseinstellung.

Aber ich muss nicht. Ich darf. Ich bin nicht getrieben. Ich bin selbst ein Treiber. Ein feiner Unterschied. Meine Frau sagt öfter mal zu mir: »Mach mal langsamer«. Ein netter Versuch. Das »Dalli, Dalli« ist in mir drin, seit ich mit meinem Team im Sternerestaurant beim Abendservice 400 Tellergerichte serviert habe. Und süchtig nach diesen Gänsehautmomenten wurde, wenn wir es wieder mal geschafft hatten. Ein Drahtseilakt, ein Spektakel, das nie zur Routine wurde, eine Befriedigung, die ein Bürokrat nach einer bearbeiteten Akte wohl nie hat. Es ist ein Flirt mit dem Neuland – so wie ein James-Bond-Film im Kino auch nie zur Routine wird. Daniel Craig ist mein Lieblings-Bond, Halle

Barry das Bond-Girl und die Schauspielerin, die ich anbete. Und sie hat einen wunderbaren Satz gesagt, der voll auf mich zutrifft: »Wenn du einen Plan B hast, wirst du aller Wahrscheinlichkeit nach auch auf deinen Plan B zurückfallen. Wenn du wirklich einen Traum hast, den du verwirklichen willst, dann musst du Scheuklappen tragen. Du musst dein Ziel und nur das Ziel im Blick haben und unermüdlich darauf hinarbeiten.«

Also gut, Scheuklappen habe ich nie getragen, aber sonst hat sie recht. Ich kenne mich in gedanklichen Tunnels aus. Im Idealfall ist es ein Flow. Beim Kochen auf höchstem Niveau wird alles andere ausgeblendet. Die Zeit vergeht wie im Flug. Ich habe in der Küche nie eine Sekunde Langeweile empfunden. Nur die große Entspannung nach dem Tagwerk.

Gehe ich entspannt durchs Leben? So entspannt wie eine Katze ist, die süß schlummert und doch immer auf dem Sprung ist. Ein Sabbatjahr, in dem ich meine Systeme herunterfahre und total zur Ruhe komme, könnte ich nicht machen, ich würde verrückt werden. Ich hätte immer Angst, etwas zu versäumen. Die Welt dreht sich ja auch ohne mich. Und die Konkurrenz schläft nicht.

Ein Erlebnis hat sich mir da besonders eingebrannt. Ein ARD-Mann rief mich eines Morgens an: Ich sollte mit Hans-Dietrich Genscher, dem Außenminister, der schon zu seinen Amtszeiten zum Denkmal seiner selbst geworden war, zu seinem Geburtstag kochen. Ob ich dazu Lust hätte? Leider hatte ich mein Handy ausgestellt und rief erst drei Stunden später zurück, mit freudiger Erwartung. Da sagte mir der Mann mit dem unwiderstehlichen Angebot: »Wir haben jetzt einen anderen Kollegen von Ihnen gefragt, der sofort zugesagt hat. Tut uns leid.« Ich weiß nicht, auf wen ich wütender war, auf die allzu rasche Absage oder auf mich, weil ich kurzzeitig nicht erreichbar war. Die Enttäuschung saß wirklich tief. Ich war sauer, als wenn man mir kurz eine Wurst vor die Nase gehalten und sie dann wegzogen hätte. Und ich begriff den legendären Satz von Michael Gorbatschow schmerzlich: »Wer zu spät kommt, den bestraft das Leben.«

Aber solche Termine sind Highlights, Zugaben des Glücks, wichtiger ist das Glück des Alltags, also die Zufriedenheit. Natürlich bleibt Essen mein Lebensthema – auch wenn ich kaum mehr selbst koche. Für manche ist die richtige Ernährung schon ein Glaubenskrieg, ein Religionsersatz. Das ist weit übertrieben. Essen ist das Leichteste auf der Welt – und doch zunehmend das Schwerste, weil so viele unterschiedliche Infos kursieren, die sich teilweise widersprechen. Es sind Luxusprobleme, die wir im Überfluss haben – nur die Kriegsgeneration kann sich noch an Hungersnöte erinnern, in denen ein Stück Brot ein Schatz war. Aber ich bin froh, dass es heute mehr fundiertes Wissen gibt als in jeder Generation vor uns. Und die Lebenserwartung bei uns steigt und steigt. Dreistellig werden, das ist auch für mich ein schönes Ziel. Der Lebensstil ist dafür entscheidend. Ich habe versucht anzudeuten, wie man es besser machen kann, ohne sein ganzes bisheriges Leben als Irrtum zu empfinden. Evolution statt Revolution – darum geht es bei mir. Ich glaube an die Macht der sanften Veränderungen, nicht die der Verbote. Es gibt kein Verbot, nicht jeden Tag ein Stück klüger zu werden. In aller Gelassenheit, nicht im Hamsterrad. Wir hatten in unserer Familie Peter, den Hamster, ich konnte das Treiben des putzigen Nagetiers studieren. Man kommt damit nicht vom Fleck und kreist nur um sich. Für Menschen ist das kein geeignetes Modell. Wir brauchen keine Beschäftigungstherapie, wir brauchen Mut – Wandelmut. Mutausbrüche sind mir tausendmal lieber als Wutausbrüche.

Manchmal zwingt einen das Leben auch zum Innehalten. Ich bin, wie man in Bayern sagt, pumperlgsund, aber das Coronavirus, an dem schon über 90 000 Menschen gestorben sind, verschonte auch mich nicht. Obwohl wir das Virus nicht unterschätzt hatten und uns an alle Hygieneregeln gehalten hatten, waren wir plötzlich alle infiziert: meine Frau, ich, meine Tochter. Zehn Tage lang litt ich unter schweren Atembeschwerden und massiven Gelenkschmerzen. Ich erkannte mich nicht wieder. Das Virus hatte mich ausgeknockt.

Nach zehn Tagen kamen die Kräfte langsam wieder, ich ließ mich zweimal testen und darf mich jetzt »genesen« nennen. Meine größte Panik, dass ich wie so viele andere meinen Geschmackssinn verliere, hatte sich gottseidank nicht bewahrheitet. Das hätte mich sehr getroffen, denn der Geschmack ist ja mein Kapital. Es ging also noch mal glimpflich aus, und doch steckt die Erschütterung in mir. Meine Frau litt noch wie so viele Betroffene an Long Covid, sie fühlte sich schwach und wenig belastbar. Wir kamen glimpflich davon, wenn man sich andere Dramen betrachtet. Ein ehemaliger Küchenchef von mir starb an Corona. Ich bin so wütend, wenn selbst in Kempten und anderswo Demos von Coronaleugnern stattfinden, die die Gefährlichkeit einfach nicht wahrhaben wollen. Es ist die nackte Dummheit und Volksverhetzung in der gefährlichsten Form, weil es wirklich um Leben und Tod geht. Und nicht um eine harmlose Grippe, die schon irgendwann wieder verschwindet. Corona kann alles verändern. Wir müssen wachsam sein.

Ich bin heilfroh, dass alles bei mir wieder intakt ist. Und dass wir in Europa und in unserer Generation solche wunderbaren Ärzte und Pflegekräfte haben, die uns aus dieser unsichtbaren Gefahr retten. Sie sind für mich die wahren Helden des Alltags. Und natürlich die Forscher, die den Impfschutz gegen das Coronavirus erfunden haben. Was für ein Segen. Was für ein Glück für unser Land, dass sich das türkische Forscherpaar Özlem Türeci und Ugur Sahin in Deutschland niedergelassen hat und uns mit Biontech ein großes Geschenk machten. Diese genialen Wissenschaftler sind doch noch ein bisschen wichtiger als wir Köche. Hätte ich noch ein Restaurant, würden sie bei mir lebenslang dinieren können.

Und was blüht mir noch in den Zwanzigerjahren, die so schwierig begannen? Mein Sohn, gerade mal 16 Jahre alt, hat neulich zu mir gesagt: »Papa, wir machen eine Firma zusammen.« Er macht jetzt eine Lehre als Informatiker. Keine Ahnung, worum es genau geht, was er sich zusammenspinnt, aber der Gedanke hat was. Aufbauen gefällt mir viel mehr als Abbauen. Das Neue ist für mich immer verlockender als die Bewahrung des Alten, die ja oft zur Bewahrung der Asche wird. Ich trau uns alles zu. Kulinarisch habe ich alles erreicht, aber es gibt ja noch andere saftige Wiesen, die noch nicht gemäht sind. Abenteuer, wir kommen! Henze in Gänze. Mit leuchtenden Augen.

DANKSAGUNG

- Ich danke Theo Waigel für sein persönliches Vorwort: Der Vater des Euro ist für mich das Wunschbild eines Politikers: volksnah, standfest, weitblickend, genussfreudig. Dass ich für Theo und seine wunderbare Frau Irene Epple-Waigel schon privat gekocht habe, war eine Ehre für mich. Die ehemalige Weltklasse-Skirennfahrerin Irene, an deren Heimathang in Seeg ich selbst schon Rennen gefahren bin, hat sich als Ärztin auch mit veganer Ernährung beschäftigt und ist Expertin am Herd. Gut so. Auch wegen ihr schaut Theo mit 82 noch wie 60 aus. Stimmt also doch: Der Mensch ist, was er isst.
- Ich danke meiner Familie, die mich immer beflügelt hat. Und mir die Geborgenheit gibt, die ich bei meinem Lebenstempo brauche. Wer so eine Mama, so einen Bruder, so eine Frau, solche Kinder hat, ist vom Glück geküsst.
- Ich danke auch all meinen Mitarbeitern – und vor allem Nadja, der Unersetzlichen. Sie ist nicht nur meine rechte Hand, sondern auch meine linke. Das Superhirn neben mir. Und ein feiner Mensch.
- Dank gebührt auch Eva Wagner vom Südwest Verlag – sie ist eine geschmeidige Steuerfrau, die mich bei diesem besonderen Buchprojekt feinfühlig gelenkt hat. Ein Autor ist immer nur so gut wie sein Verlag.
- Und dann danke ich meinen vielen Freunden, die mich immer mit Spinnereien, saugute Ideen oder einfach Spaß an der Freude unterhalten haben. Sie haben nie »Halt« geschrien, sondern mir Halt gegeben, wenn ich mal wieder mit Vollgas unterwegs war. Besonders inspiriert hat mich mein Freund Freddy, mit dem ich stundenlang über das Buch gesprochen

habe: Er hat mir an langen Bratkartoffel-Abenden den Spiegel vorgehalten, wer ich bin. Und wer ich sein kann. Das Gelbe vom Ei wollte er mir zeigen – meine geheimen Schätze der Lebensmitte. Danke, du Tiefschürfer. Und dein Kartoffelsalat ist der beste.